Chirurgien du foie
une vie d'aventure
et de passion

HENRI BISMUTH

Chirurgien du foie
une vie d'aventure
et de passion

Editions Caradine

Tous droits réservés.
© Henri Bismuth 2025
Tous droits réservés pour tous pays

ISBN: 9791097675509
Editions Caradine
6 rue Charles Fourier 75013 Paris
laura@agencecaradine.com

Impression : Libri Plureos GmbH, Friedensallee 273, 22763 Hamburg, Allemagne

Crédit photo de couverture : © Bruno Bachelet/Paris Match/Scoop
Couverture : Evidence Santé / I-Chia Wu

Photos intérieures : © Henri Bismuth

Je dédie en premier ces écrits à celui qui m'a tout donné et tout appris: le Malade, cette femme ou cet homme qui m'a confié ce qu'il a de plus cher, son corps et sa vie. Comment ne pas sentir mon immense responsabilité d'avoir entre mes mains la vie d'un homme ? Ce sentiment de responsabilité a dominé tous les actes de ma vie.

À ma femme Françoise. Je sais plus que tous, combien elle est plus belle à l'intérieur qu'à l'extérieur.

A mes enfants que j'aime tant et qui ont été la motivation profonde de ma vie.

A mes Compagnons qui, venus de partout, ont fait mon école.

Et à tous ceux qui m'ont apporté leur aide, du plus humble au plus notoire, et m'ont guidé dans mon parcours.

Sommaire

CHAPITRE 6 Les années de Clinicat 143

Troisième Partie : L'accomplissement

CHAPITRE 7 Le service de Chirurgie de l'Hôpital Paul Brousse 191

CHAPITRE 8   Les malades   **237**

CHAPITRE 9   La transplantation hépatique
267

Quatrième partie :
Le Centre Hépato-Biliaire

CHAPITRE 10 La construction du centre 317

Prologue

C'est l'histoire d'un homme qui voulait être un artiste. Très tôt, il a eu l'impression que son destin était d'être un artiste. Cependant il s'aperçut rapidement qu'il n'avait pas de don spécial pour un art donné. Il s'est bien essayé à la peinture mais ses dessins étaient vraiment ceux d'un enfant. La musique n'était à l'évidence pas pour lui : il n'avait aucune oreille et n'était pas capable de répéter une chanson qu'il venait d'entendre, ne reconnaissant aucun son. La sculpture, n'en parlons pas, il n'avait aucune notion des volumes Année après année, il réussissait bien ses examens et en fin d'étude, il dut choisir. Poussé par son environnement et suivant ses amis, il choisit médecine, le médecin n'était-il pas un personnage respecté et surtout gagnant bien sa vie ? De médecin, il choisit de devenir chirurgien : il aimait l'action, les choix rapides, les décisions, qui lui semblaient le propre du chirurgien.Avec le temps, il est devenu un bon chirurgien. Du moins, c'est ce que disaient ses malades, c'est ce que disaient ses collègues. Il faisait de la recherche, il faisait de l'enseignement, il avait une école. On écoutait ce qu'il faisait, ce qu'il disait.

Puis avec l'évolution, un jour le robot est arrivé en chirurgie. Certes, au début c'était simplement une aide. Le robot facilitait les gestes du chirurgien, mais un moment est venu où le robot avait assimilé toutes les connaissances médicales, avait lu tous les livres non seulement de médecine, mais également de chirurgie, et aussi toutes les techniques opératoires. Bref avec le temps, le robot était devenu un vrai chirurgien décidant même, quand on lui donnait les informations sur la lésion à opérer, quel type d'opération il devait faire. Il faisait l'opération lui-même et très bien.

Le chirurgien, de jeune homme devenu homme et même à un âge avancé, dit alors au robot:

« Je te vois opérer, tu es extraordinaire.

Tu fais des opérations parfaites ».

Le robot dit : « Oui, c'est vrai ».

L'homme lui dit :

« Tu vois, moi je n'arrive pas à faire comme toi. Quand je dois opérer, je réfléchis au genre d'intervention, je ne peux pas décider tout de suite pour une opération. J'hésite, j'ai des doutes. J'essaye de savoir ce que le malade voudrait le mieux, je me mets à sa place, j'essaye de sentir comme lui. Quelquefois même jusqu'au dernier moment, j'hésite, c'est gênant. Parfois dans une situation difficile, je cherche une solution qui n'est pas dans les livres. Je sors des règles et je fais différemment ».

Le robot dit :

«C'est vrai, tu n'es pas vraiment un chirurgien, la chirurgie, c'est de la science »

L'homme dépité lui dit :

« Et moi alors, ce que je fais, qu'est-ce que c'est ? »

Alors le robot répond :

« Toi, ce que tu fais, c'est de l'Art.».

Préface
par le Pr Laurence Chiche

Chef du département de chirurgie digestive et de transplantation hépatique du Centre Hospitalier-Universitaire de Bordeaux. Elle dirige un des centres les plus actifs de chirurgie hépato-biliaire de France.
Sa renommée est internationale

Mai 1987 : comme chaque semestre, chaque interne devait choisir son prochain stage : J'étais une de ces internes, en deuxième année de Chirurgie. Je ne savais pas encore que ce choix allait déterminer toute ma vie.

A l'encontre des conseils avisés de tous mes co-internes, j'avais décidé d'aller à Paul Brousse, « chez Bismuth ». De fait, on disait que cet endroit était à éviter : l'hôpital était dans une banlieue glauque de Paris, le service vétuste, le patron redoutable et le rythme de travail monstrueux. De plus, caractéristique unique à l'époque, l'activité y était centrée sur une petite partie de la chirurgie digestive, dont l'avenir était des plus douteux : la chirurgie hépatique avec une relative nouvelle procédure : la greffe de foie, opération dantesque qui durait jusqu'à 20 heures...

Je ne sais ce qui m'a poussée à l'époque à faire ce choix : l'esprit de contradiction, la curiosité, l'instinct, le défi ... Je me présentais donc devant ce fameux Professeur Bismuth, dans un service, de fait franchement délabré, qui comptait un bloc opératoire, une réanimation et quatre ailes d'hospitalisation. Il m'assigna à son aile : la salle Roux Berger.

Pourquoi moi ?

Je l'ignore encore : à l'époque les internes féminines étaient rarissimes et étaient regardées avec méfiance voire réticence. Lui, et je lui en suis encore reconnaissante, ne m'a jamais traitée différemment : pas de faveur, pas de discrimination, j'étais mise au même plan que tous les autres. Sauf un détail : il tutoyait tous les internes et me vouvoyait. Je trouvais finalement cela assez classe et me convainquait en secret que cela me donnait un petit quelque chose de différent, de particulier ...

Les mois que j'allais passer aux côtés de cet homme allaient être intenses, éreintants, et extraordinaires au sens propre.

Ce fut la rencontre avec un homme d'exception, un patron exigeant, sévère, entier, infatigable, d'une énergie, d'une volonté et d'une détermination illimitées : je faisais la connaissance de celui qui deviendrait mon mentor : mais laissez-moi, avant d'expliquer quel genre d'homme est Henri Bismuth, dire ce qu'est un mentor.

Un mentor est celui qui va vous communiquer ses connaissances mais surtout façonner votre esprit, vous apprendre à raisonner, à prioriser, à anticiper, celui qui vous pousse à vous dépasser, à donner le meilleur de vous-même, c'est celui qui vous montre les objectifs plus que le moyens, vous montre l'essentiel, en vous laissant découvrir ce qui l'est moins. Les rapports élève - mentor sont un mélange subtil d'appartenance, d'admiration, de respect et d'affection.

Cependant avec Henri Bismuth, cet enseignement n'a pas été paternaliste et bienveillant, il s'est fait dans la douleur, avec des moments de découragement, de rage, d'épuisement et parfois même d'humiliation : ce fut une éducation « à la dure ». Mais ce fut bien plus qu'un enseignement technique ou qu'une relation hiérarchique ... difficile de le caractériser ... laissez-moi vous raconter.

Interne, je m'occupais de ses patients dans une des 4 unités, avec un chef de clinique qui vouait au Patron une admiration et une dévotion sans borne assorties d'une véritable terreur. Par exemple, il n'osait pas lui demander le soir s'il comptait passer voir ses patients et donc il m'expliqua qu'il fallait attendre : les journées à cette époque étaient longues, nous passions faire la contre visite vers 19h30 et puis nous attendions Henri Bismuth qui passait vers 21h ou 21h30 ...ou pas. Nous attendions donc jusqu'à 22 h ...

Au bout de deux semaines, je me rebellais : il n'était passé que trois fois. Je me disputais avec mon chef : je prenais le téléphone et je composais le numéro de son bureau (dont je me souviens encore ! le 3337) sous les yeux incrédules de mon chef qui attendait avec désespoir ma future mise à mort.

« Monsieur, bonsoir, c'est Laurence Chiche, votre interne : je voulais savoir si vous passiez ce soir?

-Non, me répondit-il, Pourquoi ? Y a un problème ?

-Non, Monsieur mais comme avec Marc, nous vous attendons le soir sans trop savoir ...

-Enfin, mais demandez moi ! s'étonna-t-il,, et si je ne suis pas passé à 21h, et bien si tout est réglé, vous pouvez partir ».

Je raccrochais, victorieuse, « Tu vois, il n'est pas si terrible ... » triomphai-je ... je me trompais...

La vie du service était réglée par des réunions : tous les matins à 8h00 précises, le staff du service pour rendre compte des évènements des dernières 24h, Henri Bismuth était toujours là le premier. Malheur à vous si vous arriviez en retard, si vous n'aviez pas tous les éléments ou toutes les informations. Les réprimandes publiques étaient cinglantes. Les deux staffs du mardi et du vendredi commençaient à 18h et finissaient souvent après 21h : on y discutait les dossiers, planifiait les interventions. Il y avait à l'époque beaucoup d'Italiens dans le service. Je préparais ce mardi, après un bloc interminable, les trois dossiers des entrants. Pour les deux premiers, ce fut assez facile, en revanche le troisième patient était italien et ne parlait pas français, le dossier transmis était également en italien. Je demandais à une infirmière :

« Non, il n'y a pas d'interprète ». J'arrive donc au staff et je présente mes deux dossiers puis au moment du troisième, je me lève et explique : « Désolée, Monsieur, je n'ai pas pu le préparer. Il est italien ».. Silence de mort dans la salle « Et pourquoi ? » demande Henri Bismuth sévèrement ? « Je ne parle pas l'Italien », répondis-je, plutôt tranquille, sûre de la validité de cette excuse. Henri Bismuth me regarde et m'assène 4 mots : « Eh bien, apprenez-le ». Deux mois plus tard, je me débrouillais très bien en Italien.

Ce dont je me rappelle le plus de cette époque est son bureau : combien d'heures ai-je passé devant cette porte, que je vois encore : imposante, mystérieuse, en cuir matelassée, à attendre pour le voir ou pour répondre à son appel. L'intérieur de son bureau … je n'en ai plus de vision claire, une odeur de café, une lumière tamisée, un bureau couvert de papiers et de dossiers, des statuettes africaines dans un recoin, un imposant fauteuil en cuir. On y rentrait rarement, les échanges étaient brefs et concis, mais pas toujours : un jour , il m'avait appelée et j'attendais … car la règle était qu'il fallait attendre que la secrétaire à l'entrée donne le feu vert ou, si elle était partie, qu'il sorte et vous signale d'entrer. Il était 21h … au bout d'une bonne demi-heure, timidement j'ose me signaler : il me fait entrer et me demande ce que je veux :

«- Rien Monsieur, c'est vous qui m'avez appelée :

-Ah ? ! me répond-il , je ne sais plus… mais entrez et asseyez-vous ». Il me demande comment va la patiente opérée le matin d'une réparation biliaire pour enchaîner sur une longue discussion sur son Maître le Pr Hepp et le début de la chirurgie biliaire, puis sur l'art et la musique... je suis incontestablement contaminée ...

Ses enseignements n'étaient pas seulement techniques mais d'un autre niveau. Un jour, la semaine avait été rude, j'avais fait une prestation lamentable à un staff, n'arrivant pas à trouver la solution à une question pourtant simple, ce qui m'avait rendue très grognon. J'arrive devant son bureau, il est en train de parler à sa secrétaire, il se retourne et me tend un papier et me lance : trouvez la solution : il s'agissait de cet exercice aujourd'hui connu où il faut réunir d'un seul trait de crayon un carré de points. Je regardais ce papier, incrédule et angoissée : incroyable, il me donne un test d'intelligence ! Il me teste tellement il me trouve moyenne : panique ... j'échoue et c'est la honte éternelle. Désespoir, je ne me considère pas très intelligente et plutôt nulle en casse-tête. Je peine ... je transpire et puis, je me demande pourquoi ce test? Illumination : le message est évident, la solution simple : il faut sortir du cadre du carré. Je lui apporte victorieuse le dessin terminé, l'énigme résolue : il regarde, me demande : vous avez compris? Oui, il faut savoir prendre de la hauteur et sortir des limites pour progresser ... il hoche la tête et s'en va sans un mot.

Des interventions avec lui, je n'ai bizarrement que peu de souvenirs : l'interne était une petite main et nous existions peu, nous observions : nous préparions avec le chef tout pour son arrivée, et d'ailleurs ce n'était jamais assez bien : un lobule de graisse sur le foie : ce n'était pas le bon plan : « Y a -t-il de la graisse sur la capsule du foie « demandait -il ? « Enfin ! Appliquez-vous! ».

A cette époque nous avions des tenues de bloc uniques en leur genre, avec des cagoules étouffantes mais personne n'aurait osé les critiquer. La peau et les muscles devaient être incisés au bistouri froid. Je pestais et l'assistant de dire : « Chut, s'il t'entend ! Écoute , soit tu rentres dans le moule, soit non.. Tu décides. A mon niveau, je n'avais en fait pas le choix... ». Patience.

Les staffs étaient longs mais passionnants, et Henri Bismuth les dirigeait d'une main de fer, toujours en alerte, leader incontesté, il en donnait le rythme, le ton , la tension: il ne laissait rien au hasard , pas de place pour l'approximation, il fallait aller au fond des choses, creuser , analyser, chercher : un problème post-opératoire : pourquoi, quand , comment, ? Un dossier incomplet ou mal fait, il était rejeté rageusement sur la grande table, les reproches n'étaient pas tendres et on était anéanti de gène et de honte. Alors, besogneux apprentis, on interrogeait plus ardemment, on préparait plus férocement, on décortiquait, on s'améliorait ... Un jour, je présentais le dossier d'un jeune patient qui avait eu une thrombose* de sa veine porte dans la petite enfance et qui était rentré pour une hémorragie.

Un des assistants proposait de faire une *dérivation splénorénale** pour réduire son *hypertension portale**, et de fait, il avait des varices œsophagiennes*.

Dossier facile, pensais-je. Henri Bismuth m'interrogea :

-« Que prend-il comme médicament ?

-Rien, monsieur, il a 25 ans ...

-Êtes-vous sûre ?

-Oui ...

-Bien, que s'est-il passé avant l'hémorragie ?

-Rien, il était chez lui depuis une semaine, justement au repos.

-Et pourquoi ?

-Il était fatigué et n'est pas allé travailler justement.

-Ah … et il a pris quelque chose ? »

Je ne comprenais pas, je bafouillais un « Je ne pense pas ».

Réponse : « Ce que vous pensez ne m'intéresse pas, seuls les faits m'intéressent; votre interrogatoire est incomplet, alors allez lui demander.

-Maintenant ?, m'étonnais-je.

-Oui, maintenant »

Je montais quatre à quatre l'escalier : le jeune homme avait eu une grippe 10 jours auparavant et n'avait pris que de l'Aspirine. Je rapportais l'information. Henri Bismuth hocha la tête :

 « Voilà c'est l'Aspirine, il ne faut pas l'opérer : 15 ans sans hémorragie…avec un *cavernome*,* le risque d'hémorragie diminue avec le temps. Interrogez mieux vos patients et ne vous arrêtez pas à ce que vous croyez évident ». Fin de la discussion. Le jeune homme n'a plus saigné et n'a pas été opéré. Bien qu'ayant souffert moralement et physiquement (les journées étaient de 16 h, les gardes fréquentes, les transplantations interminables), j'avais compris que j'avais trouvé et la spécialité, et l'école, qui me ferait progresser. J'avais contracté le virus bismuthien sans vraiment alors me rendre compte qu'il s'installait définitivement en moi.

Je décidais de demander un poste de chef de clinique. J'étais confiante : ce service était tellement dur, avec une telle réputation que justement les deux postes de chefs étaient vacants. Il sera soulagé, me dis-je. Je fis ma demande : « Être chef chez moi ? Eh bien il faut le mériter : je vais vous donner un travail et on verra. Vous allez reprendre tous les dossiers de patients traités ici avec un cancer primitif du foie et faire une base de données ». J'acceptais, bien sûr : un refus n'était pas une option avec Henri Bismuth.

Une rapide enquête me plongeait dans le désespoir : plus de

800 dossiers ... Le soir, j'achetais à crédit mon premier ordinateur, un Mac SE, moi qui n'avais alors aucune notion d'informatique .... Et je me mis au travail car avant tout, quand on est devant cet homme, ce qu'on veut avant tout, c'est ne pas décevoir, être à la hauteur et c'est une réaction primitive et systématique de tous ceux qui le côtoient. Mais par-dessus tout, il nous communiquait sa passion pour le foie, cet organe magique dont on ne comprenait pas toutes les propriétés. Sur les comptes rendus opératoires, il fallait le décrire, le qualifier : forme, couleur, consistance, rebord, ...

« D'ailleurs, quelle est la couleur du foie ? » lança-t-il un jour : et chacun de tenter un bordeaux, un marron, un rouge...Ce fut lui qui conclut : « Non, c'est la couleur « foie », ou plutôt il y en a des dizaines. D'ailleurs je devrais concevoir une palette de couleurs comme la palette des couleurs pour papiers peints ». Il inventait peu à peu la chirurgie hépatique, selon le principe de nécessité, car toute innovation technique devait répondre à une problématique que posait un patient. Définir l'objectif, puis adapter les moyens à l'objectif et pour finir, le but ultime était de soigner, de guérir : cet enseignement était la règle de base de son école et chaque chirurgien qui s'en réclame l'applique comme un axiome premier.

Mais l'enseignement le plus important de ma carrière fut un des plus douloureux : j'étais alors jeune chef de clinique chez lui et j'opérais une de mes premières patientes, une jeune femme qui avait un cancer du côlon droit. Je réalisais une intervention simple et sans difficulté. Le soir, il s'avéra que je partais en prélèvement d'organe. Je passais voir ma patiente qui était réveillée, un peu douloureuse et très anxieuse, je la rassurais rapidement et je filais. Je passais la nuit à travailler et me voilà au staff du matin : la nouvelle tomba, comme une bombe : ma patiente était décédée au petit matin. Décédée! Catastrophe, le réanimateur qui avait été appelé parlait d'une embolie pulmonaire ou d'un problème chirurgical. Henri Bismuth se tourna vers moi et sèchement m'intima l'ordre d'enquêter et de revenir lui dire la cause de ce décès plus qu'inattendu. Je passais la journée à interroger sa voisine de chambre, les infirmières, revoir le dossier, la biologie, le rapport d'anesthésie.

« Je n'ai pas d'explication, une autopsie va être faite …

-Vous y assisterez » m'ordonna-t-il. Ce fut un moment affreux, je redoutais de trouver une malfaçon, une complication de mon geste : ouf ! tout était propre et en place dans l'abdomen : pas de saignement, pas de fuite. Mais pas non plus d'infarctus, pas d'embolie pulmonaire. Rien. Je revins vers Henri Bismuth, l'air rassurée et lui donnais le résultat : « Eh bien de quoi est-elle morte ? me demanda -t-il ?

-Je ne sais pas, peut être un problème cérébral mais il faut attendre trois semaines avant de pouvoir analyser le cerveau.

-Très bien, me dit-il, tant que vous n'avez pas la réponse, vous n'irez pas au bloc opératoire ».

Sanction majeure, punition suprême. Je cherchais, je lisais et je trouvais un article intitulé « morte de peur» relatant une histoire similaire à la mienne, alléguant des troubles du rythme cardiaque. Je lui apportais cette information, y voyant mon absence de responsabilité. Sa réaction ne fut pas celle que j'attendais : « Si tant est que ce soit cela, me dit-il, c'est donc votre faute : vous n'avez pas su rassurer votre patiente et cela est grave ».

Une quinzaine de jours passaient, l'examen du cerveau n'avait rien donné.

J'attendais, je ne pouvais plus opérer, je fulminais et un soir, je croisais le maître, il s'arrêta, me regarda et lança : « Au fait, vous pensez à votre patiente ? » Et là, devant le regard médusé de mon interne, j'explosais: « Si je pense à ma patiente?

Matin, midi et soir, et je ne sais pas de quoi elle est morte. J'ai tout analysé, c'est horrible ce qui est arrivé et encore plus de ne pas savoir pourquoi... ».

Et me voilà en train de m'énerver, de hausser le ton devant le Patron. Il ne sourcilla pas et finit étonnamment par sourire : « Le but est atteint, dit-il, vous pouvez reprendre le bloc ». Le message de ne pas accepter un échec, le comprendre pour éviter qu'il ne se reproduise m'a accompagnée depuis, toute ma vie. D'ailleurs, plusieurs années plus tard, un syndrome était décrit : le Tako Tsubo, une insuffisance cardiaque à coronaire saine survenant en post-opératoire chez des jeunes patientes stressées et parfois mortelle. J'avais mis 10 ans à trouver une réponse mais prendre le temps de mettre un patient en confiance et l'amener à la chirurgie avec le maximum de sérénité a été depuis ce fameux moment une de mes préoccupations majeures...

J'ai eu la chance de vivre aussi une expérience unique, la construction du Centre Hépato-Biliaire. Henri Bismuth avait monté le premier et le plus grand service de chirurgie hépatique et de transplantation dans un service exiguë et vétuste. Il avait construit un empire, des dizaines de chirurgiens étrangers venaient apprendre leur métier. Il lui fallait un palais pour son empire, on ne lui avait pas donné, il le construirait. Et, personne ne comprit alors comment: il fit naître ce bâtiment unique à l'époque, grandiose, moderne ; quelles montagnes administratives avait-t-il dû soulever, et ce, tout en gardant la main ? ... Il en avait conçu les plans, des salles d'opération aux secrétariats en passant par les bureaux et les salles de réunions.

C'était son œuvre, sa création. Nous faisions des réunions de chantier, il ne dormait plus, il était partout ... Il réussit, au début des années 90, à instaurer un système de consultation innovant et surtout à munir le centre d'un exceptionnel et inédit parc informatique de Macintosh, faisant de son service une vitrine Apple ! Je me souviens être allée me plaindre d'un praticien à qui il avait donné la charge de la mise en place de l'informatisation, un médecin pour une tâche non médicale qui lui prenait tout son temps. Comme d'habitude, sa réaction fut davantage une leçon qu'une simple réponse : « Lisez, mademoiselle Chiche « *Les plus qu'humains* » - Sturgeon - , il faut trouver une tâche adaptée à chaque personne, à ses capacités et il fera bien et servira à la communauté . N'en demandez pas plus. C'est cela diriger une équipe ». Ce conseil enfoui à ce moment m'a souvent servi.

Cette énergie, cette détermination étaient fascinantes : il y avait les interventions, les réunions, les voyages à l'étranger pour congrès, la rédaction d'articles, la recherche, la création et gestion des associations de Chirurgie. Un jour revenant de congrès en Amérique du Sud, je le ramenais de l'aéroport vers minuit à l'hôpital où il avait laissé sa voiture ; le congrès, l'avion ...j'étais épuisée. Lui, voyant que le bloc opératoire était ouvert, lança, « Il y a une transplantation, je vais aller voir comment ça se passe » et le voilà parti pour la fin de la nuit ...

Sa contribution scientifique est aujourd'hui reconnue et incontestée. Travailler à ses côtés nous apprenait le raisonnement cartésien avec sa phase d'observation, d'analyse, d'hypothèses, de conclusions.

J'ai eu la chance de travailler avec lui sur des articles, notamment cet article référent sur la résection et la transplantation hépatique des *carcinomes hépatocellulaires**. Ces séances de travail étaient harassantes : il n'était jamais satisfait. La rigueur et la méticulosité se mêlaient à un esprit en perpétuel bouillonnement ... il fallait suivre, pas de choix, il donnait l'exemple. Personne ne pouvait s'approcher du modèle mais il nous montrait ce à quoi nous devions aspirer. Lors des transplantations, il contrôlait tout, jusqu'à la température du liquide de conservation des organes. Pendant deux mois, on fit le constat que les résultats s'étaient détériorés, quelque chose n'allait pas, les foies semblaient avoir souffert : l'enquête fut lancée. Il vérifia tout et trouva : le réfrigérateur où on gardait l'organe avant de l'implanter avait été utilisé pour les produits sanguins et autres consommables et était donc ouvert sans arrêt, élevant ainsi la température interne, d'où le réchauffement du foie et les résultats altérés.

Cette recherche de la perfection entraînait une tension palpable, et la vie de tous les jours était stressante et le découragement des troupes, qui n'étaient jamais assez performantes, était fréquent. Le pire était quand il revenait d'un séjour au Japon. Ce peuple le fascinait, la capacité de travail, la méticulosité des chirurgiens étaient hors normes et nous redoutions son retour car la comparaison n'était pas à notre avantage, il était excédé et encore plus exigeant, parfois injuste.

Car nous souffrions, c'est vrai. Il y avait des résidents étrangers, des assistants, des internes, et la garde rapprochée de Bismuth, dévouée, inébranlable. Son leadership se rapprochait d'un despotisme éclairé, il ne déléguait rien et traitait même ses adjoints rudement, nous ne comptions pas nos heures et ses exigences dépassaient parfois nos limites. S'il sentait de la faiblesse, il en demandait plus ...

Un jour, je risquais une réflexion sur la difficulté de tenir le rythme et sur ce que serait mon avenir... « Vos états d'âme ne m'intéressent pas, me lâcha-t-il, travaillez, avancez, le chemin est long et vous traverserez des déserts qui vous seront utiles pour reconnaître et apprécier les oasis». Parlait -il de lui ou de moi ? Il n'était pas de ceux qui encouragent ou consolent, en revanche, il me mit le pied à l'étrier et me donna des opportunités exceptionnelles. Il me confia des travaux qui me permirent de communiquer dans de grands congrès, d'écrire des articles importants, et de mener une recherche passionnante sur la *xénogreffe**.

Pour beaucoup, Henri Bismuth était vu comme un homme sans pitié, et il est vrai qu'il donnait un rythme effréné et tant pis pour ceux qui ne suivaient pas. J'ai d'ailleurs toujours été étonnée de la dévotion que lui portaient les chirurgiens étrangers auxquels il n'adressait que très rarement la parole, qu'il semblait même ignorer ... je ne le compris que plus tard.

Cet homme redouté était un vrai leader, le chef d'une armée particulière qui était incroyablement soudée ; certains disaient de lui qu'il était le gourou d'une secte... C'est vrai, je n'ai rencontré personne comme lui tout au long de mon parcours.

J'étais chef de clinique et me voilà enceinte. J'étais angoissée et inquiète de sa réaction. J'attendis le plus possible avant d'aller un soir lui annoncer mon terrible secret caché depuis cinq mois. Je suis devant lui, je me lance : « Monsieur, j'ai une nouvelle à vous annoncer : je.... j'attends un bébé ». A ma grande stupéfaction, m'attendant à une mine préoccupée quant à ma future absence du Service, ou pire un reproche pour cette annonce tardive. il se leva, arbora un sourire éclatant :

« Fantastique, moi aussi ! C'est formidable ! Je suis ravi, c'est ce qu'il y a de plus important dans la vie ... ». Sa femme accoucha à peu près au même moment que moi et Henri Bismuth organisa chez lui une grande fête réunissant tout le service pour fêter les naissances du service. Oui, nous étions peut-être une secte, pour ceux qui nous enviaient ...

J'ai passé moins de 4 ans aux côtés de mon mentor, un laps de temps si court finalement mais d'une intensité et d'une richesse incomparables. La vie et mon parcours personnel m'ont conduit à quitter Paris, à LE quitter physiquement mais jamais intellectuellement et sentimentalement. Ces années m'ont construite et comme il aime à l'entendre, nous, ses élèves, sommes des émanations de son enseignement, des « métastases ». Nous partageons tous ce sentiment de fierté de l'avoir côtoyé et une infinie reconnaissance pour son enseignement. Son modèle de pensée est imprimé dans notre cerveau et sa marque est unique et indélébile.

Préambule

Très tôt, j'ai développé une passion pour le foie. Cette passion n'est pas venue brutalement, mais s'est développée petit à petit. Peut-être au début y a-t-il eu une rencontre difficile, inattendue (c'était une urgence) : un jeune homme accidenté avec une rupture du foie si mal traitée qu'il est mort. Je découvrais une grande ignorance de cet organe sur le plan chirurgical. Cela m'a attiré, comme tout ce qui n'est pas bien connu, et au fur et à mesure que je commençais à apprendre les divers aspects de l'anatomie et de la chirurgie du foie, grandissait mon intérêt. C'est à partir de ce moment-là que s'est développée la passion.

La curiosité, c'est peut-être aussi ce qu'a éprouvé au tout début Claude Bernard (certainement l'un des plus grands savants français). Étudiant le foie dont on pensait qu'il ne produisait que de la bile, il s'étonnait que le foie, le plus gros organe de l'organisme, n'ait qu'une fonction aussi simple : faire la bile. Cette fonction n'avait pas besoin de mobiliser autant de cellules. D'où sa réflexion, « le foie est trop gros pour ne faire que de la bile » qui l'a conduit à une des expériences pour moi les plus enthousiasmantes de la médecine. Claude Bernard allait brancher le foie d'un animal dans la cour de l'Institut de France à un robinet. Il a trouvé que le liquide de lavage contenait du glucose. Il a continué à le laver jusqu'à ce qu'il n'y ait plus de glucose, puis après un certain temps l'a relavé à nouveau et à nouveau il y avait du glucose.

Ainsi a-t-il dit, le foie stocke le glucose. Il a appelé cela la fonction glycogénique du foie (glycogène signifie qui fait du glucose). Claude Bernard rajoutait à la production de bile une autre fonction du foie, métabolique celle-là, la formation du glucose.

C'était la première fonction métabolique découverte du foie. D'autres suivront mais même aujourd'hui on ne connaît pas toutes les fonctions du foie. Cela est démontré simplement. Si on enlève à un animal le foie et qu'on compense toutes les fonctions connues, il meurt. Donc il existe d'autres fonctions que l'on ignore encore. C'est le tableau de l'hépatite fulminante* où toutes les fonctions du foie s'arrêtent et où le seul traitement est encore aujourd'hui la transplantation hépatique. C'est-à-dire remplacer le foie défaillant par un autre foie car on ne sait pas comment traiter la défaillance soudaine du foie. Ainsi la position du foie est centrale dans l'organisme : c'est l'organe qui, branché sur l'intestin qui amène les produits alimentaires, va les transformer pour en faire des produits assimilables à notre organisme et nourrit tous les autres organes. Il est à la jonction de tout ce qui rentre dans notre corps, fait le tri du bon et du mauvais et en fait des aliments pour tous les autres organes, leur donnant l'indispensable à leur bon fonctionnement. C'est le laboratoire de l'organisme.

Il m'a toujours plu de comparer le foie et le cerveau, tous deux les plus gros organes du corps, le foie plus gros quand même. Le foie, c'est la mère, celle qui s'occupe de tous les enfants, discrète mais si importante. Le cerveau lui est comme l'homme. Il est branché sur tout ce qui est extérieur : par les organes sensoriels pour la recherche des aliments et la protection de la famille.

Je vois le cerveau comme le guerrier qui protège la femme et les enfants et le chasseur qui cherche la nourriture. Le foie est la femme, la mère, la mater familias qui à l'intérieur, dans la maison, confectionne avec les aliments apportés par l'homme la nourriture pour toute la maisonnée. Le foie dirige l'intérieur et le cerveau l'extérieur On peut aussi dire, en comparant aux instances dirigeantes de notre pays, que le cerveau est le Président de la République chargé de conduire la nation, de décider de ses relations extérieures.

Le foie lui est comme le Premier ministre chargé de l'Intérieur, de gérer, d'administrer et de réguler le fonctionnement de tous les services internes par ses ministres, les autres organes de notre corps. Pour moi, le foie et le cerveau sont le binôme qui dirige notre corps.

Et le cœur alors ? On lui a donné un rôle important, celui du siège des émotions, de l'amour. Le cœur en fait n'est qu'une pompe, il ne s'occupe que de la circulation sanguine certes indispensable mais pas plus importante que le rein qui filtre le sang ou le poumon qui filtre l'air. Le foie est à un autre niveau dans les fonctions métaboliques du corps.

Dans l'image populaire du cœur percé d'une flèche pour traduire l'amour, je me suis amusé à remplacer le cœur par le foie. N'est-il pas vrai que dans certaines cultures si l'on veut dire à son aimée plus que « mon cœur », on lui dit « mon foie ». Je pense que c'est donner une juste valeur à cet organe extraordinaire, digne de passion.

Première Partie

Une décision inespérée

CHAPITRE 1

L'annonce

1. L'attente

Deux jours auparavant j'avais reçu un coup de téléphone de la secrétaire du Directeur Général de l'Assistance Publique, me fixant ce rendez-vous. Ce rendez-vous, je l'avais demandé, je l'attendais, je l'espérais.

Peut-être allais-je savoir la décision prise à ma demande formulée et répétée depuis plusieurs mois: la rénovation des locaux où je pourrais continuer à travailler et à exercer cette spécialité en plein essor de la chirurgie du foie et de la transplantation hépatique.

Cette activité croissait d'année en année. Nous étions toujours dans les mêmes vieux locaux de l'hôpital Paul Brousse. Il avait gardé ses marques d'origine, construit en 1913 comme l'Hospice général de la Préfecture de la Seine, hôpital pavillonnaire en pierre meulière. Et aujourd'hui, l'activité s'annonçait encore plus importante (nous allions faire 170 transplantations, la plus grosse activité de transplantation hépatique de tous les centres européens). J'avais demandé au directeur de l'hôpital de faire un tampon pour le courrier :« l'hôpital Paul Brousse, le premier Hospice européen de transplantation hépatique ».

Assis sur la chaise métallique moderne issue du design contemporain, esthétique mais inconfortable, du goût du précédent Directeur Général, je me remémorais ce qui s'était déroulé ces derniers mois.

2. Le projet

Tout avait commencé environ un an plus tôt. Ce jour-là, le 4 mai 1988, Françoise, ma secrétaire, m'appelait par l'interphone de mon bureau : « Je reçois un appel pour vous. Vous ne le refuserez pas. C'est Mireille Darc ». La veille, Jacques Attali m'avait contacté : « Mireille Darc voudrait que vous voyiez un de ses proches, atteint d'une grave maladie du foie. Pouvez-vous le recevoir ? ». Il m'arrivait qu'il me contacte pour me recommander une personnalité politique ou une de ses connaissances. Quelques jours plus tard, je recevais Pierre Barret, journaliste renommé et homme de télévision, accompagné de Mireille Darc. La maladie hépatique était avancée et la seule solution était une transplantation hépatique. Tous deux ont immédiatement accepté car comme c'est souvent le cas, le sentiment d'une maladie grave, inconsciemment mortelle, faisait taire la moindre réticence. La transplantation a été programmée assez rapidement, et heureusement, l'attente ne fut pas longue. La transplantation s'est bien déroulée, et Pierre Barret a vite récupéré.

Lors de la première consultation après la transplantation, Pierre Barret me dit :

« Je suis passé par tous les différents secteurs de votre service : la consultation, l'hospitalisation, la réanimation, le bloc opératoire. Je ne pensais pas que l'on pouvait faire une chirurgie aussi complexe dans des locaux aussi vétustes. C'est inacceptable.

-Que puis-je faire ? J'ai toujours réclamé des améliorations à l'administration, mais sans résultat. Le service s'est étendu de manière désordonnée dans l'hôpital, et on a parfois l'impression de camper. Le provisoire dure, malheureusement, et aucune perspective de changement n'est en vue.

-Dans ce cas, vous devez construire un nouveau bâtiment pour regrouper toutes vos activités. Je vais vous aider. Mais avez-vous un projet concret ? Il faut d'abord élaborer le projet de service qui correspond à vos besoins».

Les paroles de Pierre Barret étaient celles de tous ceux qui venaient dans le service : patients, médecins, visiteurs. Mon service était logé dans des bâtiments anciens, construits au début des années 1900. Lorsque je suis arrivé dans cet hôpital, le bloc opératoire était extrêmement vétuste : deux salles d'opération avec, entre les deux, une salle de stérilisation qui contenait de vieux autoclaves. Nous avions besoin d'une troisième salle d'opération, que nous pouvions obtenir en intégrant une petite salle à côté. L'architecte de l'Assistance Publique fut Aymeric Zublena, qui commençait sa carrière. Il finira par devenir l'architecte de l'hôpital Georges Pompidou, le dernier grand hôpital de l'Assistance Publique. Il avait conçu un plan fonctionnel répondant à nos besoins. Mais il y avait un gros problème : pour mener ces travaux à bien, il fallait arrêter l'activité du bloc opératoire et du service pendant six mois. Cela était inacceptable, non seulement pour nous, mais pour tout l'hôpital, car le service de chirurgie faisait fonctionner les autres services. J'ai donc convaincu l'architecte d'organiser les travaux par étapes, ce qui était faisable avec des efforts importants pour isoler les surfaces en travaux, avec une séparation stricte entre les zones en rénovation et celles en fonction. Et la séparation de chaque zone de travail devrait être parfaite car on continuait à travailler en milieu aseptique de l'autre côté de la barrière plastique qui était érigée entre la partie à refaire et les autres.

Certes, nous avons parfois opéré dans le bruit des marteaux-piqueurs, mais nous n'avons quasiment jamais interrompu notre activité, sauf une semaine pour réunir le pavement du couloir principal.

La situation des locaux se dégradait d'année en année. Nous manquions de plus en plus de place. La réanimation, saturée avec les patients transplantés, fonctionnait au maximum de ses capacités. Pour la désengorger, nous avions aménagé un secteur de quatre lits dits de post-réanimation au fond d'une salle. Les bureaux des médecins étaient installés dans d'anciens appartements d'ouvriers sous les toits, et certains étaient même situés dans des algécos sur les zones de parking. Un de nos assistants étrangers, Oscar Traynor, devenu plus tard chef de service de transplantation hépatique en Irlande, montrait à ses collègues, lors d'une conférence sur son séjour à Paul Brousse, l'endroit où il travaillait : une cuisine, avec ses livres rangés dans le four. Le service avait des extensions dans tous les sens et était devenu chaotique.

Notre activité clinique augmentait d'année en année et attirait de plus en plus de malades étrangers ainsi que des médecins venus du monde entier pour se former ou observer notre travail. Ils s'étonnaient d'une chirurgie avancée dans des locaux du temps passé.

Je me plaignais sans cesse à l'administration.

Malheureusement, je n'obtenais des améliorations que si le directeur de l'hôpital décidait de porter notre demande au niveau central. Certains directeurs se battaient pour améliorer leur hôpital, d'autres étaient moins enclins à prendre des risques, préférant ne pas déranger la hiérarchie et garantir leur carrière. L'hôpital Paul Brousse était un petit établissement, et les directeurs qui y étaient affectés étaient souvent jeunes, et n'avaient pas l'expérience suffisante pour prendre en charge des projets ambitieux et coûteux.

À partir de 1984, avec l'avènement d'un immuno-suppresseur actif et le développement des transplantations, la charge de travail augmentait considérablement. Le nombre de malades transplantés croissait chaque année, ajoutant une pression supplémentaire sur nos moyens déjà insuffisants. J'essayais d'agrandir les consultations, de recruter plus d'infirmières, mais nos locaux restaient inadaptés. Lorsqu'en 1988, Pierre Barret me proposa de m'aider, je décidai de saisir cette chance. Avec l'aide d'un consultant en management, nous avons constitué une équipe de consultants experts à qui j'exposais les besoins auxquels le nouveau centre devrait répondre. Au bout de quatre réunions et d'environ deux mois de travail, un programme était établi. Le bâtiment projeté comprenait soixante-dix lits d'hospitalisation, un bloc opératoire de cinq salles, quinze chambres de réanimation, huit boxes de consultation. En plus, j'avais demandé des lits d'hôpital de jour, des lits pour la chimiothérapie, un petit secteur pour les explorations fonctionnelles incluant l'endoscopie et l'échographie, ainsi que des locaux pour l'enseignement et la recherche. Quand on rêve, il n'y a pas de limite. Nous avions maintenant un projet d'un centre qui était la projection future de notre activité actuelle.

Le Directeur Général de l'Assistance Publique, Gabriel Pallez, prenait sa retraite, et Jean Choussat, un homme ayant une grande expérience du système de santé, le remplaçait. Dans une démarche participative, il avait décidé de rencontrer les médecins pour entendre leurs doléances. Lors d'une séance exceptionnelle du comité consultatif médical de l'hôpital dont j'étais le président, Monsieur Choussat présenta les objectifs généraux de l'Assistance Publique, indiquant que nous pouvions nous inscrire dans cette dynamique. Représentant l'ensemble du corps médical de l'hôpital, je fis remarquer que la structure de l'hôpital ne correspondait pas à notre activité. Mon service de chirurgie et de transplantation hépatique faisait craquer les services annexes tels que la radiologie, l'anatomopathologie, la biochimie et la transfusion, qui manquaient également de locaux et de personnel. Je demandais donc une rénovation en profondeur. La réponse du Directeur Général fut évasive, et un des membres du comité, Michel Reynes, quitta la salle en signe de protestation. J'avais conclu en disant : « Monsieur le Directeur Général, il nous faut une réponse claire, car nous ne pouvons pas continuer ainsi.». Quelques jours plus tard, Jean Choussat demanda à me voir.

«Je connais votre activité, et elle est très importante, mais en inadéquation avec les locaux de l'hôpital. Il n'y a que deux solutions : soit je vous demande de baisser votre activité, mais je sais que vous refuserez, soit l'Assistance Publique essaie de vous déplacer dans un autre hôpital, mieux adapté à votre activité».

Je lui répondis que j'étais très attaché à Paul Brousse et que je préférais une rénovation sur place. Je lui fis part du projet d'un nouveau bâtiment, conçu en fonction de nos besoins actuels et futurs. Peu de temps après, le directeur de l'hôpital Paul Brousse m'informa qu'il avait répondu à l'Assistance Publique que la rénovation de notre service était impossible dans les locaux actuels.

On me proposa alors de déménager dans un autre hôpital. La première proposition fut l'hôpital Necker, où était situé le centre de transplantation rénale le plus important de Paris, (historiquement le premier avec le Pr Jean Hamburger, pionnier de la transplantation rénale). Il souhaitait agrandir son domaine de transplantation et envisageait la transplantation hépatique comme une possibilité. Après une réunion avec le directeur de Necker, nous trouvâmes un accord: un centre serait construit sur une parcelle de terrain dans l'hôpital dont il était propriétaire.

La vente d'une partie du terrain financerait la construction du centre. J'avais même reçu le soutien de Jacques Chirac, alors maire de Paris et président du conseil d'administration de l'Assistance Publique, par une lettre manuscrite. Malheureusement, lors de la réunion du comité médical de Necker, les pédiatres, alliés aux anesthésistes, firent bloc et donnèrent un avis négatif.

L'opposition était trop forte, et le projet fut abandonné.

L'Assistance Publique continua de chercher un autre hôpital. Henri-Mondor refusa, tout comme La Pitié-Salpêtrière, qui avait déjà une activité de transplantation hépatique. Bicêtre était une autre possibilité, mais il n'y avait pas de locaux, et la seule option était de construire au-dessus de la cuisine centrale, ce qui était trop coûteux et refusé par l''Assistance Publique

C'était l'impasse. C'est alors que le Directeur Général me demanda de venir le voir. La date du rendez-vous était le 28 juin 1989.

3. L'annonce

Cela faisait environ une demi-heure que j'attendais, lorsque la porte du bureau s'ouvrit. Depuis 20 ans j'étais souvent entré dans ce bureau. Mais ce jour-là, je le trouvais particulièrement solennel.

J'ai cru observer un léger sourire sur le visage de Monsieur Choussat.

«Monsieur le professeur, je ne sais comment faire avec vous. J'ai essayé de vous placer dans tous les hôpitaux possibles de l'Assistance Publique. Comme vous savez, Necker a refusé, Henri Mondor aussi. Même la Pitié-Salpêtrière a refusé me disant que votre activité est trop importante pour l'établissement, ce qui est un comble pour cet hôpital qui est le plus grand de nos hôpitaux. J'ai même essayé de vous placer à Bicêtre mais ils ont tellement chargé l'opération que c'était une façon déguisée de la refuser. Je ne vois qu'une seule solution : construire votre centre dans votre hôpital. Cela sera une opération spéciale car vous m'avez dit que vous ne voulez pas attendre des années. L'Assistance Publique va s'engager mais vous aussi ». Il m'a alors lu une lettre d'engagement réciproque qu'il avait préparée dans laquelle il disait : «L'Assistance Publique s'engage à construire un centre dédié aux activités de chirurgie hépato-biliaire et de transplantation à l'hôpital Paul Brousse dans un délai de deux ans à condition:

1- que le professeur Bismuth apporte la moitié du financement qui était estimé à 100 millions de francs et

2- une fois les plans acceptés, il n'y apporterait aucune modification ».

« - Acceptez-vous cet engagement ? »

Je crois que je n'ai pas réfléchi et ma réponse a été immédiate :

« Oui

-Vous avez bien noté qu'on vous demande la moitié du financement, si on veut respecter les délais.

-Je suis d'accord.

-Dans ce cas-là, je vous demande de revenir demain et je vous exposerai plus en détails l'opération que nous allons monter »

Il me raccompagna à la porte du bureau.

En marchant dans le couloir, je pensais uniquement à ses mots « Nous allons construire le Centre que vous voulez ». Je me répétais cette phrase à laquelle j'avais dit oui. J'avais dit oui à tout sans y réfléchir. Je ressentais cette promesse comme l'aboutissement de toute ma vie. Comment me disais-je, arrivé à Paris sans bagage, devenu chirurgien sans aucune connaissance dans le monde médical, accéder ainsi à l'ultime consécration d'un médecin : la construction d'un Centre dédié à sa propre activité.

En chemin vers l'hôpital, en fin d'après-midi, je repensais à toutes les étapes de ma vie.

Assistance ❤ Publique

Hôpitaux de Paris

LE DIRECTEUR GENERAL

PARIS, le **2 7 JUIN 1989**

Monsieur le Professeur BISMUTH
Chef de Service

Hôpital PAUL BROUSSE

Monsieur le Professeur,

Ainsi que j'ai eu l'occasion de vous l'annoncer en présence de M. COLIN, j'ai décidé que sera contruit, à l'hôpital PAUL BROUSSE, un bâtiment destiné à accueillir le service de chirurgie digestive, afin de lui permettre de poursuivre le développement de ses activités.

Comme j'ai pu vous l'indiquer, je subordonne la réalisation de cette opération :

- à un apport de fonds extérieurs à l'Assistance Publique à hauteur de 50 MF sur la base d'un coût total de la construction de 97 MF,

- à un protocole d'accord précis et clair sur les engagements de chacune des parties afin de réaliser la construction de ce bâtiment dans d'excellentes conditions et dans les délais les plus courts.

Vous pouvez ainsi évaluer l'intérêt que je porte au développement de l'hôpital PAUL BROUSSE et notamment de votre activité. Je crois que vous mesurez l'effort ainsi consenti, qui s'ajoute à la décision récemment prise d'abonder immédiatement les moyens actuels de l'établissement pour pouvoir créer des lits de post-réanimation et un hôpital de semaine.

Je compte bien entendu sur votre entier concours pour la conduite à bonne fin de cette opération que je souhaite exemplaire.

Veuillez agréer, Monsieur le Professeur, l'assurance de mes sentiments très distingués.

Jean CHOUSSAT

48

Seconde Partie

Les années de formation

CHAPITRE 2

Les premières années

4. Une vocation bien précoce

Il existe des inclinaisons infantiles de désir ou de crainte très tôt ressenties dès l'enfance qui plus tard vont devenir la déterminante d'une vie. Certains cherchant les tempêtes sur la côte Atlantique, ont vu de cette attirance la caractéristique de leur vie politique (Nicolas Sarkozy). Un autre, tout enfant, dessinait des robes pour sa mère avant de devenir le grand couturier universellement acclamé (Yves Saint-Laurent).

J'ai cherché ce qui dans ma prime enfance avait pu être déterminant de ce qu'avait été ma vie plus tard. Je n'ai rien trouvé. Je ne trouve même maintenant aucune ligne de force qui m'aurait guidé pour devenir ce que je suis ou pour faire ce que j'ai fait.

Certes, en regardant en arrière, on voit sa vie comme une ligne droite. Mais en réalité elle n'a pas été tracée droite depuis le début. Son caractère rectiligne est fait de juxtaposition de fragments de petits parcours, parcours que l'on suit jusqu'à un embranchement, que l'on prend d'un côté ou de l'autre. Par hasard? Oui, le plus souvent. Au fond, je crois au hasard. Mais à un hasard choisi, on ne sait pour quelle raison.

J'essaierai de chercher tout au long de ces écrits comment je suis devenu un chirurgien passionné.

Une vie peut-elle être marquée par le premier souvenir ? Mon premier souvenir est celui d'un enfant, moi-même, à l'âge de deux ans et demi -trois ans, entrant dans un champ où se trouve un mouton et chargé par cette bête qui le renverse. Se relevant et saignant d'une écorchure au genou, il court vers son père sur le chemin. Son père tamponnant sa plaie de son mouchoir, l'enfant retient ses larmes. À son retour à la maison, sa mère à qui on relate le courage de son fils dit : « Mon fils tu n'as pas peur du sang, tu seras chirurgien »

Cette phrase m'a longtemps été répétée. Et le souvenir bien fort m'est resté. Je doute cependant que ce soit un souvenir authentique. Car ce que j'ai toujours vu est le petit enfant sur lequel fonce un mouton. Comme une image vue d'en haut. Est-ce un vrai souvenir ? Je pense que mon vécu réel aurait été différent : j'aurais dû voir la tête du mouton s'approchant de moi, sans me voir moi-même. Je pense que ce souvenir tel qu'il apparaît dans ma mémoire a toute l'apparence d'un souvenir induit.

Le souvenir suivant paraît plus authentique. La vision de deux gros boutons rouges sur fond noir. À quoi se rattache cette image ? J'avais trois ans à la Foire Universelle de Paris lorsque le géant avec son fez rouge m'a pris dans ses bras. Le fameux «Y'a Bon Banania».

Là, je vois ce que les yeux d'un enfant auraient normalement vu : le rapprochement des gros boutons rouges, image en plus rattachée à un événement fort. Le grand bonhomme avec un costume noir et rouge qui me prend dans ses bras dans une foule bruyante. J'ai depuis vérifié: le zouave dans les reproductions avait bien un blazer à bordures rouges mais pas de boutons. Peut- être ce jour- là en avait-il?

Un souvenir d'enfance doit être rattaché à une circonstance forte. À la même époque j'ai des photos de ce séjour à Paris, premier séjour de mes parents dans cette ville : mon père, fonctionnaire français avait droit par période à un voyage en Métropole. L'occasion fut la Foire Universelle de 1937. Ces photos montrent des enfants- ma sœur, d'autres enfants et moi-même- dans un square, jouant dans un bac de sable. Je n'en ai gardé aucun souvenir. Seules ces photos en témoignent.

La réalité est que l'on a vraiment peu de souvenirs de ses premières années. Malgré l'importance et l'influence de ce qui a été ressenti, de ce qui a fait notre personnalité, sensibilité et intelligence, rien n'est resté dans notre mémoire, passé directement dans l'inconscient. Je n'ai gardé de mes souvenirs qu'un seul réel, un détail anecdotique, les boutons rouges et un déterminant, le mouton, induit par sa narration.

J'ai l'impression de sauter encore une période d'absence pour arriver à un autre événement fort : les premiers jours de la rentrée en classe. J'avais toujours vécu jusqu'alors dans ma famille, avec ma mère que je ne quittais pas. Ce fut un déchirement. La première fois où l'on m'enlevait du milieu familial, en fait de ma mère, pour me mettre avec d'autres enfants. Je n'ai ressenti que cet isolement et je me revois en larmes pour ne pas rentrer à l'école. Lorsque c'était mon père qui m'accompagnait, il ne pouvait résister à mes larmes. Il préférait m'emmener à son travail. À l'époque il travaillait comme receveur des postes dans un bureau de poste à l'entrée de la partie arabe de Tunis. Je restais dans l'arrière-bureau à tamponner des enveloppes. Je garde un sentiment de bonheur, paradoxalement, de ces heures dont le seul intérêt était de m'éviter d'être en classe.

J'ai évoqué ma solitude de petit enfant. Pourtant il y avait ma sœur mais aînée de quatre ans, et en plus fille jouant avec ses amies filles et ne voulant sans doute pas s'encombrer d'un si petit garçon. Avec elle j'ai vécu un élément traumatisant de sang et d'hôpital. Peut-être un souvenir structurant de ma carrière. J'avais quatre ans. Cet été, mon père avait apporté une chaise longue en toile pliante qu'on avait installée sur le balcon pour profiter de la fraîcheur du soir. Dès le premier jour, je me l'étais appropriée, ne voulant pas la céder à ma sœur. Celle-ci furieuse, pour m'en déloger, eut l'idée de la faire tomber à plat sous moi, en retirant le bras oblique qui la maintenait. En s'affaissant, un de mes doigts, le médius droit, a été coincé entre les deux armatures de bois. En criant sous la douleur, j'ai retiré le doigt dont la pulpe coincée s'est détachée. Le doigt saignant, enserré dans un mouchoir, j'étais emmené par mes parents affolés à la pharmacie la plus proche. Le pharmacien a mis un pansement et a recommandé d'aller le lendemain à l'hôpital.

Au moment de payer, ma mère s'est évanouie. La légende familiale disait que c'était plus l'émotion de la somme que la plaie de mon doigt. Pendant un mois j'ai dû aller plusieurs fois à l'hôpital (le même où des années plus tard je mis ma première tenue chirurgicale). J'avais perdu la pulpe du doigt et la cicatrisation par rétraction allait déformer à vie mon médius droit, plus court et à l'ongle recourbé. J'ai plus tard tout fait aux blessés de la même plaie pour éviter cette affreuse évolution en suturant la partie perdue, quelquefois non entièrement détachée ou la greffant. De cet épisode de ma vie, j'ai gardé l'odeur de l'éther et l'aura de ceux qui avaient la magie de réparer le corps : c'était en l'occurrence une infirmière bourrue qui me changeait le pansement, l'inondant d'eau oxygénée pour le décoller. Mais je la voyais comme une déesse aux pouvoirs magiques. Un pas de plus dans le sillon de ma carrière.

Pendant la guerre, la Tunisie qui était un protectorat français est passée sous la domination italienne. Il n'y a pas eu de grands changements dans notre vie habituelle. J'ai appris qu'on avait réquisitionné certains objets comme les radios, les machines à coudre mais mes parents n'en avaient pas. Il y avait des restrictions alimentaires. Je me souviens surtout du pain qui était rationné et on avait des tickets comme c'était le cas dans la France occupée. Le boulanger était dans notre rue à une centaine de mètres et j'étais chargé d'aller chercher le pain.

J'avais sept ans. Les tickets de pain pour mes parents et ma sœur nous attribuaient une dose quotidienne totale de 500 g, je crois. Le boulanger taillait un gros morceau dans une miche. Le morceau coupé avait rarement le poids exact et si inférieur, le boulanger rajoutait un petit morceau triangulaire de pain pour faire le poids exact. Je me souviens de l'impression de bonheur quand durant le parcours de rentrée à la maison, je mangeais ce petit morceau de pain, en cachette de ma sœur, car nous nous disputions, nous accusant réciproquement de prendre toujours le plus gros morceau.

Un jour en allant chercher le pain, il y eut un grand vent et un ticket que je serrais entre mes doigts m'a échappé et a disparu. C'était une catastrophe et il fallait que je le retrouve. Dans la rue que je suivais, débouchait une petite impasse, sorte de couloir à l'air libre entre deux immeubles. C'était justement à cet endroit que j'avais perdu mon ticket. Je découpais dans un morceau de journal qui traînait par terre un petit rectangle de papier de la même taille que le ticket. Le prenant dans mes doigts à la hauteur du point où je l'avais perdu, je l'ai lâché. Il s'engouffrait par le vent dans l'impasse et je courais derrière lui jusqu'à un coin où il a rejoint d'autres morceaux de papier qui tourbillonnaient. En les observant bien, je découvrais le ticket.

Je fus très fier de ramener la dose quotidienne de pain ce jour-là. Pourquoi ma mémoire a-t-elle retenu cet épisode, somme toute banal ? Peut-être parce que j'ai gardé le souvenir d'une sorte de mise au point d'un moyen, qu'après j'appellerais expérimental, de la recherche du morceau de papier. J'avais fait une expérience de simulation du trajet du papier pour retrouver le ticket.

Au début du mois de novembre 1942, les Italiens ont été remplacés par les Allemands. En effet, le 8 novembre, les troupes alliées débarquaient en Algérie et le lendemain les troupes allemandes arrivaient par milliers en Tunisie. Dans la population, un sentiment de crainte est né car on savait ce qui se passait en France avec l'occupation allemande. Les juifs étaient-ils plus menacés, sans doute ? Il y a eu des camps de travail, des déportations mais rien de comparable avec ce qui s'est passé en France. Je ne pense pas qu'on ait porté l'étoile jaune. Ce qui est sûr, c'est que j'ai arrêté d'aller à l'école, ce qui m'a fait perdre un an dans ma scolarité contrairement à certains de mes camarades qui ont suivi des cours particuliers. Cela n'a pas été mon cas et à la rentrée d'octobre je n'ai pu trouver une partie de mes camarades. Je n'ai pas été affecté de cette perte d'une année. Mes parents non plus. On était trop content d'avoir passé cette période sans ennuis.

Certes, il y avait les bombardements.

Au début, on descendait avec tous les autres habitants de l'immeuble. Notre appartement était au troisième et dernier étage. On allait se réfugier dans le couloir de l'entrée de l'immeuble qui était étroit. Puis on a dit que ce n'était pas le bon endroit et qu'il fallait aller dehors dans des tranchées qui avaient été faites dans un petit square à une centaine de mètres de notre maison.

Dès que les sirènes étaient déclenchées- c'était toujours la nuit- on descendait dans les tranchées. Ma mère avait fait à ma sœur et à moi des casques de fortune. Le mien était une casserole sans manche rembourrée de coton. Je le tenais pendant les bombardements car il était instable sur ma tête. On voyait dans le ciel les rayons des projecteurs, on entendait résonner le canon de la DCA.

Des immeubles se sont effondrés mais pas dans notre quartier. En vérité nous, les enfants, ma sœur et moi nous n'avons pas ressenti de frayeur particulière. En remontant on retrouvait mon père qui lui ne descendait pas, restait dans le lit en ouvrant la fenêtre et disait que le spectacle dans le ciel était très beau, rayé par les éclairs. Il est vrai qu'il avait fait la guerre de 14, dans les tranchées. Il n'y avait rien de comparable.

Puis est venue la libération. Je me souviens très bien de l'excitation, c'était au printemps 1942. Il y avait des Jeeps avec des soldats américains qui distribuaient des chewing-gums et des bonbons et avec les autres enfants on courait après eux.

Ma sœur qui avait 12 ans avait suivi des cours de danse et de chant et avait participé à un spectacle des « galas Karsenty ». Un jour ma mère fut contactée par l'impresario : l'armée américaine organisait pour ses soldats dans les camps des spectacles et une artiste enfant serait la bienvenue, leur rappelant leurs propres filles restées aux États-Unis. Avec ma mère, ma sœur qui a pris un nom de théâtre : Mona Marshall (elle l'a gardé toute sa vie) est allée plusieurs fois faire partie de ces spectacles en dehors de Tunis. Il m'est arrivé parfois de faire partie de ces excursions. Mon principal souvenir était la découverte d'aliments inconnus : la pâte d'arachide, les bananes desséchées, le corned-beef et surtout les pêches au sirop qui me fascinaient par la netteté de leur rondeur toute lisse et le caractère fondant du fruit.

Un jour, après le spectacle nous sommes allés dans le mess des officiers. Le général commandant les troupes était là. Il a pris ma sœur sur ses genoux : c'était le général Eisenhower et il avait dit « Que cette petite fille est mignonne et combien j'aimerais l'emmener aux Etats-Unis ». Des années durant, ma mère à qui on avait traduit le propos du général et qui avait dit qu'elle refusait, disait combien elle regrettait de s'être opposée à cette invitation. Le général Eisenhower étant devenu président des États-Unis, elle se voyait et avec nous tous à la Maison Blanche. Chaque fois qu'on voyait aux Actualités au cinéma le président Eisenhower, on la culpabilisait : « Vraiment qu'est ce qui t'a pris de refuser. On aurait été dans les Actualités avec lui ».

C'est ainsi que s'est passée cette période de mon enfance pendant la guerre. En fait, j'ai appris plus tard que nous avons eu beaucoup de chance. Mon père avait en effet projeté en 1938 de demander sa mutation en France à laquelle il avait droit en tant que fonctionnaire français. Il est sûr que nous nous serions trouvés à Paris dans la période dramatique des rafles et des déportations. Cela ne s'est pas fait car ma mère s'y est opposée, trop attachée à son cercle familial et surtout d'amies avec lesquelles elle passait ses moments de loisirs. Quelle ironie d'avoir eu la vie sauve pour des parties de cartes.

"Tu seras chirurgien mon fils »

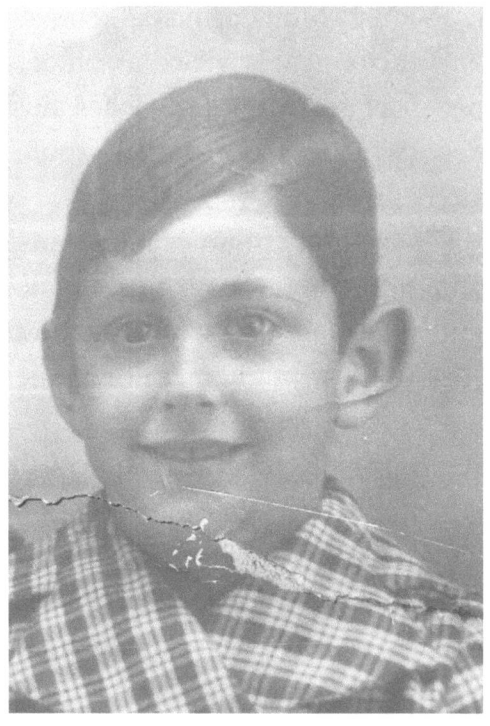

5. L'adolescence

La fin de la guerre a été pour moi l'arrivée des Américains. En octobre 1942, je suis retourné à l'école des garçons de la rue Carnot. J'ai peu de souvenirs de cette période. Au lieu du certificat d'études, j'ai passé l'examen d'entrée en sixième : signifiant le choix fait par mes parents que je continuais mes études. Seuls les enfants des familles pauvres arrêtaient à ce moment-là leur scolarité, comme ce fut le cas pour mon père, mais c'était la génération précédente. Ma mère en revanche avait eu son Brevet ce qui était très rare surtout pour une fille en Tunisie dans les années 1920.

Je rentrais au lycée Carnot, qui était le seul lycée des garçons de Tunis, en classe de sixième. J'ai été un bon élève, recevant tous les premiers prix et même un accessit en dessin. Je n'ai rien eu au sport où il faut bien reconnaître que je n'étais pas très fort. Passé en cinquième, j'ai fini l'année avec les mêmes résultats. Si je parle de ces bons résultats en sixième et cinquième, c'est qu'à partir de la quatrième j'ai décroché. Je me souviens de la phrase d'un de mes professeurs qui faisait partie des jurys successifs, le professeur de lettres, que je rencontrais dans la cour de récréation et qui me dit en parlant de mes résultats actuels: « Comment en un plomb vil, l'or pur s'est -il changé? ». Je pense que je travaillais moins bien car, comme on disait alors, je commençais à penser aux filles.

Ma scolarité s'est améliorée en seconde et surtout en première où j'ai eu le premier Bac avec mention Bien. Le deuxième Bac également avec mention Bien.

J'ai gardé un mauvais souvenir de ma période de scoutisme. C'était peut-être en sixième. Ma mère m'avait inscrit chez les scouts juifs. Ma première participation était un séjour d'une semaine dans un village qui était près d'HammamLif, dans le Cap Bon. Ma mère m'avait accompagné en train le matin pour me laisser au camp. J'ai préparé toutes mes affaires pour passer une semaine (mes affaires de toilette bien rangées dans une boîte de cigares américaine). C'était la première fois que je m'éloignais de ma mère. En fin de matinée on s'est baignés et j'ai perdu mes lunettes dans la mer. Je suis revenu à la maison dans l'après-midi avec ma mère ne pouvant continuer cette période de vacances car j'étais déjà très myope. Je suis sûr que c'était un acte manqué. Il y a eu une autre sortie (c'était seulement une journée sur la plage de Gammarth). En courant sur la plage, ma jambe s'est prise dans un rouleau de fils de fer barbelé, reliquat de la guerre, qui m'a ouvert la peau devant le tibia. On m'a emmené en brancard chez un médecin local qui a fait un pansement. Il n'y a pas eu de suture de telle sorte que j'ai gardé une large cicatrice très visible.

Entre le doigt et la jambe, je n'ai pas été gâté par la chirurgie, plus exactement par l'absence de réparation chirurgicale. Plus tard, externe, quand j'avais des plaies à traiter, je les suturais de la façon la plus précise possible pour éviter à ces blessés mes infortunes dont je gardais les séquelles.

Quant au scoutisme, il s'est limité à ces deux épisodes avortés. Je n'étais déjà pas très attiré par la vie de groupe.

A quinze ans, en été, je décidais de partir seul en auto-stop dans le sud tunisien, je voulais aller dans le désert jusqu'à Gabès. Je suis parti en sac à dos. Je logeais dans les auberges de jeunesse.

A Mahdia, je suis allé avec des pêcheurs de maquereaux à la pêche au lamparo. Les avantages de cette virée nautique nocturne étaient que je dinais avec les pêcheurs sur le bateau et que j'y passais toute la nuit, ce qui m'évitait de payer une chambre à l'auberge de jeunesse et un repas. En fait, je passais la nuit seul dans la petite barque qui portait les feux. Je voyais les poissons apparaître de plus en plus nombreux dans l'eau au-dessous de la barque. La barque oscillait dans les vagues et je vomissais sans arrêt, peut-être que cela attirait les poissons que je voyais à travers mes yeux embués, penché sur le bord de la barque. Le matin je partais avec des poissons que je donnais à un restaurateur local pour le déjeuner. Un autre jour, plus au sud, je partais passer la journée avec des pêcheurs d'éponges aux îles Kerkennah.

En repensant à cette période, je m'interroge sur cette décision d'évasion. Partir à quinze ans faire de l'autostop sur des routes peu fréquentées, pris le plus souvent par des camionneurs, ne parlant que l'arabe. Sans doute, voulais-je me confronter aux risques de l'aventure et couper le cordon ombilical, m'éloigner de ma mère.

J'avais écrit une lettre que je m'étais envoyée en signant Lafcadio. J'étais nourri par André Gide. Je lisais « les Nourritures Terrestres » et « les Nouvelles Nourritures ». Je me rêvais en Nathanaël: « *Nathanaël, quitte m'en, n'ait soif que de l'eau que tu auras puisée, n'ait sommeil que dans le lit que tu auras fait.* ».

Lors de cette échappée dans le sud tunisien, je suis rentré à Tunis avec une carapace de tortue sur laquelle j'ai dessiné le masque de Kon-Tiki que j'ai accroché dans ma chambre, en fait le salon de notre appartement. Il y avait trois chambres dans notre appartement de l'avenue Marcellin Berthelot, près de la caserne des pompiers de l'avenue de Lyon.

C'était un quartier principalement de gens de la classe moyenne. Il y avait la chambre à coucher de mon père et ma mère, une salle à manger « officielle » dans laquelle était installé le lit de ma sœur. Et un salon qui était en fait la vraie salle à manger dans laquelle il y avait outre une table carrée (c'était mon bureau entre les repas), un buffet et mon lit dans le coin. C'était ma chambre et la chambre principale car il y avait un balcon. Au-dessus du buffet, j'avais mis une grande affiche d'Air France (une mappemonde), des deux côtés quatre assiettes beige que j'avais pris dans le service de ma mère sur lesquelles j'avais dessiné : sur l'une d'elle le taureau de Picasso (qui figurera plus tard dans mon bureau à l'hôpital Paul Brousse). Et au milieu au-dessus de l'affiche la carapace de tortue. J'étais très fier du résultat : c'étaient les premiers objets « d'art» entrant dans ma vie et mon premier travail de décoration.

Après le deuxième Bac, je m'inscrivais à l'Institut des Hautes Etudes. C'était la préparation avant le départ en France où je devais entrer à l'université.

Pendant les vacances entre le Bac et l'Institut, mes parents m'avaient inscrit pour le travail d'été à la Poste où travaillait mon père. Mon travail était de remplir en trois exemplaires les demandes d'équipement venant des différents bureaux de Poste de Tunisie. À partir du formulaire rempli par les requérants, je devais remplir les autres exemplaires à la main au stylo à plume. Il n'y avait pas de photocopie, je faisais donc un travail de photocopieur Je n'ai rien fait d'autre pendant un mois. Cela m'a payé les vacances pour aller à la plage. C'était mon premier salaire. Surtout cela m'a découragé de faire comme métier, ce que désiraient mon père et surtout ma mère, celui d'agent des PTT. Je rentrerais facilement dans cette administration, en ayant le bac. Ce n'était pas du tout mon intention, j'étais persuadé que je voulais faire des études de médecine.

L'année après le Bac, à l'Institut des Hautes Études de Tunis, l'année du PCB (physique chimie biologie) a été passionnante. Je lisais dans des revues comme Sciences et Avenir pour apprendre davantage que ce qui était dans les cours. Je me souviens qu'à l'examen de physique où j'étais interrogé sur la structure de l'atome, j'ai donné en exemple la structure de l'eau lourde. Le professeur en a été étonné car ce n'était pas enseigné. J'ai eu le maximum. Je fus reçu deuxième à l'examen.

Passé l'été, j'allais partir au début du mois de septembre 1952 à Paris où je m'inscrirais à la Faculté de Médecine.

Ainsi se termine ce premier chapitre de ma vie sur mes premières années à Tunis scandées par les écoles. L'école primaire me paraît en regardant en arrière tout à fait banale, j'ai l'impression d'y avoir passé un temps muet sans rien faire que mes études. Je n'en ai gardé aucun souvenir.

Puis ce fut le lycée. Ce que je constate c'est un attrait pour les sciences naturelles, une difficulté dans les langues, un sentiment tout à fait neutre pour les mathématiques et pour la philosophie en fin d'étude. Mes deux premières années de lycée ont été brillantes, j'étais le premier de la classe. Ai-je subi pour mes études une pression de ma famille ? Je crois que mon père ne s'occupait pas de mes études, il voulait rendre ses enfants heureux en leur donnant ce qui leur faisait plaisir. Je n'ai reçu de lui qu'une seule punition, une tape sur la main, un jour où j'ai griffonné et maculé un document qu'il rédigeait pour son travail. Pour ma mère c'était moins clair, elle voulait certainement que je réussisse mes examens parce que ça l'aurait ennuyée que je redouble. Cela aurait peut-être été une honte par rapport à ses amies. C'est sûr qu'elles échangeaient beaucoup sur les résultats et les performances de leurs enfants. Mais à l'évidence il n'y avait pas de finalité, d'objectifs de carrière. Je ne vois pas dans mon souvenir, dans ce domaine vis-à-vis de ma famille, d'une incitation quelconque sur mon avenir. D'ailleurs durant cette période j'ai gardé le souvenir d'avoir vécu tout à fait libre, sans aucun enseignement où règles venant de ma famille en quelque domaine que ce soit.

Est-ce que ce sentiment de liberté de choix a été formateur ?

Comment l'absence d'incitation à quelque activité a-t-elle une incidence sur le caractère ?

C'est sûr que j'ai travaillé pour les deux Bacs car il fallait les avoir.

Ensuite, il fallait faire un choix :

-soit s'engager dans la même carrière que mon père: je dois dire que je n'étais pas dans une famille ayant une activité commerciale ou industrielle qui m'offrait un débouché dans la même branche. Donc cela revenait à devenir fonctionnaire des postes. Ma mère y était favorable car c'était une solution facile, mon père indifférent. Comme je l'ai dit, l'essai d'un été fut un grand ennui, un travail sans aucune récompense sur le plan personnel, donc certainement pas.

-restait donc la médecine car c'était, le seul débouché qui pouvait m'être offert. Pour une pharmacie, un cabinet dentaire il y avait un apport d'argent. Nous n'en avions pas. Le métier d'avocat n'a jamais été soulevé. Ne parlons pas de l'ENA, de Normale ou de Polytechnique, ces institutions étaient inconnues dans notre milieu. J'aurais été dans une famille d'artistes cela m'aurait beaucoup plu mais comment faire ce choix, il n'y avait aucune incitation et en plus je n'avais aucun don. La réussite, c'était d'être médecin, seul notable connu des familles et toutes les mères rêvaient pour leur fils du métier de médecin.

Donc médecine et automatiquement, c'était Paris. Je ne pense pas qu'on parlait de Marseille ou de Lyon.

Voilà donc comment j'ai été orienté à faire mes études de médecine à Paris.

Aujourd'hui je dirais : ce fut un choix par défaut.

En repensant à ces années d'enfance et d'adolescence, je ne vois vraiment rien qui ait pu déterminer ce qu'ont été les années suivantes. Quelles qualités ai-je développées ? Quelles prédispositions de caractère avais-je ? Quelle personnalité ? De quoi était -elle faite ? Comment puis-je la définir ? Je ne sais même pas quelles qualités avais-je ?

Qu'ai-je reçu de mes parents ?

Mon père m'a marqué par son sens de l'engagement.

Sa famille était très modeste, mon grand-père était gargotier à La Goulette, faubourg populaire de Tunis, à l'embouchure du port. Il avait eu cinq enfants, mon père Joseph était le plus jeune. A 19 ans, en 1914, alors Tunisien, il s'engageait volontaire dans l'armée française rejoignant son frère dans la terrible guerre. Je lui ai souvent demandé pourquoi. Il me disait : "Nous devons tout à la France : elle nous a éduqués dans l'école publique et gratuite. Elle nous a transmis ses valeurs. Elle est menacée, nous devons aller à son secours." Il reviendra grand blessé avec la médaille militaire et la nationalité française. Son frère lui ne reviendra pas. Il sera tué lors de la prise d'une forteresse du fameux fort de Douaumont lors de la Bataille de la Marne, en prenant la tête de ce qui restait de sa section alors que tous les officiers et sous-officiers étaient tombés. Il prendra la forteresse avant d'être tué. Il recevra à titre posthume la Croix de Guerre, la Légion d'Honneur et aura droit à Tunis à des obsèques nationales et à une rue à son nom. Ce nom je l'ai reçu plus tard, il s'appelait Henri.

Et de ma mère qu'ai-je reçu ?

Certainement sa volonté et son caractère opiniâtre. Je l'ai surtout découvert quand elle était à Paris et qu'elle a commencé à travailler à 65 ans pour elle-même alors que mon père était à la retraite. C'est là que j'ai vu qu'elle voulait bien faire, prise par son travail de vendeuse de maillots de bain au BHV. Elle voulait être la meilleure vendeuse de son rayon. Cela a été le summum de sa carrière et de sa vie : elle avait passé sa vie à Tunis à être une mère de famille. À Paris elle avait une situation et de l'argent qu'elle gagnait par elle-même. Jamais elle n'avait été aussi heureuse.

Et l'acquis ? Quels étaient les traits de caractère que j'avais pu acquérir durant mon enfance. Je n'en vois vraiment clairement aucun, même maintenant.

J'avais 18 ans et une nouvelle vie allait s'ouvrir. En réalité je partais pour l'inconnu.

Je ne connaissais personne à Paris et n'avais aucun lien avec le monde médical.

CHAPITRE 3
L'apprentissage de la médecine : de la Faculté à la nomination à l'internat

6. La première année de faculté

   Mi-septembre 1952, je quittais Tunis pour la France, une valise en carton consolidée par une ceinture en main. Le voyage jusqu'à Marseille se fit en quatrième classe sur un bateau où les passagers, entassés sur le pont, luttaient contre le mal de mer. On louait des chaises longues. On m'avait conseillé l'avant du pont pour éviter les effluves des vomissements, mais c'était là où ça tanguait et soufflait le plus

À l'arrivée à Marseille, après une nuit sans sommeil, il y avait encore un trajet interminable en train jusqu'à Paris, où j'arrivai épuisé, à 7H du matin à la Gare de Lyon. Je partageais ce voyage avec un autre étudiant, qui, mieux organisé que moi, avait déjà trouvé une « chambre de bonne » au quartier latin. J'avais une adresse temporaire, la Cité Universitaire, la maison de Tunisie où on m'avait dit qu'à la fin du mois de septembre on pouvait louer des chambres libérées par les étudiants pour leurs vacances. Je pensais ainsi avoir une à deux semaines pour trouver un logement à Paris avant le commencement de la Fac.

L'accueil à la maison de Tunisie des autres étudiants, pour la plupart étudiants en médecine ou en pharmacie, fut chaleureux. Ils me guidèrent dans mes premiers pas à Paris et, surtout, dans le monde des études médicales. « Ici, le vrai enjeu, c'est l'externat, pas les cours de la Faculté» m'expliquaient-ils. On me donna les noms des meilleurs conférenciers en médecine et en chirurgie, les stages hospitaliers réputés, et des stratégies pour réussir.

Avant même que les cours en Fac de médecine ne commencent, je passais des soirées à des conférences d'externat. Je ne connaissais rien, ignorant tout des matières de la première année mais je commençais déjà à apprendre par cœur les questions d'externat de chirurgie, d'anatomie et de médecine. J'allais comprendre ce fait bien établi : l'enseignement de la médecine se faisait par les conférences d'externat et plus tard d'internat. Les cours à la faculté de médecine qui n'étaient pas des cours obligatoires étaient déserts. En fait seuls les stages hospitaliers étaient obligatoires.

Fin septembre, je devais quitter la maison de Tunisie mais les loyers parisiens autour de la Faculté au quartier latin étaient hors de portée. Je demandai à la secrétaire de la Maison de la Tunisie de m'accorder un délai. Elle accepta seulement deux jours. En sortant de son bureau, je heurtai un pilier et me blessai au front. La plaie saignait abondamment. Voyant cela, la secrétaire me dit : « Vous ne pouvez pas partir comme cela, on va essayer de vous garder encore quelques jours. » Je suis resté quatre ans. J'ai béni le pilier.

En octobre, je débutais comme stagiaire à l'hôpital Cochin dans le service du Pr Quénu. Le premier jour, lors de l'appel, mon nom provoqua des rires dans l'assistance. Je découvris alors que le bismuth était un médicament courant, utilisé notamment pour traiter la syphilis.

À Cochin, je découvrais la médecine. Ma tâche consistait à préparer les observations pour les externes par l'interrogatoire des patients. On commençait par les antécédents : antécédents médicaux personnels et familiaux, du conjoint, des enfants. Puis l'examen clinique. Un jour, j'interrogeai une femme d'une cinquantaine d'années. À ma question sur ses enfants, elle répondit qu'elle ne savait pas s'ils étaient encore vivants. Cette réponse était pour moi incompréhensible. Comment une mère pouvait-elle ignorer si ses enfants étaient en vie ? Cette distanciation familiale, que je n'aurais jamais imaginée en Tunisie, me confrontait à une autre culture. Là où la famille était pour moi un pilier central, je découvrais un monde où les liens pouvaient se déliter au point de disparaître.

J'étais protégé à la Maison de la Tunisie en restant encore pendant ces premiers temps dans un groupe social qui était une transposition de la vie tunisienne qui avait été jusqu'à présent la mienne. En dehors de mon bref voyage dans le sud Tunisien, j'avais toujours vécu dans ma famille et avec mes amis. Maintenant je menais une autre vie, mais vivant toujours dans un endroit communautaire, où je logeais et étudiais. Je ne le quittais le matin que pour le stage à l'hôpital et quelques soirées pour les conférences. Le restaurant était le réfectoire de l'hôpital le matin et le restaurant universitaire le soir. Je n'avais pas les moyens d'aller au restaurant, « en ville » comme on disait, surtout je n'avais pas le temps avec la préparation du concours.

C'était mon Paris, extension de ma vie tunisienne, dans la maison de la Tunisie, vie bridée par l'économie de moyens et l'envahissement des études.

À partir de mai, les examens de la Faculté monopolisaient ma vie. Chaque semaine, une matière différente : histologie comme embryologie étaient apprises en une semaine. Le bachotage était intense. Mai et juin étaient donc consacrés aux examens. On relâchait la préparation de l'externat J'ingurgitais des cours entiers en quelques jours pour les oublier aussitôt après l'examen.

Dans cette première année de médecine il devait y avoir près de mille étudiants car il n'y avait encore qu'une seule Faculté pour tout Paris. Pour les deux premières années, l'enseignement et les examens se passaient à la nouvelle Faculté de médecine, rue des Saints-Pères.

En sortant en début d'après-midi du métro Saint-Germain, face au café des Deux Magots, je passais de la pénombre au soleil face à la terrasse du café et des tables où les clients déjeunaient. Je les enviais de leur liberté, de leur vie que j'imaginais sans souci (en tout cas sans un examen immédiat !). Je me promettais d'être moi aussi un jour à une table de ce café, sans autre désir que de profiter de la vie.

Les examens se passèrent bien : mon objectif n'était pas de briller, mais simplement de passer à l'année suivante. Toute mon énergie était en fait consacrée à l'externat, un concours basé sur des questions d'énumération. Il ne s'agissait pas de comprendre la maladie, mais de réciter par cœur. «Citez les muscles s'insérant sur l'épitrochlée» ou «Énumérez les signes de la rubéole».

La préparation de ce concours était une pure épreuve de mémorisation. Je trouvais cela absurde.

En revanche, les stages hospitaliers me passionnaient, me confrontant à la réalité des malades. Je suivais la visite, j'assistais aux cours donnés par les chefs de clinique qui aidaient à la préparation de l'externat car on nous décrivait les maladies dans leur totalité de la physiopathologie aux traitements.

Cette première année fut un mélange de découvertes, de chocs culturels et de travail acharné. Je m'étais fixé un objectif ambitieux : réussir l'externat dès la première tentative, ce qui était rare mais possible. Cette ambition, nourrie par ma fascination pour la médecine, me poussait à surmonter les défis. C'était une période d'intense apprentissage, mais aussi de construction personnelle, posant les bases de ce qui allait devenir ma vocation.

Dans ma chambre de la Maison de Tunisie de la Cité Universitaire, décorée "artistiquement" avec les photos de Leslie Caron et le portrait de Beethoven sur la célèbre bibliothèque de Charlotte Perriand

7. L'Externat

Le concours a eu lieu en décembre 1953. J'avais fait un peu plus d'un an de médecine surtout consacré à la préparation du concours. Par chance, j'avais été nommé à mon premier concours et en mai 1954 je prenais mes premières fonctions d'externe. D'étudiant, je devenais acteur à l'hôpital, certes à son plus bas niveau.

Ce premier semestre, j'ai été externe en chirurgie à Lariboisière, chez le Dr Leibovici. J'abordais l'apprentissage de la médecine en contact avec les malades, j'avais une responsabilité, même petite car il y avait au-dessus de moi l'interne et les assistants mais j'étais le premier interlocuteur du malade et j'avais l'impression que mon observation avait une certaine importance. La grande majorité des malades qui entraient à l'hôpital venaient directement par les urgences ou les consultations et n'étaient pas connus initialement des chirurgiens du service. C'était l'externe qui était le premier contact et qui, comme on disait, débrouillait l'histoire en premier. J'ai beaucoup aimé ce rôle et m'y étais très attaché. Je lisais des revues médicales, surtout un journal, la Presse Médicale où des cas cliniques étaient relatés. Certaines descriptions étaient très littéraires, très bien présentées. J'allais m'en inspirer pour faire mes observations, écrites au dos de la feuille de température. Je m'attachais déjà à interpréter les symptômes et les signes que j'observais chez les malades en établissant des diagnostics, m'efforçant de soulever plus d'un diagnostic.

Un jour, je recevais en urgence une jeune femme pour un syndrome douloureux abdominal avec une anémie. La douleur était pelvienne unilatérale et ce tableau était d'habitude celui d'une rupture de *grossesse extra utérine**. Cependant, elle disait qu'elle n'avait pas eu de rapports sexuels depuis plusieurs mois. Ne mettant pas en doute ce qu'elle disait, j'écartais a priori la grossesse et donc le diagnostic de *grossesse extra-utérine**. Analysant sa douleur, elle décrivait une douleur en deux temps : une première douleur très vive à la partie gauche et basse de l'abdomen et quelques heures plus tard une deuxième douleur qui avait irradié à tout l'abdomen. À l'examen génital, je déclenchais une douleur du *cul de sac de Douglas** qui était le signe classique de l'hémopéritoine.

Donc il y avait bien syndrome génital douloureux et hémorragique ce qui était le tableau typique de la rupture de *grossesse extra-utérine**. Mais comme j'acceptais l'absence de grossesse, cela n'allait pas. J'avais déjà appris la question d'internat sur les kystes de l'ovaire dont les complications étaient la torsion, la rupture et l'hémorragie intra-kystique. J'ai donc retenu ce diagnostic de rupture de kyste de l'ovaire et d'hémorragie péritonéale : un kyste de l'ovaire qui se tord, qui saigne et qui secondairement se rompt, ce qui me paraissait expliquer la douleur en deux temps. J'écrivais cela dans mon observation en mettant en premier le diagnostic - pour être classique- de rupture de *grossesse extra utérine** et en deuxième, le diagnostic de la rupture de kyste hémorragique après torsion. Quand j'ai présenté cette hypothèse diagnostique à mon interne qui devait l'opérer, je me souviens qu'il m'a dit : « Vraiment c'est bien compliqué de chercher des choses comme cela ». À l'intervention c'était bien ce diagnostic.

Cette expérience et d'autres similaires m'ont amené à la conviction que l'interrogatoire était fondamental, qu'il fallait bien écouter le malade et non pas mettre ses convictions sur lui: "il ne faut pas faire rentrer le malade dans le cadre des connaissances", quelquefois en forçant, c'est à dire en mettant de côté ce qui n'allait pas (comme l'absence de possibilité de grossesse chez cette malade). Enfin chercher toujours à soulever différents diagnostics car le plus évident n'était pas forcément le bon.

C'était un des piliers de mon apprentissage en médecine que je développerais par la suite dans mon enseignement et la formation de mes jeunes collaborateurs.

Après la chirurgie, la médecine. J'étais à l'hôpital Tenon chez le Pr Rambert. J'étais alors en deuxième année de médecine et je m'intéressais beaucoup à l'anatomie ; on apprenait durant cette année la neuro anatomie. Le livre sur cette anatomie était très complet et décrivait en détail toutes les parties de l'encéphale. Un jour, on recevait une patiente avec un syndrome de déficit neurologique avec paralysie de différents nerfs. J'avais fait une description très précise des différents signes présentés par la malade et curieusement dans le livre d'anatomie, je retrouvais au niveau du bulbe la zone horizontale des noyaux des nerfs crâniens qui étaient affectés. Je soulevais donc le diagnostic de ramollissement cérébral au niveau du bulbe affectant exactement le niveau horizontal où se trouvaient les noyaux des nerfs crâniens atteints.

Le patron a été très intéressé. C'est peut-être grâce à cette observation (et d'autres similaires) que j'ai eu son soutien lors de la deuxième partie du concours de l'internat, l'oral, en me recommandant à un de ses amis membre du jury.

Mon troisième semestre d'externat (qui allait être le dernier) s'est passé à Lariboisière dans le service de médecine générale du Pr Worms. Nous ne voyions le patron que lors de la visite qui avait lieu tous les matins. La visite se déroulait selon un cérémonial fixe. Le patron en tête avec l'assistant et l'interne responsable des lits, les externes et les stagiaires en dernier. La surveillante générale était près du patron avec une infirmière qui poussait un chariot sur lequel étaient posés le stéthoscope, le marteau à réflexe, le tensiomètre et une serviette blanche pliée avec un ruban rose. Cette serviette était le clou de la visite. Le Pr Worms insistait sur la différence de qualité qu'il y avait entre l'auscultation à l'oreille et l'auscultation au stéthoscope. La surveillante appliquait sur le thorax du malade la serviette, le ruban à l'extérieur, et le patron appliquant son oreille décrivait le type de râle, son intensité, le rattachant à une maladie spécifique. Évidemment cela était confirmé par l'examen radiologique thoracique. Mais il ne fallait pas le voir avant l'auscultation.

Cela me donnait l'impression d'un aspect très artificiel de cette façon d'exercer la médecine et d'une façon générale de la médecine comparée à la chirurgie. Cette dernière me semblait plus frustre dans ses démarches mais visant à un choix pratique qui correspondait mieux à mon caractère. C'était évidemment une appréciation très personnelle.

Pendant cette période de stages d'externat, je commençais à préparer le concours de l'internat des hôpitaux de Paris.

L'internat est le mode de formation du médecin spécialiste. Il n'est pas obligatoire pour la formation du médecin si celui-ci veut rester généraliste ce qui est le cas de la plupart des médecins. Ceux qui veulent se spécialiser ou avoir un poste hospitalier doivent passer par le concours de l'internat. Les cours en faculté ne donnent qu'une formation théorique et il est nécessaire de compléter cette formation par la pratique médicale sur les patients : c'est le but des stages hospitaliers. Pour les médecins généralistes, ces stages sont effectués durant les études de médecine. Pour aller plus loin, il faut devenir interne. Il y a une sélection: c'est le concours de l'internat.

8. Le concours de l'internat

Le concours de l'internat était plus difficile que celui de l'externat. D'abord parce que le programme était plus lourd et ensuite parce que la préparation s'étalait sur plusieurs années. Il était tout à fait exceptionnel de réussir le concours à sa première année. Il y avait quelques précédents dont l'un était justement un autre résident de la maison de Tunisie. Il avait deux ans de plus que moi. Il s'appelait Pierre Scemama. Il avait eu un parcours exceptionnel : reçu major à son premier concours d'externat puis reçu deuxième à son premier concours d'internat (major à l'écrit). C'était brillantissime. J'allais le voir puisqu'il était mon voisin et lui demandais conseil. Son conseil était : travailler, travailler, travailler.

C'est donc ce que j'entrepris de faire en m'organisant. Le matin à l'hôpital pour mon travail d'externe, dès une heure de l'après-midi j'étais de retour dans ma chambre et je travaillais jusqu'à minuit avec une brève interruption pour le dîner au restaurant universitaire voisin. J'arrivais même au dernier moment à 19h55 pour ne pas faire la queue. Je m'étais inscrit auprès de deux conférenciers en chirurgie et en médecine : en médecine, c'était Jean-Pierre Benhamou, qui était très demandé et j'avais de la chance d'être inscrit à sa conférence. C'était un conférencier brillant, exigeant. Il expliquait les questions : s'attardant sur celles qu'il pensait les plus intéressantes et en négligeant d'autres.

Je voulais vraiment avoir ce concours et j'y consacrais toute mon énergie ne faisant que cela. J'avais une « sous colle » (un groupe de travail) travaillant principalement à la maison de

Tunisie avec d'autres externes dont un, Marcel Hayat, (qui a fait une carrière brillante et est resté un grand ami). Les derniers jours, je révisais encore les questions que je n'avais pas très bien assimilées. Le jour du concours, dès que je quittais la porte de la maison de Tunisie, l'anxiété que j'avais les derniers jours, à l'idée que je pouvais encore travailler pour la préparation, s'était complètement dissipée. Je passais du travail et de l'anxiété au calme et au désir de bien faire. Pour tous mes concours, cela a été la même chose. Au moment du début de l'épreuve, j'étais parfaitement serein, tendu vers l'effort de l'action.

À l'épreuve de médecine est sortie une question impossible : le genou tabétique, une localisation articulaire de la syphilis, maladie en voie de disparition C'était inscrit au programme mais Jean-Pierre Benhamou avait dit que c'était une maladie qu'on ne voyait plus et qui n'avait aucune chance de sortir et on ne l'avait pas préparée. Jean-Pierre Benhamou avait tort car j'ai appris par la suite, quand j'ai moi-même fait partie du jury de concours, que le choix de la question ne reposait pas sur l'actualité de la pathologie ou l'intérêt pour le futur médecin mais principalement sur la facilité ou non à corriger les épreuves pour le jury. C'était sans doute pour cette raison que cette question qui représentait une partie obsolète de la médecine, et qui serait brièvement rédigée par les candidats, avait été choisie.

Ma seule connaissance de cette pathologie était une malade que j'avais vue lors de mon premier stage à l'hôpital en première année de médecine. J'avais par ailleurs appris la question syphilis. J'ai donc composé la question avec mes souvenirs de stagiaire et des fragments de la question théorique. Par chance ou non, j'ai réussi l'épreuve d'écrit. On ne connaissait pas la note. Je commençais immédiatement la préparation de l'oral avec une plus grande détermination et un plus grand bachotage. En janvier commençaient les sessions d'oral. Comme nous étions environ 500 candidats, il y avait trois séries en fonction de l'ordre alphabétique. Il était tiré une lettre qui allait déterminer la première série : ce fut la lettre R : de R à A. Je ferai donc partie de la deuxième série ce qui m'éviterait d'aller à l'hôpital où se passait le concours tous les soirs. Aussi pour cette première série, je n'assistais pas aux séances préférant continuer à étudier.

Le mois suivant commençait la deuxième série et j'aurai à assister comme tous les autres candidats à toutes les sessions car mon nom pouvait être tiré au sort parmi les dix candidats qui devaient passer à chaque session. J'étais donc à la première séance de ma série à l'hôpital Necker, dans l'amphithéâtre d'urologie où se passait le concours. Tous les 150 candidats faisant partie de cette série étaient présents. On savait que six candidats faisant leur service militaire passeraient à cette première session (l'armée ne leur permettait pas de s'absenter tous les jours pour passer le concours). Il restait quatre candidats à choisir et à ma grande surprise, mon nom a été tiré. Je me souviens que j'avais dû emprunter une cravate qui était indispensable.

J'allais donc découvrir comment se passait l'oral. Dans l'amphithéâtre ouvert au public face aux gradins, il y avait le jury à une table recouverte d'un tapis vert, ornée d'un grand chronomètre, avec les membres du jury et en face une petite table pour le candidat. Les candidats appelés étaient isolés, rassemblés dans une petite salle au premier étage au-dessus. Je me trouvais avec tous les candidats dont à tour de rôle un descendait pour passer l'épreuve. À l'appel de mon nom, je descendais l'escalier dont l'issue était barrée par un préposé. Dans l'antichambre, était le candidat précédent préparant les deux questions. Ces questions étaient inscrites sur un papier devant lui que je m'efforçais en vain de voir. Quand il est entré dans la salle du concours, j'ai eu accès à la petite table : on avait dix minutes pour rédiger les deux questions. Quand je suis entré dans la salle et que j'ai affronté les membres du jury au visage impassible, j'ai parlé avec assurance. Il fallait respecter les 10 minutes de présentation sinon on était interrompu avant d'avoir terminé. Et la mauvaise note était assurée. J'étais très calme et le jury, on le savait, étudiait aussi l'attitude du candidat. Je ne savais pas si j'avais bien fait ou non. Je n'ai vu aucune manifestation de la part du jury. C'était donc la première fois que j'assistais à l'oral de l'internat et c'était mon propre oral. Un mois plus tard, c'était en mars 1956, après la fin de la troisième série, est venu le jour des résultats. C'était dans un grand amphi où tous les candidats étaient réunis. Le directeur du service de santé de l'Assistance Publique donnait les résultats. On savait déjà que le concours était ouvert pour 140 postes d'Internes. Commençait alors l'énumération des noms avec quelquefois des exclamations dans la salle. Au fur et à mesure qu'on arrivait à la fin, le silence était plus pesant. On approchait du 140e. Je me faisais peu à peu à l'évidence, c'était normal et quelle prétention de vouloir réussir au premier concours. Au 135e nom, tout le monde commençait à se lever pour partir. Après le 140e nom, le responsable de l'Assistance Publique a dit : « Cette année, il n'y aura pas de point coupé ».

Il était en effet habituel, lorsque le dernier nommé appartenait à un groupe de plusieurs qui avait la même note, qu'on ne prenne que les premiers par ordre d'âge, les plus âgés en premier, jusqu'à arriver au nombre déterminé de postes. Les suivants, les plus jeunes n'étaient donc pas pris. C'était le principe du point coupé. On venait d'annoncer que ce principe ne serait pas appliqué et que quelques candidats supplémentaires allaient être pris. J'étais debout dans l'allée en train de partir lorsque quatre noms ont été énumérés et le dernier fut le mien. J'étais nommé par cette chance incroyable. En fait, les deux derniers nommés étaient deux « premiers concours » (c'était le nom de ceux qui n'avaient présenté qu'une seule fois le concours), les deux seuls de cette année, l'autre avant moi était Daniel Bontoux qui a eu une brillante carrière de professeur de rhumatologie et a fini Doyen de la faculté de Poitiers.

Le bonheur immense que j'ai ressenti a été immédiatement estompé par les conversations autour de moi. On parlait de noms de chefs de service chez qui il fallait immédiatement réserver les places d'internes. Dès cet après-midi, il y aurait une course pour aller réserver les places auprès des différents patrons. Pour moi brusquement est apparue une question préalable : certes j'avais toujours voulu être chirurgien mais face au choix qui se pressait devant moi, et auquel je ne m'étais pas préparé, était-ce vraiment sûr ? Devais-je faire médecine ou chirurgie ? Orientation de carrière cruciale et tout cela à cause de l'influence de Jean-Pierre Benhamou qui avait rendu si attrayante par son enseignement de la médecine cette discipline que j'avais mal vécue durant mon externat. Mais Benhamou était un exemple exceptionnel et la majorité des médecins était peut-être plus proche du Pr Worms dont la pratique médicale ne correspondait pas à ma personnalité et mes désirs d'accomplissement.

De mon externat en chirurgie, j'avais retenu : la démarche plus expéditive plus directe, avec une sanction, l'acte chirurgical dont le résultat était tangible. En plus n'étais-je pas prédestiné à la chirurgie ? Et cette hésitation, certes intense, a donc été brève. J'optais pour la chirurgie comme ma mère me l'avait prédit quand j'avais trois ans. Et j'ai couru vers les patrons de chirurgie. Et quelques heures à peine après ma nomination, j'étais dans l'angoisse de la recherche des postes internes. J'interrogeais les plus anciens pour leur avis et téléphonais aux secrétaires des patrons pour prendre des rendez-vous. Je n'ai pas réellement profité du bonheur de cette nomination. J'ai envoyé un télégramme à mes parents : j'ai été nommé interne des hôpitaux de Paris. Je pense qu'ils ont été particulièrement heureux. C'était normal pour eux, j'avais toujours réussi mes examens. J'ai demandé « pas de publication dans la Dépêche de Tunisie». En effet les familles tunisiennes annonçaient les succès de carrière de leurs enfants dans le grand quotidien de Tunis : « La famille Timsit est heureuse d'annoncer que leur fils Robert a été nommé 90e au concours de l'internat des Hôpitaux de Paris. »

Souvent, c'étaient des petits commerçants qui s'étaient sacrifiés pour envoyer en France leur fils : son succès était la réussite de toute la famille qui, toute entière, se voyait accéder à un rang social supérieur. Le choix de la médecine était dicté par l'absence d'apport financier pour l'installation, encore plus évident pour une carrière hospitalière. C'était même plus facile qu'être violoniste chez les juifs russes : il n'y avait pas besoin de don ni de violon. Ainsi j'accédais au titre si envié d'interne des Hôpitaux de Paris après deux ans d'externat.

Peu importe si j'avais été nommé le dernier au concours. Une porte s'ouvrait : la carrière hospitalière et à Paris. Mais à la différence de Rastignac et du «A nous deux maintenant », je ne me sentais rien pouvoir dire. Car je ne savais pas ce qui m'attendait, ni même ce que je voulais. J'avais 23 ans et le chemin dans lequel je m'engageais, je ne savais pas que c'est moi qui allais le faire.

CHAPITRE 4

Les débuts de l'internat et le service militaire

9. Les débuts de l'internat

Le 3 mai 1957, chargé d'une valise et de quelques cartons, je quittais la maison de Tunisie où j'avais passé mes quatre premières années à Paris, années studieuses uniquement consacrées à la préparation des concours. Je me rendais compte que j'y avais été en fait comme dans un pensionnat (plus jeune, la mise en pension était une menace de mes parents). J'avais été à Paris certes mais qu'en avais-je connu?

J'allais donc m'installer en salle de garde à l'hôpital Lariboisière. Les internes avaient alors le droit automatiquement à une chambre dans un bâtiment de l'Hôpital qui leur était réservé : l'Internat. Nouvelle pension cette fois-ci à l'hôpital, logé et nourri sur les lieux de travail.

J'ai commencé avec grand enthousiasme l'internat. A 23 ans, j'étais relativement jeune par rapport aux autres internes nommés la même année. Leur arrivée à l'internat était pour eux la juste récompense de leur long travail de préparation à des concours successifs. Moi je ressentais plutôt cela comme un cadeau obtenu par chance dont je devais maintenant prouver que je le méritais.

Mon premier semestre à Lariboisière était en milieu connu dans le même service de chirurgie où j'avais été externe, qui était maintenant dirigé par le docteur Calvet (assistant et successeur du Dr Leibovici) et dans le même hôpital où j'avais terminé mon externat de médecine. Par les vertus du titre, l'externe devenait du jour au lendemain interne avec les responsabilités que cela entraînait.

Curieusement, ce changement de rôle a été illustré pour moi de manière anecdotique dès le premier jour de mon internat. En début d'après-midi ce premier jour, il y a eu un appel pour un chirurgien dans le service du Pr Worms, service que j'avais quitté la veille en tant qu'externe. Le Pr Worms faisait encore sa visite et voulait l'avis d'un chirurgien mais comme il était déjà 13h, les chirurgiens en titre avaient quitté le service et seul l'interne de garde était là. Grande fut sa surprise de voir arriver pour lui donner un conseil celui qu'il enseignait la veille.

Les premiers mois d'internat ont été une période cruciale de ma formation. J'avais un désir immense de sortir de cette accumulation énorme de connaissances que j'avais dû apprendre de force pour enfin entrer, je dirai m'immerger, dans le monde réel de la pratique médicale, me trouver avec les malades. Je voulais tester la valeur de mes connaissances, également quelle était mon habilité à les appliquer. J'avais une responsabilité vis-à-vis du malade différente de celle qu'avait l'externe J'attendais avec impatience cette confrontation avec les malades, moment de passage de l'étudiant au médecin.

Certes, j'avais fait la preuve que j'étais un bon étudiant, c'est-à-dire que j'apprenais bien, mais être médecin c'était autre chose. On ne dira jamais assez l'immense hiatus entre les connaissances, en grande partie livresques, et la réalité du malade. Ce passage de l'étudiant au médecin est un choc et je connais certains, très brillants dans leurs études, qui se sont révélés des médecins médiocres.

J'ai passé mon premier stage d'internat à l'hôpital Lariboisière avec un grand bonheur. Je découvrais réellement la chirurgie et je pouvais mesurer mon engagement auprès du malade. Je voulais vraiment donner le meilleur traitement.

Un jour, je recevais une fracture du col du fémur chez une personne âgée. Le traitement à l'époque était dans l'immédiat de mettre une broche dans la tête tibiale et d'effectuer une traction sur un cadre mobile, petit appareil autonome placé sous la jambe du malade, avec un poids. Le malade était une personne forte et grande et le poids dans ce cas n'effectuait pas une traction suffisante : il fallait que la poulie soit plutôt sur un cadre fixé sur le lit. J'ai demandé à la surveillante où était le cadre pour le monter sur le lit du patient.

Mais elle m'a dit qu'il n'y en avait pas et qu'on ne le faisait pas dans le service. J'ai alors appelé l'agent de garde du service technique et lui ai demandé s'il y avait des tubes pour faire le cadre sur le lit. Il était tard et nous sommes descendus dans le sous-sol où dans un fatras nous avons trouvé des tubes de chantier et ensemble avons confectionné un cadre métallique sur le lit. Tout cela se passait dans la salle commune sous le regard de tous les malades. Il faisait nuit quand on a terminé et j'avais mis en place le traitement adéquat. Je découvrais que j'étais déterminé et même obstiné. Sans obstination, la détermination risque d'être vaine.

Je voulais apprendre le maximum. Comme j'habitais en salle de garde, il était fréquent que mes collègues me demandent de prendre les gardes à leur place, surtout le week-end. Je n'avais aucune charge familiale et la garde me permettait de donner libre cours à mes décisions et mes choix. Mes lectures des articles chirurgicaux me permettaient quelquefois d'adopter des traitements nouveaux qui le lendemain surprenaient mes supérieurs. Ainsi lors d'une garde, je reçois une blessure grave du pouce droit, l'amputation de toute la chair de l'extrémité du doigt : j'avais lu dans une publication récente que dans ces cas, lorsque l'os est à nu ce qui était le cas, il fallait recouvrir avec de la peau totale. La nouvelle technique décrite était de prendre ce lambeau de peau au niveau de la poitrine en gardant la vascularisation de cette partie de peau. Il fallait immobiliser le bras sur le thorax par un plâtre pour empêcher tout mouvement et pour permettre à la greffe de prendre.

Je fis donc cette opération. Le lendemain, devant le blessé avec un plâtre du bras et du thorax (surpris de cet appareil pour une blessure du pouce), j'expliquais cette nouvelle technique aux autres internes recueillant le sourire du chef de service : sans doute pensait-il que "ce jeune interne était bien excité".

10. Le service militaire

Après mon premier semestre d'internat à Lariboisière, vint le moment du service militaire. C'était la guerre d'Algérie et le service militaire, d'une durée d'un an initialement, était passé à deux ans. En fait, il passera à deux ans et demi durant mon temps de service.

Début novembre 1957, j'étais incorporé à la caserne de Vincennes où tous les appelés faisaient leur première classe. Bien que les internes, même sans doctorat de médecine, étaient reconnus comme médecins, ils commençaient le service militaire comme seconde classe. Le mois passé à la caserne de Vincennes était, je pense, destiné à faire de nous des hommes de troupe. Il n'y avait aucun enseignement. Je pense que le but était d'apprendre la discipline militaire car bien qu'on ne fasse rien, c'était bien organisé.

La suite s'est passée au camp de Mourmelon dans les Vosges. Il y avait un enseignement théorique et une formation pratique : en particulier des marches, et des séances de tirs. J'avais horreur de cela, d'abord parce qu'il faisait froid, l'hiver dans cette plaine était terrible, pluvieux et sombre. Je pensais souvent à la guerre 14-18, à mon père et mon oncle qui avaient vécu des mois dans des tranchées avec une vraie guerre, des souffrances, des peurs et des morts. Nous, nous n'avions pas le droit de nous plaindre pour un simulacre de guerre sans bombes, sans menace, dormant au chaud dans des lits. Surtout, j'avais l'impression d'une formation inutile. Nous devions devenir médecin et tout ce qu'on apprenait sur la vie militaire n'aurait aucune application pour nous. J'étais très mauvais au tir : couché dans le froid avec le casque qui poussé par mes épaules venait sur mes lunettes qu'il abaissait sur mon nez, je voyais trouble, en plus la buée obstruait les verres. Je ne voyais pas la cible que je trouvais très loin. Souvent ma cible était intacte. Une fois même, mon voisin a eu plus d'impacts qu'il n'avait tiré de balles. Évidemment, tout le monde se moquait de moi. Pourtant j'essayais toujours de faire le mieux possible car on savait qu'il y aurait un choix des affectations et que ce choix tiendrait compte du résultat des épreuves. Je m'appliquais le plus possible. Mais sans grand résultat.

Par chance, certainement grâce aux épreuves écrites, j'obtins un rang honorable qui fut déterminant. Déclaré bon soldat par l'écrit ! J'ai appris bien plus tard en recevant ma fiche signalétique de services que ma note avait été 18,49 et que j'avais été classé 8e sur 244. Je n'avais fait qu'apprendre par cœur, avec la même application que pour les concours, les fiches et manuels militaires. Quelle ironie ! Je pensais à mon père qui en 1916-17, au même endroit avait passé des mois de combat dans les tranchées et était resté soldat de 2e classe.

Vint en fin de stage le jour du choix des postes. Chacun d'entre nous espérait trouver une affectation en France et en tout cas pas en Algérie. Il y avait même quelques postes à Paris (au Val de Grâce pour le premier !) quelques-uns en France et la majorité en Algérie. Il y avait une 'affectation curieuse : « 2 postes en Afrique Occidentale Française, basés à Dakar pour l'Institut Français d'Afrique noire, réservés à 2 internes des hôpitaux de Paris ». C'était surtout cet intitulé de réservation à 2 internes de Paris qui m'a intrigué. Cela devait cacher quelque privilège. Mon tour venu, un de ces postes était libre et je l'ai donc choisi. Je ne savais pas du tout ce qu'était l'institut Français d'Afrique noire. Il n'y avait aucun moyen à Mourmelon de le savoir.

11. L'Institut Français d'Afrique Noire et l'enquête sur l'alcoolisme

À seulement 23 ans, je n'aurais jamais imaginé que mon parcours, à peine entamé en médecine, me conduirait si loin de mes aspirations initiales. Je me trouvais affecté au ministère de l'Air, boulevard Brune à Paris, pour une mission sur l'alcoolisme en Afrique noire. La France venait d'être mise en cause à l'ONU de favoriser la propagation de l'alcool dans ses colonies africaines pour mieux contrôler les populations. On disait que la France était en train d'exterminer les populations africaines dans les pays qui étaient sous sa domination en les abreuvant d'alcool, reprenant pour notre pays ce qui avait été dit pour les pionniers américains dans leur conquête des territoires indiens. Pour rétablir la vérité, le Haut Comité d'étude sur l'alcoolisme, sous la direction du Pr Robert Debré, fut chargé de l'affaire. Ce dernier, figure de proue de la médecine française, voulait une enquête rigoureuse et eut l'idée de demander deux appelés au service militaire. Avec Gilles Menage, aussi interne en chirurgie, nous avons été choisis pour mener cette mission. À notre arrivée au ministère, nous nous mimes au travail ramassant des documents sur l'alcoolisme, rencontrant les spécialistes à l'INED (Institut National d'Études Démographiques), le directeur du musée de l'Homme pour préparer nos dossiers. Nous étudiions des rapports d'ethnographes, des cartes, des récits administratifs. En réalité nous n'avions aucune idée de ce que nous devions faire.

En avril 1958, nous partions pour Dakar dans un avion militaire, avec un vol de 2 jours et plusieurs escales. L'Institut Français d'Afrique Noire (IFAN) fut notre premier port d'attache. Nous étions logés dans une chambre d'hôtes dans les jardins de l'institut et pour travailler nous avions un bureau au Gouvernement Général qui était un bâtiment d'une dizaine d'étage, le seul de cette taille à Dakar. Dès le premier jour, on rencontrait Théodore Monod, le directeur de l'institut. Sous sa direction, nous élaborâmes un questionnaire de 4 pages destiné à 2500 instituteurs locaux. Ceux-ci, par leur rôle central dans les villages, les petites et grandes villes, pouvaient nous offrir des informations sur les pratiques liées à la consommation des boissons alcoolisées. On a doublé ce questionnaire par une lettre envoyée aux médecins des dispensaires, leur demandant s'il y avait parmi leurs patients des cas d'alcoolisme, à quelle boisson, etc..

Nous reçûmes près d'un millier de réponses, ce qui était inespéré. On les dépouilla établissant par cercle et subdivision les vins et alcools qui étaient bus, la fréquence, l'identité de ceux qui les buvaient etc.... Il y avait des lacunes, des contradictions. Il fallait aller voir sur place, nous avions le temps, cela nous permettrait d'avoir des informations précises en particulier sur la production et le mode de fabrication des boissons autochtones. Il était signalé que des palmeraies étaient détruites pour faire du vin de palme : on ne connaissait pas l'étendue des boissons alcooliques autochtones et l'importance de leur consommation. C'était donc un autre objectif de notre étude que Théodore Monod nous avait demandé.

Nous montâmes donc une expédition. Il nous fallait une voiture : on nous conseilla d'avoir l'un des premiers véhicules tout-terrain qui venaient d'être mis sur le marché : une Land Rover. Notre programme était de commencer à l'est et de revenir à l'ouest vers Dakar pour terminer et rédiger le rapport. Le pays le plus à l'est de l'Afrique Occidentale Française, qui était le domaine de notre travail, était le Dahomey. Dans la capitale, Cotonou, il y avait une branche de l'IFAN. Le Comité à Paris commandait donc une Land Rover qui nous était livrée à Cotonou.

Dans cette ville où nous allions en avion de Dakar, logés à l'IFAN, on récoltait toutes les informations sur le pays et commençait à voir les instituteurs locaux. Surtout, nous démarrions l'étude sur la boisson locale qui était le vin de palme, le Bangui. Il était fait à partir de deux types d'arbres : le palmier rônier et le palmier à huile. Le vin était produit à partir de la sève qui était récoltée dans des calebasses au sommet de l'arbre. Cette extraction permanente de sève épuisait l'arbre et le faisait souvent mourir. Nous allions visiter en brousse sa récolte et nous voyions près des villages au sommet des palmiers, les calebasses. Elles étaient descendues au petit matin car la sève fermentait vite. Il fallait la mettre à l'ombre car le vin était bu dans la soirée. Il y avait également un alcool fait à partir du vin de palme, le Sodabi, du nom du tirailleur africain, qui durant la dernière guerre, lors de sa campagne en France avait découvert la fabrication de l'alcool par les bouilleurs de cru. De retour dans son pays, il avait confectionné un alambic de fortune et avait commencé à distiller le vin de palme. Nous avons envoyé pour analyse à Paris des échantillons de vin de palme. Le degré d'alcool s'est révélé très faible, de 1 à 2 degrés.

De Cotonou, qui était un port en zone forestière, nous sommes remontés vers le nord. Nous passions à la savane. Les villages étaient différents, plus espacés. Les chèvres aux jambes courtes de la forêt faisaient place à des chèvres plus hautes, courant plus vite et allant plus loin. Je remarquais que les hommes aussi avaient changé de physionomie de la même façon, plus grands plus minces. Le vin de palme faisait place à la bière de mil.

Nous allions visiter les centres de production de cette boisson et le soir les cabarets, simples huttes de village éclairées par des lampes à pétrole ou les hommes, surtout les jeunes, venaient boire. On se mêlait à eux, partageant les calebasses de bière de mil pour en tester le goût et surtout le degré d'alcool. On voyait déjà que, comme le vin de palme, il était très bas puisque nous n'avons jamais ressenti d'ivresse.

Poursuivant notre exploration vers le nord, nous passâmes au Niger, au paysage désertique. où on a continué à étudier la bière de mil. Puis, on est passé au Soudan, où dans la capitale Bamako, il faisait une chaleur torride. La ville était au bord du fleuve, un fleuve immense, le Niger. Sur la rive, on voyait les longues pirogues conduites parfois par un seul homme debout. Se mouvant lentement il semblait flotter sur l'eau, la barque étroite apparaissant comme une simple ligne sous lui.

Nous étions en pays musulman et il n'y avait aucune production de boissons alcooliques. Dans quelques bistrots, des anciens militaires et quelques fonctionnaires buvaient du vin. Dans les marchés de brousse peut-être y avait-il beaucoup de petites bouteilles d'alcool de menthe, sensées servir à rafraichir la peau mais en réalité achetées pour être bues. Puis ce fut la Côte d'Ivoire où les usages différaient.

À Abidjan, j'eus la chance de rencontrer Jean Rouch déjà célèbre par les films qu'il faisait en Afrique. Nous avions besoin de faire une étude sur la fréquentation des cabarets en ville. Il nous proposa de prendre pour cette étude un des jeunes qui l'entouraient et qu'il faisait tourner dans ses films. C'était l'acteur de « Moi un Noir» Oumarou Ganda. Il devint notre enquêteur passant ses journées dans différents cabarets de

Treichville. On établit ainsi que les consommateurs d'alcool étaient surtout des fonctionnaires venant boire du vin à l'heure du déjeuner et surtout le soir. Ce n'était pas de gros consommateurs et apparemment les vrais alcooliques étaient rares. En fait, la consommation de vin provenant de France était réservée à la consommation urbaine par des gens qui avaient les moyens, c'est-à-dire principalement des employés et des fonctionnaires, aussi bien français qu'africains.

Le dernier pays de notre étude devait être la Guinée mais, venant d'obtenir son indépendance lors du récent référendum, ce pays ne faisait plus partie de notre étude, mais nous étions obligés de le traverser pour rentrer à Dakar. Arrêtés par des soldats, nous soupçonnant d'avoir pris des photos d'un site militaire, nous passâmes plusieurs jours en vaines palabres, puis sans explication, on nous laissa partir.

Nous avons traversé rapidement le pays loin de la côte sans passer par la capitale Conakry et sommes entrés directement au Sénégal par une réserve naturelle (la réserve de Niokolokoba), où gazelles, girafes et hippopotames ont été moins soucieux de notre présence que les militaires guinéens.

Nous étions seuls sur des pistes sur des dizaines de kilomètres. Nous nous arrêtions pour bivouaquer. J'en profitais pour m'enfoncer dans la brousse. J'étais seul avec un étrange sentiment de revenir à des millions d'années dans cet environnement de sons, d'odeurs et d'images qui devait être resté inchangé en l'absence de l'homme. Je sentais le désir de me dévêtir, cacher mes vêtements et me mettre en harmonie avec ce paysage uniquement marqué par des cris lointains indistincts d'animaux. Toute la terre devait être ainsi, parcourue par des petites tribus d'hommes laissant peu de marques sur cet environnement. L'Homme en harmonie avec Gaïa, n'étant qu'un élément de l'ensemble du monde végétal et animal qui vit sur la terre.

Puis, de cette réserve magnifique, nous sommes allés rapidement à Dakar. C'était le moment de commencer à rédiger notre rapport. À la demande de Théodore Monod, il y aurait deux parties : l'une sur l'alcoolisme pour le comité de Paris et l'autre sur les boissons autochtones qui était un rapport ethnographique qui serait publiée dans la revue de l'IFAN.

12. L'expérience africaine

J'avais passé près de deux ans dans ces pays et ma vision était très différente de ce qu'elle était à l'arrivée. Je comprenais mieux ces hommes et ces femmes. Au début, avec mon sens assez faible de reconnaissance des personnes, je n'arrivais pas à bien reconnaître les Africains. Un jour au mess des officiers de Dakar où nous allions déjeuner, j'étais arrivé seul un peu avant Gilles Ménage, je demandais au serveur africain (ils étaient tous africains de la même ethnie, des Toucouleurs, qui étaient choisis parce que très musulmans ils ne buvaient pas d'alcool) s'il avait vu mon ami. Il me répondait « Ce n'est pas moi qui vous sers d'habitude et je ne connais pas votre ami. De toute façon vous les blancs, vous vous ressemblez tous » Ainsi pour moi, illustré par ma méprise, les africains se ressemblaient tous mais ce qu'il me disait est que pour lui les blancs se ressemblaient tous aussi.

Ce qui m'avait frappé également était l'extrême gentillesse et la serviabilité de tous ceux qu'on avait rencontrés lors de notre voyage dans les plus petits villages comme dans les villes. Un jour où la Land-Rover s'était embourbée sérieusement jusqu'au châssis, nous avons vu arriver les hommes du village voisin qui de toutes leurs forces nous ont aidé et une fois dépanné, sont partis sans rien dire. Il nous arrivait souvent de dormir dans la brousse où on avait aménagé la Land Rover avec une tente sous laquelle on installait des lits de camp et nous dormions là tout à fait isolés sans jamais éprouver la moindre crainte. Jamais d'ailleurs on ne nous a dit de faire attention.

On croisait beaucoup d'administrateurs qui nous recevaient très aimablement. Il faut dire qu'ils étaient avertis de notre mission par des notes officielles. J'avais demandé à inverser les noms :

au début l'annonce de l'arrivée de Ménage Bismuth avait prêté à confusion nous faisant prendre pour un couple. Bismuth Ménage était plus clair.

Plus on s'éloignait dans des régions reculées et plus on voyait la distanciation entre les administrateurs blancs et les africains. J'allais dire les sujets africains. Un jour dans une belle maison de chef de subdivision où le fonctionnaire nous recevait avec sa femme, alors qu'il pleuvait, je remarquais le jardinier en train d'arroser. Comme je m'en étonnais, le maître de maison me dit

« Vous savez si on introduit des nuances dans son travail, il ne comprendra pas. Alors on lui dit qu'il faut toujours arroser, tous les jours ». En partant, je croisais le jardinier et lui disais :

« Pourquoi vous arrosez sous la pluie ?

-Vous savez, vous les blancs, vous demandez des choses idiotes. Le patron m'a dit il faut arroser tout le temps alors j'arrose même quand il pleut, c'est bête ».

Il y avait un ethnologue à l'IFAN avec lequel j'échangeais souvent. Il me disait combien les usages, les coutumes tribales pouvaient être différents ici. Au début, on les jugeait par rapport aux nôtres et la différence était presque toujours mise par nous en leur défaveur. À la longue, on inversait notre pensée, c'était notre culture que l'on jugeait par rapport à la leur. Ainsi me disait-il, dans la tribu des Sombas, au nord du Togo, les jeunes filles ne se mariaient qu'après avoir eu deux enfants, pas forcément du futur mari ni même du même homme. L'intérêt était que, d'une part, elles montraient qu'elles étaient fertiles et d'autre part elles apportaient en dot deux enfants qui même en bas-âge fournissaient un certain travail au ménage. Chez nous, c'était une fille-mère avec tout l'ostracisme familial et social qu'elle subirait (heureusement cela a changé depuis). On allait d'un extrême à l'autre. Leur explication rationnelle ne paraissait-elle pas plus humaine que nos réactions socio-culturelles transmises ?

Aujourd'hui, avec le recul, je m'interroge sur ce que m'a apporté cette expérience hors de la route que je m'étais tracée de la vocation chirurgicale. Il est vrai, je n'avais absolument pas fait ni même pensé à la chirurgie pendant cette longue période de 2 ans et demi entre mes 23 et 25 ans, à un moment où l'on peut estimer que l'empreinte sur la vie professionnelle peut être très importante.

Que de fois, confronté à des cultures différentes, j'ai compris qu'il y avait d'autres réponses possibles et que, à côté de ce qu'on a appris, existaient d'autres vérités. Lorsque j'ai lu par la suite Lévi-Strauss, cela était si évident : il n'y a pas de notion de valeur dans ces différences culturelles. Eux-mêmes comment nous jugeaient-il ? Nous leur montrions des choses et des comportements si différents des leurs. Un jour où nous nous étions arrêtés en pleine brousse pour déjeuner, nous avons sorti notre appareil de radio portatif. Nous étions entourés par un groupe d'enfants et quelques adultes du village voisin.

À la fin du repas en rangeant nos affaires et en prenant la radio, j'ai rentré l'antenne qui avait été tirée. J'ai alors demandé au groupe de jeunes adultes s'ils n'étaient pas étonnés en voyant cette petite boîte. Je pensais qu'ils allaient me dire qu'ils étaient surpris et peut-être même émerveillés de voir de la musique sortir d'une boîte. En revanche la réponse a été : « quand vous avez rentré le bâton qui était au-dessus de la boîte, et quand vous avez soulevé la boîte, le bâton n'était pas sorti au-dessous ». Je lui ai demandé : « et la musique qui sort de la petite boîte, comment est-elle faite ? ». Il a répondu « ça c'est affaire de Blancs » J'ai compris que l'on ne pouvait s'étonner que de ce qui était proche de notre entendement.

J'ai vu également qu'on peut être heureux en possédant peu, très peu. Que de fois lorsque je me trouvais dans des villages éloignés, je voyais des gens vivre heureux sans lumière, sans électricité, sans moyen de locomotion, sans radio, sans télévision, faisant la cuisine avec un mortier et du feu de bois. Je voyais ces familles vivre avec peu, se réunissant pour des fêtes, apparemment heureuses. Peut-être était-ce simplement qu'elles ignoraient qu'il y avait autre chose qui rendrait leur vie plus facile. Par la suite, je me suis demandé l'influence que pouvaient avoir sur ces gens les émissions de télévision montrant une vie opulente, dans le luxe de belles maisons avec de grandes voitures. « Dallas», la série télévisée américaine, a dû leur faire découvrir une vie si différente de la leur. Sans doute, certains d'entre eux, les plus jeunes ont ressenti un sentiment de privation et étaient malheureux de ne pas posséder ces biens matériels. Eux qui rêvaient d'une bicyclette, qui était un grand luxe, comment voyaient-ils les grandes Cadillac décapotables des séries américaines ? C'est peut-être paradoxal à dire mais je n'ai pas vu de misère sauf peut-être dans les grandes villes, les capitales. Mais pas dans les villages.

J'ai un fort souvenir des premiers jours de mon retour à Paris. Dans le métro, je trouvais les gens tristes et gris. Gris non pas parce qu'ils n'étaient pas noirs mais ils n'étaient pas blancs non plus. Je me disais : « quand on n'est pas noir, on n'est pas vraiment blanc mais plutôt gris. C'est gris qui est le contraire de noir ». C'était plus triste.

13. Le retour à Paris

Une fois rentrés à Paris, il a fallu rédiger notre travail, compléter notre documentation. Le Pr Robert Debré nous a convoqués à une réunion du Haut Comité pour présenter notre rapport : notre conclusion générale a été qu'il y avait peu d'alcoolisme dans cette partie de territoire africain administrée par la France.

Les boissons autochtones étaient peu alcoolisées et les boissons importées ne l'étaient qu'en faible quantité et destinées à une consommation urbaine peu importante par ceux qui avaient les moyens de les acheter : surtout les employés, les fonctionnaires dans les grandes villes. En dehors des villes, les seuls africains qui avaient les moyens d'acheter des boissons alcooliques étaient les anciens combattants. Une grande partie de ces boissons était d'ailleurs en plus consommée par les Français résidants dans ces pays : administrateurs, industriels et commerçants. Je pense que nous apportions les éléments objectifs à l'interrogation initiale: la France n'inondait pas ces pays africains d'un alcoolisme exterminateur.

Est-ce que notre travail a eu une importance ? J'ai cru comprendre que cette attaque de la France à l'ONU avait disparu. Peut-être que notre travail- cette longue enquête, ces milliers de kilomètres parcourus- avait été inutile. Le temps tout seul avait rendu caduque le sujet de notre travail.

Pour l'IFAN et Théodore Monod nous avons rédigé un article, publié dans la revue de l'IFAN, intitulé « les boissons alcooliques autochtones en Afrique Occidentale Française » qui fut une bonne mise au point sur cet aspect ethnographique. L'article était substantiel avec une description du type, de la production et des lieux géographiques des boissons autochtones avec des figures, cartes et tables. Cet article est la première de mes publications et j'en suis fier.

En Août 1959, à mon retour à Paris, j'étais encore militaire. L'urgence était de trouver un logement. J'allais naturellement à la maison de Tunisie pour un logement temporaire dans une chambre laissée par son occupant pendant les vacances. Je recevais quelques jours plus tard les deux grandes malles dans lesquelles je ramenais tous les documents et surtout les objets africains que j'avais achetés durant notre séjour dans les endroits que nous traversions. Dans les grandes villes, il y avait des marchands ambulants vendant des objets, statues et masques. C'étaient des copies ou parfois des objets authentiques mais, dans l'ignorance, je me basais sur leur caractère esthétique ce qui était évidemment une erreur. A mon retour je découvrais que la plupart étaient des faux, c'est-à-dire des objets faits dans le style de l'ancien pour être vendus aux résidents et aux touristes. Certains de mes achats se sont révélés meilleurs. C'étaient ceux qu'on avait achetés dans les ateliers, certains en pleine brousse. C'étaient des objets de l'ethnie du lieu faits avec l'espèce adéquate de bois reproduisant donc à l'identique les objets anciens : c'était pourrait-on dire la continuation de la production des objets anciens par les mêmes artisans. Ainsi au Bénin, j'avais été dans un atelier qui fabriquait des beaux masques, ornés magnifiquement. Certains d'entre eux venaient d'être achevés. Bien plus tard, j'ai eu la surprise de découvrir certains de ces masques, que j'avais photographiés au stade de fabrication, dans des salles d'enchères avec une attribution d'ancienneté (ils l'étaient en fait mais d'une cinquantaine d'années). J'avais pris l'habitude de demander s'il y avait un modèle. Et quelquefois, il y en avait. Ainsi j'avais trouvé dans un atelier à Cotonou, un très beau masque ancien Yoruba que j'avais pu acheter à un prix très modique. À Bamako, j'ai acheté chez un antiquaire (il y en avait quelques-uns où d'ailleurs venaient se fournir les marchands parisiens) un cimier casque bambara. Mais l'essentiel des objets que j'ai achetés provenait de bonne source : du département d'ethnographie de l'IFAN. En effet, de temps en temps, on venait proposer au musée des statues et des masques : le musée en achetait dans les limites de ses moyens mais souvent ne pouvait pas les acheter tous et je m'étais arrangé avec le conservateur pour qu'il m'envoie le vendeur. C'est ainsi qu'un jour a été proposé au musée une grande quantité de masques du Liberia, d'une société secrète Mendé qui avait été pillée à l'occasion d'un conflit tribal. C'étaient de très beaux masques évidemment authentiques : le musée en a acheté beaucoup mais il n'a pas pu tous les prendre et j'ai pu en acquérir quelques-uns. C'était tout cela que je ramenais avec moi et qui constituerait le début de ma collection d'objets africains. Mais l'objet que j'ai rapporté et qui me touche toujours le plus, je l'ai trouvé par hasard en fouillant dans un atelier de brousse, il était au sol, directement sur la terre, sans doute oublié depuis longtemps. C'était une petite statue ancienne Dogon dont la moitié avait disparu, mangée par les termites. Cette demi-statue, dont il ne restait par endroits que la surface du bois sur le vide de l'érosion des termites, est à l'image de la force de la nature face à l'œuvre de l'homme, qui avec le temps montre sa fragilité.

Peu de jours après mon arrivée à Paris, je rencontrais à un dîner un interne qui revenait également du service militaire qu'il avait fait en Algérie : James Ashworth. Apprenant que je cherchais un logement, il me disait que sa belle-mère avait une chambre d'amis qu'elle pouvait mettre à ma disposition. J'avais ainsi la chance de découvrir en même temps James et sa femme France avec lesquels j'ai lié une grande amitié ainsi que sa mère, une Américaine très distinguée. Non seulement elle m'a logé mais elle m'a aidé à trouver un logement : un studio dans le quartier des Invalides au septième étage avec un haut plafond et une grande fenêtre d'où on pouvait voir la tour Eiffel. Je l'ai acheté avec mes économies du service militaire et un prêt. Pour la première fois, j'avais un logement qui m'appartenait à Paris. Je l'aménageais à mon goût, avec l'aide d'un apprenti menuisier : on a fait une grande bibliothèque avec des cases peintes inspirées de Mondrian.

La mère de France m'avait fait connaître la salle des ventes de Drouot et avec une grande élégance m'avait offert l'objet qui m'était le plus indispensable : un bureau. C'était un bureau Louis XV, certes une copie mais très élégant. Il me fallait des rideaux pour la grande fenêtre qui n'avait pas de volets. J'allais un après-midi à Drouot et en visitant les salles je voyais une paire de grands rideaux en velours épais doublés dont la hauteur convenait à la grande fenêtre. La vente avait lieu le lendemain après-midi et on me disait que le rideau passerait en dernier. Quand j'arrivais en sortant de l'hôpital, il était trop tôt pour la vente du rideau et je me promenais dans l'hôtel des ventes. Devant une salle, une grande foule débordait dans le hall : sur l'annonce, c'était une vente de céramiques anciennes. J'arrivais à entrer au fond de la salle. On présentait des céramiques qui partaient à des prix pour moi énormes. Beaucoup d'acheteurs se pressaient à lever le doigt. À un moment, le commissaire-priseur a montré un grand vase, très beau, avec des anses magnifiques : « Vase à pharmacie de Castel Durante XVème siècle. Mise à prix 100 francs ». Je n'en revenais pas. Les autres objets plus petits étaient mis en vente à plusieurs milliers de francs. Personne ne levait le doigt. Le commissaire-priseur dit « je vais adjuger ». A ce moment, je levais le doigt. « Au monsieur du fond » dit le commissaire-priseur. J'allais ensuite vite à l'autre salle pour ne pas rater le rideau que je voulais. Évidemment j'étais le seul acheteur et l'ai eu un prix ridiculement bas. D'autant que quand je suis venu le prendre, on m'a remis un carton avec 5 paires de ces immenses rideaux qui m'ont servi de rideaux et de couvre-lits pendant des dizaines d'années dans mes différents logements.

A la fin de la même semaine dans le « Monde » que je lisais régulièrement, il y avait une rubrique par un dénommé Chanteloup qui commentait le marché de l'art. Il parlait de la vente de céramiques de Drouot citant les plus belles enchères et à la fin il disait : « il y en a un qui a fait une affaire. C'est celui qui a acheté le beau vase à pharmacie de Castel Durante que les collectionneurs n'ont pas voulu car il avait été restauré et qui a été adjugé à une somme dérisoire » Ainsi je commençais ma vie de collectionneur- c'était mon premier achat en salle de vente- en faisant une acquisition qui était commentée par un expert du Monde.

Je reviens sur ce dîner chez les Ashworth dans les jours qui ont suivi mon retour à Paris. Il y avait parmi les présents une jeune femme qui était externe dans le service où était James. C'est ainsi que j'ai rencontré Chantal, jeune femme belle, intelligente et immensément cultivée. Elle m'invitait le dimanche suivant à venir déjeuner à la campagne chez son oncle. J'acceptais volontiers. Elle vint me chercher dans sa 2 CV et nous allions dans une grande maison dans la forêt de Fontainebleau. C'était le milieu du mois d'août. Il faisait très beau et la forêt était magnifique. Je n'avais pratiquement connu que Paris et peu les environs et même en réalité la France. Pour la première fois, je participais à un déjeuner à la campagne à une grande table en plein air, dans une famille bourgeoise aisée. C'est ainsi que le même jour, je rencontrais Chantal qui allait devenir ma femme et son oncle, le Pr Monsaingeon dont j'allais devenir le successeur à l'hôpital Paul Brousse. Ce jour-là allait ainsi avoir une influence décisive sur ma vie familiale, sociale et professionnelle.

En mai 1960, c'était fini, je retournais à la vie civile et reprenais mes fonctions d'interne. Je changeais radicalement de vie. Les premiers jours, je découvrais que j'avais tout oublié de mon expérience chirurgicale passée. Mes camarades internes de la même promotion dont beaucoup avaient fait leur service militaire en Algérie racontaient leurs exploits : tout le temps en salle d'opération, des interventions importantes dans les hôpitaux de campagne sur les populations civiles. Moi je n'avais rien fait. Ma première opération de retour à la vie civile fut l'ablation d'un ganglion inguinal. J'ai relu la technique et commençais cette petite opération avec appréhension. J'avais tout perdu. Finis les longs voyages en Land Rover dans la poussière de latérite, les bivouacs en brousse avec notre boy africain. J'étais à l'hôpital en blouse blanche, examinant et opérant, enseignant aux externes. En moins d'une semaine, j'étais dans le bain. Il n'y avait plus d'hippopotames et pas encore de requins.

CHAPITRE 5

Les années d'internat

14. L'apprentissage de la chirurgie

Ainsi début mai 1960, je reprenais mon internat. Je retournais à l'hôpital Lariboisière où j'avais effectué mon premier semestre.

Les gardes étaient fréquentes car n'étant que trois internes, j'étais donc de garde un jour sur trois. Durant la garde, en dehors des interventions chirurgicales où était appelé le chirurgien de garde, le rôle de l'interne était de faire la petite chirurgie. Très fréquemment, presque à toutes les gardes, il y avait un ou deux curetages chez des jeunes femmes, quelquefois des très jeunes filles qui venaient en hémorragie. Pour de nombreuses raisons, témoignant d'une précarité, d'une solitude, d'un abandon, la grossesse n'était pas désirée ou ne pouvait socialement être acceptée et la jeune femme était amenée à avorter. Les plus modestes qui n'avaient pas les moyens d'aller à l'étranger (ce qui se faisait dans les « bonnes familles ») ou de s'adresser à des praticiens dans des structures illégales, utilisaient la technique terrible, la plus fréquente, de l'aiguille à tricoter enfoncée à travers le col avec l'aide de quelqu'un de l'entourage (qu'on appelait une faiseuse d'anges). C'était vraiment terrible et je vivais très mal cela car je savais qu'il fallait faire l'avortement pour terminer ce qui avait été commencé en évacuant le fœtus. Souvent, il fallait dilater le col avec des dilatateurs (des bougies) de plus en plus gros pour permettre le passage des curettes de la plus petite à la plus grosse. Quelquefois, le col était trop fermé : il fallait alors poser une laminaire (tige d'algue desséchée qui se dilatait avec les liquides corporels) qu'il fallait changer pour en mettre une plus grosse.

Quand j'y pense maintenant, je me demande comment avait-on le courage d'extraire avec des curettes le corps du fœtus, fragmentant une masse hémorragique mais quelquefois des parties d'un fœtus plus développé, membres et tête. Il n'y avait pas d'âge légal puisque c'était un acte hors-la-loi et quelquefois, le fœtus était de plusieurs mois.

Je pensais à ces jeunes filles meurtries par ce traumatisme physique et psychique qui devaient se cacher pour ce séjour à l'hôpital. Il y avait en plus des séquelles, infectieuses et à distance de stérilité, qui pouvaient marquer à vie ces pauvres filles. C'était un acte illégal mais évidemment dans les hôpitaux il y n'avait pas de délation et la règle était toujours de déclarer un avortement spontané.

J'ai été amené à découvrir une situation étrange. Une nuit, je recevais une jeune femme avec une hémorragie importante : en l'examinant au spéculum, l'hémorragie s'arrêtait et le col de l'utérus était fermé. Je retirais le spéculum et l'hémorragie reprenait. Je remettais le spéculum et là je constatais que cette hémorragie ne venait pas du col. En déplaçant le spéculum, je découvrais alors que l'hémorragie venait d'une ulcération de la paroi vaginale. C'était étrange. J'ai demandé à la patiente ce qu'elle avait fait. Elle m'avouait qu'on lui avait recommandé de mettre une pastille de permanganate de potassium pour entraîner l'avortement. Je comprenais que la pastille chimique entraînait l'ulcération et en conséquence l'hémorragie. Celle-ci était prise pour l'hémorragie de l'avortement et alors justifiait le curetage après dilatation du col. Cela a fait la réputation du permanganate de potassium comme déclencheur d'avortement alors qu'il ne déclenchait qu'une hémorragie vaginale. Le traitement réel était la suture de l'ulcération pour faire l'*hémostase**. Ce que j'ai fait pour cette malchanceuse patiente en lui expliquant qu'il n'y avait pas de motivation d'un curetage. Ces tentatives d'avortement par ce mécanisme étaient peu connues. En lisant les quelques articles publiés (non français), j'ai découvert qu'il y avait des cas de mort. Il fallait donc faire connaître cette pathologie en France et j'ai publié avec l'assistant du service le cas de ma patiente dans la Presse Médicale. Ce fut ma première publication chirurgicale (après celle sur les boissons alcooliques africaines). Ces avortements clandestins, sources de curetage, pain quotidien des internes de chirurgie, ont persisté de nombreuses années jusqu'à ce que la courageuse Simone Veil y mette fin, arrêtant ce véritable traumatisme de jeunes femmes. Une conséquence, bien accessoire par rapport à celui pour ces femmes, était le soulagement des internes qui comme moi, dans la grande majorité souffraient d'avoir à pratiquer ces actes.

Je commençais à donner des conférences d'internat. Cela peut paraître étrange qu'un jeune interne car j'étais en 2e année d'internat donne des conférences de préparation au concours qu'il venait de passer. En fait, ce n'était pas rare et d'ailleurs avec d'autres internes de ma sous-colle, Jean-Yves Neveux et Jacques Witvoet, nous avions fait un dossier d'internat de chirurgie qui était assez populaire (les conférences BNW : Bismuth-Neveux-Witvoet). Cela était indiscutablement une surcharge de travail car deux fois par semaine j'allais passer mes soirées à ces conférences.

J'avais une douzaine d'externes que je préparais au concours les faisant travailler sur les questions de chirurgie et d'anatomie. J'étais à l'époque à l'Hôtel-Dieu dans le service de chirurgie du Pr Patel, service de chirurgie prestigieux par son histoire : c'était dans cet hôpital qu'avait exercé le fameux chirurgien Ambroise Paré. Je réunissais mes élèves dans un petit amphithéâtre de l'hôpital.

Je ne sais pas si j'étais un bon conférencier mais je voulais les faire travailler et sans doute commençais-je à être assez exigeant. Ce qui était sûr, c'est que je leur communiquais mon enthousiasme et ma soif d'apprendre et que je ne les ménageais pas. Les conférences commençaient à 19h et se terminaient tard après minuit, quelquefois jusqu'à 1h-2h du matin. Certainement commençaient à se manifester là certains traits de mon caractère qui apparaîtraient lorsque je serais chef de clinique et que j'aurais à diriger les jeunes médecins, externes et internes. Il y avait certes un intérêt financier, pas très important en fait, mais ce qui m'intéressait le plus était que donner cet enseignement me poussait à approfondir mes connaissances. Je lisais dans les revues, dans les manuels pour actualiser la question d'internat classique. Avec quelquefois des retombées cliniques. Ainsi lors d'une de mes gardes, alors que j'étais interne en début de deuxième année, je recevais un patient avec un tableau douloureux de l'abdomen sans signe d'orientation précis. Sur la radio de l'abdomen sans préparation, examen habituel devant toute urgence abdominale, on voyait une image curieuse : la vésicule biliaire était spontanément visible et présentait un niveau liquide, donc du liquide surmonté d'air, et avec en plus des bulles gazeuses dans la paroi vésiculaire. J'avais quelque temps auparavant lu dans un manuel de pathologie biliaire une forme rare de *cholécystite** aiguë intitulée la *cholécystite** *emphysémateuse*. C'était très rare mais l'image était tellement typique que je l'ai immédiatement reconnue chez le malade. J'ai donc posé ce diagnostic. Lorsque j'ai annoncé au chef de clinique qui venait pour opérer en urgence le malade, que j'étais sûr que c'était une *cholécystite** aiguë et même une *cholécystite** emphysémateuse, il a été très sceptique ignorant cette affection. C'était évidemment bien ce diagnostic : à l'intervention la vésicule avait une paroi gangrénée avec des bulles d'air et contenait du pus et de l'air. Le malade avait, comme cela était décrit dans le livre, un diabète. Cette observation a été l'objet de ma troisième publication, dans la Presse Médicale : «Une rare image vésiculaire : la cholécystite* emphysémateuse».

Ma publication suivante a été un article d'orthopédie. Je n'étais pas fixé sur le choix de la chirurgie digestive. En fait, le domaine de la chirurgie était déjà vaste et il y avait plusieurs spécialités. En deuxième année d'internat, je ne sais pour quelle raison, j'ai eu une attraction pour la chirurgie orthopédique. Peut-être parce que j'aimais les exigences de l'orthopédie : le contrôle radiologique montrant la qualité de la réparation avec des vis parfaitement parallèles, bien mises, donnait pour les quelques cas que j'avais vus une grande satisfaction, ne serait-ce qu'esthétique.

Mon collègue d'internat qui était avec moi à l'Hôtel Dieu, Jean-Yves Neveux manifestait le même intérêt que moi pour l'orthopédie et nous avons décidé tous deux de faire un voyage. Nous sommes donc partis dans la grosse voiture de Jean-Yves Neveux pour visiter deux centres réputés de chirurgie orthopédique : à Genève, le Pr Hoffmann qui avait inventé le fixateur externe, puis de Genève, d'aller à Vienne voir le célèbre Pr Boehler dont l'appareil, le cadre de Boehler, était utilisé pratiquement à toutes les gardes par l'interne dans le traitement des fractures du membre inférieur pour la mise en extension des extrémités fracturées.

Le Herr Professor Doctor était un homme impressionnant par sa stature et son autorité. Quand il entrait en consultation, les malades en rang dans le couloir se mettaient au garde-à-vous. Je remarquais avec surprise qu'il y avait un squelette en salle d'opération qu'il manipulait pour expliquer les gestes à faire. En définitive, ce que nous avons vu ne nous a pas beaucoup impressionné. De retour de Vienne, nous nous arrêtâmes à Kitzbühel. Jean-Yves Neveux voulait faire du ski. Je n'en avais jamais fait et j'en ai gardé un très mauvais souvenir. On m'a dit que Neveux avait gardé un petit film de mes tentatives de rester debout sur une paire de skis essayant de vaincre une bosse de neige de 20 centimètres sans succès. De retour, nous avons abandonné, lui comme moi, la chirurgie orthopédique. Et moi le ski.

Je me sentais bien dans mon rôle d'interne. J'absorbais tout ce que je voyais pour répéter les modalités de diagnostic, les gestes thérapeutiques, la discussion des indications et surtout les techniques chirurgicales. J'avais pris l'habitude, dès mon premier stage d'internat d'écrire les interventions : je les décrivais très en détails en commençant par l'installation du malade, le type d'instruments, l'incision et chaque geste opératoire en indiquant les instruments utilisés. C'était une description technique comme une recette de cuisine, très détaillée. Je notais le nom du chirurgien. J'ai continué cela durant tout mon internat et je constatais que pour la même opération, la description devenait de plus en plus courte. À la fin, je ne marquais que la particularité de la technique chirurgicale du chirurgien que j'avais aidé. J'avais ainsi des dossiers, qui grossissaient d'année en année, dans lesquels il y avait de nombreuses feuilles par intervention : les hernies, les appendicectomies, les gastrectomies, etc.

Quand j'opérais, j'essayais de copier le plus fidèlement possible les gestes techniques que je voyais. Je pensais que puisque le chirurgien que j'avais aidé avait l'expérience de l'intervention, en l'imitant exactement je prenais son expérience. Ce qui était assez exact en tout cas au début.

Puis au fur et à mesure que j'avançais et que je voyais plus d'interventions faites par des chirurgiens différents, je commençais à modifier la technique initiale en prenant ce que je considérais de mieux de chaque chirurgien.

Le transplanteur Thomas Starzl a appelé son livre autobiographique : « The puzzle man». Ce qu'il entendait par là est que le patient transplanté, en recevant une partie du donneur, recevait comme une pièce de puzzle. Plus généralement considérant toutes les transplantation possibles, l'entité Homme transplanté dans sa globalité avec rein, foie, poumon, cœur, intestin provenant d'autres individus devenait un individu constitué de parties provenant de nombreux individus différents. C'est en cela que le transplanté était un «homme puzzle ».

Curieusement, au cours de mon développement de chirurgien, je me voyais aussi un homme puzzle mais avec une interprétation différente de celle de Starzl : j'étais fait, en tant que chirurgien, de fragments de chirurgiens différents qui venaient s'amalgamer pour faire de moi une sorte de chirurgien hybride, avec des expériences mêlées de toutes origines.

Et je crois que c'est ainsi que se forment les chirurgiens, riches des petits fragments d'expérience venant des autres chirurgiens, des maîtres qui l'ont formé. Puis, à partir de ce «melting-pot», ils développent leur propre personnalité chirurgicale.

Ainsi la formation du chirurgien était un vrai compagnonnage : il allait de service en service à chaque semestre comme le compagnon des métiers anciens qui faisait le tour du pays, en passant des périodes auprès de différents maîtres. Ce compagnonnage était fondamental dans certains métiers et l'est longtemps resté comme chez les charpentiers, les menuisiers... Une fois son tour de France terminé, il rentrait dans un atelier comme compagnon. C'était un titre qui était très respecté dans les métiers d'artisan. On trouve de temps en temps chez les antiquaires ou dans les ventes aux enchères, des objets qui étaient des objets de maîtrise : sorte de mémoire de thèse du compagnon pour accéder à son titre. Je pense que c'est la même chose pour les chirurgiens. J'utiliserai plus tard ce mot de compagnon pour réunir mes anciens élèves. Un autre métier qui me paraît ressembler beaucoup à celui de chirurgien est celui de cuisinier : il est de règle pour un jeune qui veut devenir cuisinier d'aller dans des restaurants, également par période, pour s'initier au travail de chef. Il y a indiscutablement une hiérarchie entre les chefs, certains étant plus demandés que d'autres, source d'une véritable compétition pour entrer comme apprenti auprès d'un grand cuisinier : on dit une grande maison (curieusement on dit aussi grande maison pour les services de chirurgie formateurs dirigés par un grand Patron). Il faut dire que les restaurants sont cotés dans les guides de cuisine qui donnent des étoiles pour classer les restaurants. De telle sorte qu'un cuisinier est côté par un nombre d'étoiles. Ce n'est pas le cas pour les chirurgiens, du moins à l'époque car maintenant certains journaux font des classements des services de médecine et de chirurgie (pas encore d'étoiles !).

Je vivais mal l'organisation des services à l'hôpital, telle qu'elle était à cette époque (plus tard, dès que j'ai eu des responsabilités de chef, j'essayais d'y remédier). Dans les services dit temps partiel où les responsables en titre, le chef de service et les assistants, partaient en fin de matinée après leur travail, c'était l'interne qui l'après-midi et la nuit, était responsable et qui pouvait décider d'opérer ce qu'il désirait. Généralement il appelait le chirurgien de garde, mais à cette période il n'y en avait qu'un seul pour tous les hôpitaux de Paris. Dans certains services dit temps plein, les assistants du service étaient de garde, du moins l'après-midi et il y avait des chefs de clinique qui assuraient la garde au-dessus de l'interne, généralement chez eux mais venant à l'hôpital s'ils étaient appelés pour une urgence. Cette différence entre les services était bien connue des internes et comptait dans leur choix : il y avait les services où on laissait faire beaucoup les internes et d'autres beaucoup moins. Tout dépendait des désirs des internes pour choisir tel ou tel service. Personnellement, je n'ai pas aimé les services où l'interne était seul à décider car je pensais qu'il avait toujours à profiter de l'avis des plus expérimentés. J'ai vécu les deux situations.

Je n'ai accepté d'être chargé de faire seul une opération que si j'étais sûr de bien la connaître. J'ai vraiment détesté être quelquefois obligé de faire une intervention que je ne maîtrisais pas. J'ai refusé de nombreuses fois l'invitation faite par l'assistant de prendre le bistouri à sa place, préférant le voir opérer qu'opérer moi-même.

J'ai toujours évité de me mettre dans cette situation et j'ai gardé un souvenir très pénible d'une fois où cela m'est arrivé (sans doute, est-ce arrivé plusieurs fois mais cette fois -là m'a marqué). J'étais en fin d'internat lors de mon septième semestre, dans un excellent service de chirurgie cardio-vasculaire mais où le chef de service, sur le départ, avait commencé par faire de la chirurgie digestive et s'était illustré dans des techniques de chirurgie rectale (le Pr de Gaudart d'Allaines). Il avait gardé une certaine clientèle dans ce domaine. Et un jour, il m'a fait opérer un de ses malades qui avait un cancer du rectum pour une ablation du rectum. J'étais marqué au tableau opératoire avec lui mais il n'a pas pu venir et je me suis donc retrouvé seul à opérer le malade. À un moment, je ne savais plus comment progresser. Je ne sais pas comment décrire l'angoisse du chirurgien qui a la responsabilité du malade et qui ne sait pas comment continuer l'intervention. Certes, il faut appeler un autre chirurgien. Mais dans ce cas, il n'y avait aucun chirurgien faisant ce type d'opération dans ce service et j'étais vraiment seul. Je me suis arrêté et ai décidé de prendre mon temps, de progresser très lentement, d'être extrêmement prudent. L'opération a été très longue mais je suis arrivé à la finir. Cela a été une expérience très éprouvante, angoissante. Cela était aussi une leçon et peut-être est-ce depuis ce jour que je décidais de ne jamais opérer de malade sans savoir parfaitement l'opération à faire. Je citais un général de la deuxième guerre mondiale (je crois le général Catroux) qui disait : «On doit toujours avoir un biscuit dans sa poche», phrase que je répétais souvent aux plus jeunes. Je rajoutais : « Et même mieux d'en avoir deux». C'est-à-dire éviter de se placer dans une situation sans issue. Je disais de la même façon : «Ne soyez jamais acculé à une paroi face à un précipice ». Toute expérience est un enseignement.

L'internat dure quatre ans, en huit stages de six mois dans des services différents. Étant nommé interne des hôpitaux de Paris, on avait la possibilité de faire ses stages dans tous les hôpitaux de Paris, selon notre choix et évidemment la disponibilité (et le bon vouloir) des patrons. Certains patrons étant très demandés, il fallait se faire recommander pour aller chez eux. J'ai déjà raconté la course aux patrons dès le jour des résultats du concours de l'internat. J'ai vécu de façon différente ces stages. Mes semestres d'internat des premières années ne m'ont laissé qu'un souvenir vague. Tout était nouveau et sans doute j'apprenais sans reconnaître le banal de l'excellent. Je pense que c'est comme l'apprentissage d'une langue, on est trop impliqué dans l'acquisition des nouveaux mots, de la nouvelle grammaire pour découvrir la qualité du texte. Est-ce que l'on peut apprécier, quand on apprend une langue, la qualité, la musique d'une poésie dans cette langue alors qu'on cherche à comprendre chaque mot ?

Ce n'est que plus tard en fin d'internat que j'ai reconnu la qualité de la chirurgie. C'étaient mes deux derniers stages de quatrième année, l'un en chirurgie cardiaque et l'autre chez Monsieur Hepp.

Avant d'en parler, je voudrais évoquer l'influence qu'a eue au début de mon internat un chirurgien exceptionnel, Jacques Lataste. Il m'a appris le geste chirurgical. Le jeune chirurgien, qui n'est d'ailleurs pas du tout chirurgien quand il débute, a toujours l'appréhension de savoir ce que va faire sa main car le métier de chirurgien est quand même un métier manuel. D'ailleurs Chirurgie vient du grec *Chiros,* la main : Chirurgie c'est l'art de la main. Jacques Lataste avait déjà d'exceptionnel d'être devenu champion olympique d'escrime alors qu'il poursuivait ses études de médecine jusqu'à devenir professeur de chirurgie. Son entraînement à l'escrime avait certainement influencé sa manière d'opérer par la simplification et la précision du geste chirurgical. Ainsi pour chaque intervention, le type et le nombre d'instruments étaient déterminés. Il y avait moins de dix instruments sur sa table, chacun avec un usage précis. Il m'a appris pendant que je l'aidais comment utiliser ces instruments, comment effectuer le geste chirurgical avec l'instrument exact d'incision ou de suture et avec la plus grande parcimonie de geste. Il a eu une grande influence sur mon geste opératoire.

Mon avant dernier stage d'internat, je l'ai passé dans le service de chirurgie cardiaque du Pr De Gaudart d'Allaines à l'hôpital Broussais. Je découvrais une chirurgie d'une grande exigence technique avec des opérations très bien définies répétant un geste ou plus exactement une série de gestes avec une grande précision. Chaque intervention était bien codifiée et j'avais l'impression qu'elles étaient toutes identiques, c'est-à-dire se répétant chaque fois de la même façon. C'était certainement faux. J'avais l'impression que chaque malade était un ensemble de tuyaux qu'il fallait déboucher, réparer, suturer donnant à cette chirurgie un aspect très mécanique. Atteignant l'excellence car il ne fallait pas que ces sutures vasculaires se bouchent ou au contraire fuient. C'est en cela que ces interventions devaient être parfaites.

Sans doute avait-on senti que je voulais avoir une certaine responsabilité. J'avais appris petit à petit à faire une intervention, à vrai dire très simple, qui était la pose de pacemaker par voie ouverte sur le myocarde. Je pense qu'à la fin du semestre, on me confiait presque tous les malades pour ce type d'intervention que j'opérais en fin d'après-midi quand les chirurgiens du service avaient fini leur programme. Je répétais toujours la même opération donc j'avais très bien appris la technique. J'étais devenu un technicien de la pose du pacemaker. Ce n'était qu'une partie du rôle de chirurgien. Car il y avait une partie importante de l'opération à laquelle je ne participais pas qui était l'indication opératoire. Mais était-elle posée par les chirurgiens ? Il y avait en effet dans le service des cardiologues qui jouaient un rôle important dans la préparation des interventions et le suivi postopératoire.

D'ailleurs quand j'avais commencé mon stage d'interne dans le service, j'avais demandé à quelle salle de malades j'étais affecté comme c'était toujours le cas quand on prenait ses fonctions d'interne. J'ai été affecté à une salle de malades mais quand le premier jour j'ai voulu faire la visite des malades, les infirmières ont été surprises me disant que c'était le rôle des cardiologues donc des médecins et non pas des chirurgiens. Le chirurgien devait s'occuper des malades en salle d'opération et n'avait pas de rôle en salle d'hospitalisation. Sauf sans doute s'il y avait une complication chirurgicale et alors à ce moment-là on l'appelait. J'ai fini par ne plus faire de visite en salle pour la première fois lors de mon internat.

C'est sans doute cela qui m'a fait ressentir combien était étrange la chirurgie cardio-vasculaire. J'en admirais la recherche de perfection mais la distanciation du malade ne correspondait pas à ce que je projetais pour ma pratique chirurgicale.

Ce que je voulais je l'ai trouvé lors de mon stage suivant, le dernier de mon internat. J'allais à l'hôpital Bichat, dans le service de Monsieur Hepp pour un stage qui a déterminé mon orientation chirurgicale. J'en parlerai amplement plus loin.

15. La médaille d'or

En fin d'internat, après les quatre années de formation, l'interne de chirurgie pouvait à l'issue d'un concours faire une cinquième année et en plus dans un service de son choix : c'était le concours de la médaille d'or. Il n'y avait que deux reçus : un médecin et un chirurgien. J'ai eu envie de faire ce concours pour faire une année de plus d'internat. Le mémoire qu'il fallait présenter serait en même temps ma thèse de doctorat. Alors que cette dernière était une formalité, le mémoire pour la médaille d'or devait être un travail fort et original car c'était, on m'avait dit, la partie la plus importante du concours pour le seul élu.

L'influence qu'avaient eu sur moi durant mon internat d'une part Monsieur Hepp et d'autre part Jean-Pierre Benhamou m'orientait vers la chirurgie hépato-biliaire, du moins vers une activité chirurgicale comprenant foie et voies biliaires car la spécialité de chirurgie hépato-biliaire n'existait pas.

Dans une des revues que je lisais régulièrement, *Surgery,* un bref article décrivait la possibilité de faire une *anastomose porto-cave** chez le rat. Personne jusqu'à présent n'avait fait une telle chirurgie sur un aussi petit animal. Il n'y avait pas de résultats et en fait l'auteur, un chercheur coréen du nom de Sun Lee, qui travaillait dans un laboratoire à San Diego, décrivait en seulement une page et demie cette technique.

Je suis allé voir Jean-Pierre Benhamou qui m'avait tellement impressionné pour une requête inhabituelle car je demandais à un médecin de m'aider à effectuer un travail de chirurgie. Jean-Pierre Benhamou travaillait dans un laboratoire de physiologie, le laboratoire du Pr Fauvert à Beaujon. Je lui dis que je voulais effectuer un travail expérimental de physiopathologie et non une étude technique de microchirurgie. Il accepta tout de suite. Je n'avais aucun financement mais étant à l'époque à la Pitié-Salpêtrière dans le service du Professeur Sicard, dans lequel il y avait un laboratoire de chirurgie expérimentale et un élevage de rats, je n'aurais que le matériel à acheter. Le rat s'est avéré un animal extraordinaire pour une expérimentation chirurgicale. Il n'y avait pas besoin d'asepsie et j'opérais à mains nues. L'anesthésie du rat était facile à l'éther. Le rat était fixé par des élastiques tendant les 4 membres. Je n'avais besoin d'aucune aide : j'étais le chirurgien, l'anesthésiste et la panseuse. Quelle différence avec l'expérimentation sur le chien qui nécessitait un véritable bloc opératoire, des aides, un anesthésiste, une surveillance post opératoire.

L'abord des vaisseaux était facile : la veine cave inférieure de 4 millimètres et la veine porte de 2 millimètres. On s'habitue vite à la taille du champ opératoire. Pour les clamps : un clamp «bulldog» (un petit clamp sans manches) pour la veine porte (j'ai trouvé le plus petit possible), pour le clampage latéral de la veine cave une petite pince (de Halsted) dont j'avais limé les mors pour les affiner. Les aiguilles étaient des aiguilles d'ophtalmologie qu'il fallait enfiler : le chas était tout petit, avec le fil de soie 6/0. J'ai pensé au début qu'il fallait des loupes mais étant myope il me suffisait d'enlever mes lunettes.

Aucun animal n'a survécu au début : clampage trop long (le rat ne supportait pas un clampage portal de plus de 10 minutes), hémorragie, anesthésie, déchirure de la paroi veineuse très fine ; en fait la lampe de bureau que j'utilisais comme scialytique desséchait la paroi veineuse et il fallait mettre du sérum en permanence. Pour le porte-aiguille, élément fondamental de la technique, j'avais trouvé un porte-aiguille d'ophtalmo dans une maison spécialisée pour le matériel d'ophtalmologie (maison Moria) dont j'ai enlevé le cran d'arrêt qui entraînait un sursaut qui déchirait la veine.

Longtemps donc, il n'y a eu aucun survivant. Je persistais en éliminant les causes d'échec et un jour, il n'y eut plus aucun mort. J'avais utilisé 56 rats exactement pour mettre au point la technique.

Je pouvais commencer le travail expérimental. Il restait 9 mois avant la remise du mémoire. J'organisais mon temps : j'avais le travail de l'hôpital, les gardes, les conférences d'internat que je donnais encore, les cours d'anatomie à la faculté car j'étais aide d'anatomie, les sous-colles de préparation au prosectorat et mon travail expérimental. Heureusement, l'activité dans le service n'était pas importante. Pour opérer les rats, je prenais mes gardes tous les week-end pendant 2 mois : mes collègues m'avaient cédé avec joie toutes les gardes du week-end du service. Le samedi, dès midi, ma garde commençait et entre les urgences, dans ma chambre de garde, j'opérais les rats, six à chaque garde. Le lundi après-midi, après mon travail d'interne à la Pitié, j'apportais les rats à Beaujon où j'allais deux après -midi par semaine pour faire les examens biologiques. Mes collègues se moquaient de moi avec des cages de rats en permanence dans ma voiture. Pour les examens biologiques, je faisais moi-même les prises de sang par ponction avec une pipette dans le coin de l'œil du rat et les injections dans la veine du pénis. Je m'étais bien rodé et pour ces techniques, il n'y avait pas de problème. J'étais un peu gêné par la taille du rat. En effet, j'avais commencé par des rats relativement gros de 400g mais la technique chirurgicale était gênée par la graisse ; j'ai donc choisi des rats de 250g, plus faciles à opérer mais plus difficiles pour les prélèvements sanguins. Le laboratoire de physiologie faisait tous les dosages. Pour l'électrophorèse, je devais mesurer les tâches sur le papier. Mais rapidement j'avais pris l'habitude et j'étais devenu sinon un chercheur, au moins un bon technicien de laboratoire. J'avais le plein soutien du personnel du laboratoire et cela a été très important d'être aussi bien accueilli au milieu de médecins et de chercheurs.

J'étais le premier chirurgien à travailler dans ce laboratoire. Jean-Pierre Benhamou suivait de près mes travaux et je discutais avec lui de la physiopathologie de l'*hypertension portale**. Il m'indiquait des articles et me prêtait des livres. Les techniciens et les assistants m'aidaient également, m'apprenant les techniques du laboratoire. Je pense que Jean-Pierre Benhamou n'était pas arrivé à susciter chez les chirurgiens du service de chirurgie de son hôpital d'intérêt pour la recherche et était amusé par mon enthousiasme réel pour cette recherche à laquelle il m'initiait. Je pense que j'ai été son premier élève chirurgien. Pour mon initiation à la recherche, je ne pouvais pas trouver de meilleur maître.

En décembre, je commençais la rédaction du mémoire : cela a été le plus gros travail car je devais moi-même dessiner les graphiques à la main, coller les photocopies et les photos opératoires. J'avais trouvé une secrétaire pour taper le texte.

Le concours

Je le dis d'emblée : je n'ai pas eu la Médaille d'Or.

Nous étions une dizaine de candidats et la première épreuve était le mémoire, remis une semaine avant le concours. Une semaine plus tard, la deuxième épreuve était un entretien oral devant un jury constitué de trois chirurgiens des hôpitaux de Paris. Le matin, juste avant l'épreuve, les notes de mémoire ont été affichées, un candidat avait 19,5 sur 20 et tous les autres 19. Ce candidat avait son patron dans le jury. Il était évident qu'il était désigné pour avoir la médaille. Avec un autre interne, Jean Paul Clot, aussi déçu que moi, nous avons décidé d'arrêter le concours. Dès que la salle où se déroulait l'épreuve s'est ouverte, je me suis avancé devant le jury, et ai demandé qu'on me remette mon mémoire, déclarant que je me retirais du concours. Jean-Paul Clot a fait de même. C'est ainsi que je n'ai pas eu la médaille d'or.

J'ai rencontré plus tard un des membres du jury qui m'a reproché d'avoir retiré mon mémoire en me disant « Vous avez eu tort, le choix n'était pas fait ». En fait, ils ont été vexés. On leur avait enlevé le plaisir de faire semblant de faire un concours. De ce concours raté, j'ai gardé en définitive un bon souvenir : j'avais commencé à faire de la recherche, avec une obligation de résultat dans un délai donné, ce qui m'avait beaucoup fait travailler. Et c'était le premier travail de microchirurgie fait par un chirurgien, car son initiateur, le chercheur coréen, n'était pas un chirurgien.

16. Le choix de carrière

Cet épisode marquait la fin de mon internat. Pour devenir chirurgien, il fallait un ou deux ans de plus de travail hospitalier : le clinicat. Comme pour les postes d'internes, on devait chercher les postes de chef de clinique : un an minimum était nécessaire pour devenir chirurgien c'est-à-dire avoir la spécialité de chirurgien pour son inscription au Conseil de l'Ordre. On pouvait également faire deux ans. Il fallait durant son internat rechercher ce ou ces postes de chef de clinique. Évidemment, on cherchait à être chef de clinique dans les meilleurs services, surtout si on voulait faire une carrière hospitalière et à plus forte raison hospitalo-universitaire. Durant tout l'internat, on réfléchissait au poste de chef de clinique. Le premier poste que j'ai demandé pour ma première année dès octobre 1963 était dans le service du Pr Jean Gosset à l'hôpital Saint-Antoine. Je l'ai eu dans des conditions un peu spéciales que je raconterais plus tard.

De plus, je voulais aller plus loin et faire une carrière hospitalo-universitaire.

En fait, il y avait deux façons d'exercer le métier de chirurgien : ou entrer dans une clinique ou bien être dans un service hospitalier dans un hôpital public. À l'époque, la clinique était généralement une structure de petite taille où on ne pouvait pas, de façon habituelle, faire de la chirurgie importante, c'est-à-dire des grosses opérations. Dans certaines cliniques, il est vrai, des chirurgiens avaient acquis une réputation et faisaient une excellente chirurgie même spécialisée. Mais c'était rare. Généralement, c'était la chirurgie courante qu'on pouvait appeler la chirurgie commune, en réalité la grande majorité des actes chirurgicaux : hernies, appendicite, varices, hémorroïdes.

Ce n'est pas de la chirurgie négligeable et bien la faire est aussi valorisant, mais je ne me sentais pas faire toute ma vie ce type de chirurgie.

J'ai été influencé très tôt dans ce choix par une expérience personnelle. Je venais juste de prendre mes fonctions d'interne à l'hôpital Lariboisière, je pense lors de ma première semaine d'interne, lorsqu'un de mes collègues en fin d'internat me demandait de le remplacer pour le début de sa garde. Il venait de commencer une activité dans une clinique de la région parisienne au nord de Paris, pas très loin de l'hôpital. Quand j'arrivais dans cette clinique, on me dit qu'une urgence venait d'arriver. C'était un jeune garçon envoyé par son médecin avec le diagnostic d'appendicite à opérer. Je l'examinais. Il avait une douleur au niveau de la fosse iliaque droite que je trouvais également au niveau de tout le cadre colique, il n'avait pas de fièvre. Je faisais faire une numération formule sanguine dont le résultat arrivait l'heure suivante : il avait une leucocytose normale. J'étais contre les interventions d'appendicectomie inutiles. J'étais très attaché à l'analyse des signes cliniques : lors de mes conférences, j'expliquais les degrés de la réaction péritonéale. « Diagnostics Urgents de l'Abdomen » de Henri Mondor était mon livre de chevet. Vraiment ce patient n'avait aucune défense, signe traduisant une irritation péritonéale. Je disais donc à la famille que je ne pensais pas qu'il s'agissait d'une appendicite aiguë et que le garçon pouvait rentrer chez lui et on appellerait dans la soirée pour savoir comment il allait. Il était à peine parti quand mon collègue arrivait. Je lui racontais l'histoire du jeune garçon, en disant que vraiment je ne pensais pas qu'il était nécessaire de l'opérer et je l''avais renvoyé. J'avais à peine terminé qu'il me disait :« Mais tu ne comprends pas. Je commence juste dans cette clinique. Un médecin correspondant de la clinique envoie un malade à opérer et tu le refuses en lui disant qu'il n'a pas fait le bon diagnostic. C'est une catastrophe. As-tu remis une lettre pour le médecin ?». Je lui disais non, lui ayant laissé le soin de le faire.

« Ah bon dit-il. Je vais rappeler le garçon car on ne peut pas ne pas l'opérer »

Je le quittais, troublé et durant tout mon internat, je n'ai jamais travaillé dans une clinique. Certes, l'expérience que j'avais vécue était caricaturale et sans doute exceptionnelle. C'était un jeune chirurgien, en plus son premier malade dans sa première institution. Mais je ne voulais pas que dans mon choix d'indications ou de techniques chirurgicales, il y ait d'autres considérations que le strict intérêt du malade. Un jour, un de mes internes qui avait fini son internat dans mon service et qui s'était installé dans une clinique me dit : « vous me demandez si ce que j'ai appris chez vous a eu des conséquences pour moi. Oui beaucoup : à être malheureux. Car le métier que je fais n'est pas le même que celui que j'ai vu chez vous». Par ce mot de métier, il décrivait tout un ensemble de valeurs auxquelles j'étais très attaché dans le métier de chirurgien que je faisais. Et que j'enseignais. En effet, je m'étais rapidement rendu compte de mon intérêt et de mon désir de former de jeunes chirurgiens. Les former pour eux, pour leur vie future de chirurgiens. Et évidemment pour ceux qui allaient rester dans mon équipe.

Très tôt, j'avais ressenti ce besoin de travailler en équipe. Il était évident pour moi que travailler à plusieurs sur un même projet était source de stimulation et d'efficacité. Et cela je ne pourrais le faire qu'à l'hôpital. En plus, je désirais faire de la recherche. Cette association recherche, enseignement et soins définissait tout à fait la fonction du chirurgien hospitalo-universitaire. Je n'avais donc pas d'hésitation sur ma carrière.

Mais se diriger vers une carrière hospitalo-universitaire n'était pas une solution facile. Il y avait des concours. Il fallait se préparer à une course d'obstacles de longue haleine. Le parcours était différent selon les spécialités. En chirurgie et en tout cas à Paris, le concours universitaire qui était associé au poste de chirurgien des hôpitaux était ouvert tous les ans : à Paris pour trois chirurgiens. C'était donc le goulet : de la centaine d'internes de chirurgie, on débouchait sur quelques dizaines de chefs de clinique et en bout de course, trois chirurgiens des hôpitaux. À Paris, où le concours était le plus difficile, il y avait un pré-requis, il fallait être prosecteur d'anatomie et d'abord être aide d'anatomie.

17. Les concours d'anatomie : l'adjuvat

Les concours d'anatomie comprenaient deux étapes : aide d'anatomie pendant un ou deux ans puis prosecteur également pendant un ou deux ans. L'étude de l'anatomie était reine en chirurgie. C'était la tradition de la chirurgie française basée sur une profonde connaissance de l'anatomie et le futur chirurgien des hôpitaux devait en être un parfait connaisseur.

La meilleure façon d'apprendre l'anatomie était de l'enseigner. Il y avait, dans la nouvelle faculté de la rue des Saints Pères où était l'enseignement des premières et deuxièmes années de médecine, au cinquième et septième étage, douze pavillons d'anatomie où on pratiquait les dissections sur les cadavres. Ces cadavres qui servaient à l'enseignement provenaient des dons de corps à la médecine. Ils arrivaient directement de la morgue de l'hôpital au pavillon d'anatomie de la faculté, étaient tout d'abord préparés par des injections de glycérine et de formol. Pour les leçons d'anatomie, les corps étaient placés sur les tables de dissection dans les pavillons d'anatomie, il y avait environ six étudiants par table, se partageant un corps.

L'enseignement consistait d'abord en un exposé par l'aide d'anatomie qui expliquait la dissection qu'il fallait faire et ensuite les étudiants procédaient aux dissections. On gardait généralement le même corps durant toute la durée de l'enseignement. J'avais suivi ces leçons d'anatomie pendant mes études de médecine en première et deuxième années. Ces dissections étaient l'essentiel des travaux pratiques. Au début, le sentiment était pénible : il y avait la vue de ces corps et également une odeur de formol qui était désagréable. Tout le monde fumait et c'est là que je me suis aperçu que je ne pouvais pas fumer. Cela me déclenchait une toux gênante. J'avais essayé la pipe : mais j'étais mal à l'aise pour tenir la pipe avec les doigts couverts de graisse par le contact du corps disséqué.

La préparation du concours de l'adjuvat se faisait en travaillant à plusieurs par groupe appelé sous-colle. Ma sous-colle comprenait quelques-uns de mes collègues très motivés dont Jean-Yves Neveux que je retrouvais à nouveau. Nous nous exercions au tableau noir pour faire des dessins d'anatomie qui était l'essentiel du concours.

Le concours a eu lieu au milieu de mon internat en 1961. Le président du jury était le Pr Jean Gosset. C'était un chirurgien qui avait acquis une réputation dans la chirurgie réparatrice et particulièrement de la main. Il avait un important service à l'hôpital Saint-Antoine. Il était connu pour son caractère entier, bourru, d'abord difficile. Le premier jour, il a présenté l'épreuve, puis à la fin a dit « qui est Bismuth ? » j'ai levé le doigt. Il a dit : « vous viendrez me voir à la fin de la matinée après l'épreuve ». Je me suis dit : je suis perdu pour le concours.

J'ai pensé en effet à ce moment-là au patient que je lui avais adressé quelques mois auparavant. Il s'agissait d'un jeune polytechnicien, que j'avais reçu d'urgence à l'Hôtel-Dieu pour une plaie du poignet. À l'école, lors d'une bousculade entre élèves, sa main était passée à travers une porte vitrée qui s'était brisée et il s'était blessé le poignet dont la face antérieure était ouverte jusqu'à l'os. Je l'avais fait mettre en salle d'opération car il fallait tout de suite l'opérer. La plaie était grave puisqu'il y avait une section de tous les tendons antérieurs du poignet ainsi que les nerfs médian et cubital. L'attitude à l'époque était de réparer les tendons mais non pas les nerfs. L'intervention réparatrice a été longue, j'ai suturé tous les tendons et identifié par un fil les extrémités des nerfs non réparés.

Le jeune blessé a bien récupéré. La rééducation lui a fait regagner très partiellement la motilité des doigts. Évidemment, il n'y avait pas de récupération des nerfs avec une insensibilité de la main. Je l'avais averti, lui et sa famille, de la nécessité de faire une deuxième intervention pour laquelle je l'enverrai à un spécialiste. À Paris, c'était le Pr Jean Gosset. Je n'avais plus eu de ses nouvelles. Quand le Pr Gosset, m'a appelé, je me suis dit : c'est une catastrophe, il a dû trouver des mauvaises sutures. C'est donc angoissé que je me suis présenté à lui. Il m'a dit: « Quand j'ai opéré ce jeune patient pour réparer les nerfs, je n'étais pas content car dans la majorité des cas quand ces plaies tendineuses et nerveuses sont opérées en urgence par les jeunes chirurgiens inexpérimentés que sont les internes, je trouve des opérations désastreuses : tendons mal identifiés, mal suturés, quelquefois le tendon est anastomosé à une extrémité nerveuse, souvent dans des cicatrices inflammatoires. À ma grande surprise, le champ opératoire était tout à fait bien cicatrisé avec des sutures tendineuses en ordre avec des tendons correctement réparés : chaque extrémité tendineuse suturée à l'extrémité du même tendon. Les deux extrémités des nerfs avaient été bien identifiées sans inflammation et je les ai facilement suturées.

Je ne peux que vous féliciter Bismuth de la façon dont vous avez opéré ce jeune homme et de ce résultat. D'ailleurs, a-t-il poursuivi, je l'ai revu et il a totalement récupéré la motricité et la sensibilité de sa main ».

J'ai fait un concours correct en ayant fait toutes les épreuves. J'ai quand même été surpris de me retrouver Major du concours. Il est évident qu'il y avait là la marque du président du jury. Peut-être avait-il voulu me récompenser ?

J'ai revu le Pr Gosset à la fin du concours et en ai profité pour lui demander une place de chef de clinique qu'il m'a accordée pour l'année suivant la fin de mon internat.

18. Le prosectorat

Être aide d'anatomie était une étape importante, mais pas suffisante pour avancer dans la carrière universitaire. Le grade vraiment décisif était celui de Prosecteur d'anatomie. Ce titre n'était obtenu que par un concours encore plus sélectif, avec seulement six élus. La préparation au prosectorat était beaucoup plus exigeante que celle de l'adjuvat. Le programme couvrait non seulement tout le squelette et les muscles, mais aussi l'abdomen, le thorax, et tous les viscères. Il fallait non seulement maîtriser la pathologie chirurgicale, mais aussi être capable de dessiner à la craie au tableau tous les schémas d'anatomie. C'était intense, épuisant, mais aussi fascinant. La préparation se faisait souvent par sous-colles : un groupe de travail composé d'aides d'anatomie, tous déterminés à réussir. Les jeunes chirurgiens de ma sous-colle sont toutes devenus des figures respectées de la médecine : Jean-Yves Neveux, chirurgien cardiaque et chef de service à Marie Lannelongue ; Jacques Testart, spécialiste en chirurgie digestive à Rouen ; Jacques Witvoet, chef de service d'orthopédie à Lariboisière ; et Daniel Guilmet, chirurgien vasculaire à l'hôpital Foch. Nous nous retrouvions deux fois par semaine, en soirée, dans la salle de garde de l'un d'entre nous, pour réciter les questions que chacun avait préparées.

En plus de ces réunions, nous étions de garde deux autres soirs chaque semaine. Certains d'entre nous préparaient aussi des conférences pour les internes. En fin de compte, il ne restait presque pas de soirées libres : nous étions plongés dans un rythme effréné, fait de bachotage sans fin. C'était un marathon intellectuel. Il arrivait souvent que l'un de nous s'écroule de fatigue, incapable de tenir jusqu'à la fin de la réunion.

Le concours incluait une épreuve de médecine opératoire, pour laquelle nous nous entrainions à l'amphithéâtre des hôpitaux de Paris, rue du Fer à Moulin. C'était un bâtiment vieillot, chauffé par un poêle à charbon au centre de chaque salle. Sur les tables se trouvaient des corps préparés, identiques à ceux des pavillons d'anatomie de la faculté. Nous nous y exercions à pratiquer des amputations, des désarticulations, des abords de vaisseaux et de nerfs—des techniques de chirurgie de guerre. Il fallait être rapide, précis, surtout pour les désarticulations qui devaient être réalisées d'un seul mouvement de main.

Le manuel que nous utilisions datait de plus d'un siècle. Le jour du concours est finalement arrivé. Chacun de nous entrait à tour de rôle dans la salle où étaient disposés les corps, entourés des trois patrons qui composaient le jury. Le sujet de dissection nous était donné, puis nous devions choisir le bon instrument parmi une table remplie de bistouris et de couteaux divers.

Heureusement, le garçon d'amphithéâtre, en échange d'un négoce préalable, nous indiquait discrètement le bon instrument. Ensuite, nous commencions la dissection, suivant scrupuleusement le rituel décrit dans son livre par Farabeuf. Il ne fallait surtout pas se tromper—une erreur comme extraire un tendon au lieu d'une artère était éliminatoire. Pour les désarticulations, un seul mouvement précis suffisait à séparer le membre. Ce concours était résolument archaïque, un vestige d'une autre époque qui n'avait plus rien à voir avec la pratique actuelle de la chirurgie. On imaginait Ambroise Paré sur les champs de bataille, passant d'un blessé à l'autre, mais pour nous, qui travaillions avec l'anesthésie, l'*hémostase** précise et indispensable, tout cela paraissait absurde. C'était un jeu, une épreuve dont on testait la volonté de la réussir.

Finalement, quatre d'entre nous ont réussi parmi les six élus. Je me souviens avoir dit à Monsieur Hepp- j'étais alors interne dans son service- que j'étais étonné d'avoir été sélectionné sans avoir de patron parmi le jury. Il m'a répondu que j'étais probablement l'alibi du concours, celui qui permettait au jury de justifier ses choix : "Regardez Untel, il n'avait personne pour le recommander, et pourtant il a été retenu. Le concours est bien basé sur le mérite. »

Cet enseignement de l'anatomie était vraiment spécifique à la formation du chirurgien en France. Il m'a été utile plus tard, lorsque j'ai commencé à développer la chirurgie anatomique du foie, inspiré par les travaux de Claude Couinaud. Ce savoir paraissant désuet trouvait une application concrète, moderne, et essentielle.

Les retombées du Mémoire

Je veux revenir sur mon mémoire. Il portait sur une expérimentation chirurgicale chez le rat et représentait la première étude de microchirurgie, du moins en Europe. C'était novateur et ce n'est que plus tard que cette microchirurgie a été utilisée chez l'homme par des chirurgiens plasticiens.Ce travail, je l'ai présenté pour ma thèse de médecine et j'ai obtenu la mention "Bien". Cela m'a permis de recevoir un financement pour le publier, et l'Académie de médecine m'a décerné un prix. Le résumé de mon mémoire a été publié par l'Association Française de Chirurgie et dans la Presse Médicale. Mais la réaction des patrons chirurgiens a été mitigée. Quand je suis arrivé chez le Pr Gosset comme chef de clinique, il m'a accueilli avec ces mots : "Ainsi, le mérite du chirurgien est inversement proportionnel à la taille de l'animal qu'il opère." Ce n'était pas vraiment une plaisanterie, il le pensait sincèrement.

Malgré cela, je voulais poursuivre la recherche, fasciné par son potentiel. En continuant mes travaux chez le rat, j'avais observé que contrairement à ce qui était communément admis, la *dérivation portale** était mal tolérée par les animaux. Ils finissaient par dépérir, sauf un groupe qui allait bien. En examinant ces rats, j'ai découvert que l'*anastomose porto-cave** était étroite ou obstruée, et que ces animaux avaient une circulation collatérale ramenant le sang au foie.

Plus tard, cette observation m'a mené à proposer des dérivations porto-caves partielles chez l'homme. Ces travaux ont eu un impact sur la chirurgie portale du jeune enfant, notamment lorsque j'ai collaboré avec les pédiatres de Bicêtre.

On m'avait suggéré de présenter ce travail à un congrès international, celui de la Société Internationale de Chirurgie, qui se tenait en septembre 1963 à Vienne. J'y suis allé avec Chantal et notre fille Anne, que nous avons laissée dans les Vosges chez mes beaux-parents en chemin.

C'était ma première présentation internationale, et j'étais plein d'espoir. Mais lorsque je suis monté au pupitre, beaucoup d'auditeurs sont partis. J'avais préparé ma communication en français, mais la majorité des présentations était en anglais. Je n'ai eu aucune question à la fin. La salle s'était vidée, mais j'étais fier. Ce n'est que plus tard que j'ai compris à quel point ma présentation avait été un échec. Elle n'avait que très peu d'intérêt pour le public présent : une simple description technique en français, dans une session consacrée à la chirurgie vasculaire. Cette expérience m'a appris ce qu'il fallait présenter, à qui, et comment le faire. Plus tard, j'ai transmis cela à mes jeunes assistants, leur rappelant que ce qui comptait, ce n'était pas ce que l'on mettait dans son travail, mais l'intérêt que cela pouvait représenter pour les autres.

CHAPITRE 6

Les années de

Clinicat

19. La première année de Clinicat et la découverte de la transplantation hépatique

En octobre 1963, je commençais mon clinicat à l'hôpital Saint-Antoine dans le Service du Pr Jean Gosset. C'était un service de chirurgie générale, avec un secteur principal de chirurgie digestive et une partie dévolue à la chirurgie de la main. Le secteur digestif était dirigé par un chirurgien hors norme, le Dr Marc Hivet. C'était un chirurgien d'une habileté étonnante, faisant toute la chirurgie digestive avec brio et célérité. J'étais étonné de la façon dont il ouvrait l'abdomen d'un seul coup de bistouri électrique. Il le fermait aussi rapidement avec un surjet musculo aponévrotique prenant toute la paroi et un autre surjet sur la peau. C'était un chirurgien d'exérèse, plus tard je dirais un technicien opératoire : si on pouvait enlever, on enlevait, sans débattre de l'indication. Je ne sais pas ce que j'ai pu apprendre car c'était une chirurgie tout à fait anormale, si différente de ce que je voulais faire que je ne sais l'influence que ce chirurgien a eu sur ma formation. Ce qui a marqué mon séjour à Saint-Antoine a été la découverte de la transplantation hépatique et l'aventure qui a suivi.

C'est en décembre de la même année qu'était rapportée la première transplantation hépatique. Ce fut pour moi un événement tout à fait extraordinaire. J'avais lu avec admiration ce premier cas publié par un chirurgien alors peu connu, Thomas Starzl. On peut difficilement aujourd'hui imaginer,

145

alors qu'à cette époque la chirurgie hépatique était balbutiante, l'effet de l'annonce de cette opération tellement plus complexe que la transplantation rénale, décrite déjà 11 ans auparavant. C'était une avancée technologique extraordinaire. C'était pour moi comme le premier pas sur la lune.

Marc Hivet a été aussi emballé que moi. Dès que je lui ai rapporté l'exploit de Starzl, il m'a dit : « Henri, on y va, on va le faire. C'est très simple, toi tu t'occupes du donneur, moi je m'occupe du receveur ». Pour lui, c'était enlever le foie et mettre un autre à la place. Pour moi, c'était un autre problème. Dans les cas rapportés par Starzl, le donneur cadavérique était un donneur à cœur battant donc un patient en train de mourir. Il fallait attendre l'arrêt cardiaque car la mort cérébrale n'était pas encore définie. Les chirurgiens pour le prélèvement se tenaient habillés dans la chambre du malade en défaillance viscérale, attendant que l'électrocardiogramme devienne plat. On attendait quelques minutes puis il fallait vite découvrir l'artère et la veine fémorales pour les canuler et mettre en route une circulation extra-corporelle pour refroidir tout le corps. Aujourd'hui, on imagine mal le tableau : autour du patient en train de mourir, déjà préparé pour les incisions, la circulation extra-corporelle prête à démarrer, les chirurgiens habillés dans l'attente.

Pour ma préparation du donneur, il fallait utiliser un cadavre, donc opérer à la morgue, Pour l'appareil de circulation extra-corporelle, je m'étais débrouillé pour avoir auprès d'un service de chirurgie cardiaque des sacs de circulation extra-corporelle et des tubulures de perfusion déjà utilisés. Pour la pompe j'avais acheté une pompe de piscine au Bazar de l'Hôtel de Ville. Il avait été convenu avec le personnel de la morgue -contre quelques prébendes- que l'on m'appelle tout de suite dès qu'un patient décédé, dont le corps était destiné à la Faculté, arrivait chez eux. C'était évidemment contraire à toute éthique. Avec un interne du service qui était aussi motivé, nous avons fait deux cas. C'est à peine pensable maintenant : à la morgue de l'hôpital, sur le corps d'un patient qui venait de décéder la mise en place d'une circulation extra-corporelle. Le sang coagulait rapidement et on devait s'arrêter pour laver le sac, le remplir à nouveau de sang, en utilisant des flacons de sang périmés que j'avais obtenus auprès de la banque du sang. C'était évidemment de nuit car on ne pouvait faire cela le jour. Le chef d'anesthésie du service, Claude Guilmet était très inquiet. Il me disait « Henri ce n'est pas possible, tu ne peux pas laisser Marc faire cela. Même si toi tu es prêt, lui ne l'est pas. Et l'immunosuppression ? ». Je lui ai dit qu'on verrait avec les transplanteurs rénaux mais que c'était trop tôt maintenant pour leur en parler car on ne serait certainement pas pris au sérieux.

Au fond de moi-même, je pensais que cela n'arriverait pas. Ce qui m'intéressait, c'était simplement de commencer à mettre au point la technique de la transplantation hépatique. Mais Marc Hivet disait : « Si la technique est prête, on y va ».

On n'y est pas allé…

20. La transplantation du Professeur Demirleau

Un événement inattendu est survenu qui a bouleversé notre programme balbutiant.

Un matin (c'était au début du mois de janvier 1964, un mois après le début de nos essais) dès mon arrivée à l'hôpital, on me dit : «Tu n'es pas au courant, une transplantation hépatique vient d'être faite ».

Il y avait dans le service de chirurgie voisin, un chirurgien dont la trajectoire n'était pas banale. C'était le Pr Jean Demirleau. Ce chirurgien, professeur de chirurgie de l'université de Paris, avait fait la presque totalité de sa carrière en Tunisie, dans le principal hôpital du pays. C'était le plus important chirurgien du pays. Le hasard a fait que je l'avais connu alors que j'étais étudiant en PCB pendant les vacances avant mon départ à Paris. Désireux de m'initier à la chirurgie pendant mes deux mois de vacances, j'avais demandé au docteur de famille qui travaillait dans le même hôpital une lettre d'introduction pour le Pr Demirleau. Je m'étais présenté à lui et lui avais demandé si je pouvais assister aux activités de son service. Il avait accepté aimablement et j'étais allé y passer quelques matinées. C'est là où j'ai assisté à ma première intervention chirurgicale qui s'est très mal passée pour moi : il s'agissait d'une trépanation sur un malade éveillé et, à la vue de la perceuse perforant le crâne de cet homme éveillé, j'ai failli m'évanouir. Je voulais être chirurgien et la première intervention chirurgicale que je voyais me faisait m'évanouir. Je ne suis plus retourné en salle d'opération. Je suivais le Pr Demirleau dans ses visites où il parcourait rapidement les salles de malades, entouré par ses assistants et internes s'arrêtant à quelques malades. J'étais dans le lot tout à fait en arrière. Près de lui, en première position, une infirmière à coiffe galonnée.

Première expérience du monde hospitalier car j'ai vu ce que je vivrais tout le temps : cette visite du patron entouré de ses élèves. Il est vraisemblable que ceux qui étaient vraiment concernés, les responsables directs du malade pouvaient trouver un intérêt. Combien d'autres n'arrivaient pas à suivre. Je ne savais pas qu'un jour ce serait moi qui mènerais ce groupe, typique des services hospitaliers. Déjà je rencontrais ce personnage pilier de la vie d'un service, la surveillante générale dont le rôle était particulièrement important pour la conduite du service.

Au moment de l'indépendance de la Tunisie, le Pr Demirleau a été expulsé. L'a-t-il été comme un Français dominant dont on voulait la place, ou lui reprochait-on quelques abus ? Cela s'est fait de façon très brutale. Les journaux ont relaté cette expulsion : arrivée de policiers dans sa villa à Sidi Bou Saïd, un ancien palais mauresque surplombant la mer. On lui avait laissé seulement le temps de prendre quelques effets personnels et il avait été conduit directement à l'aéroport.

De retour en France, en tant que professeur d'université encore en activité, il devait être réintégré dans un hôpital et avait donc été placé à l'hôpital Saint-Antoine.

Demirleau avait certainement entendu parler des préparations que l'on faisait dans le service voisin et l'idée lui est venue qu'il pourrait faire la même chose. Je ne sais pas quel était son degré de préparation mais ce jour-là on m'a raconté (j'avais quitté l'hôpital pour mon enseignement à la Faculté) qu'à l'heure du déjeuner, en salle de garde, les internes de son service interrogeaient les autres internes, pour savoir s'ils n'avaient pas un patient grave qui allait décéder. Ils disaient qu'il y avait un malade chez eux qui allait être opéré et qui pourrait bénéficier d'une transplantation hépatique. La transplantation a été faite dans la soirée et le lendemain, on a appris que le malade était décédé.

Le détail de cette transplantation a été rapporté par Demirleau quelques semaines plus tard lors d'une séance de l'Académie de Chirurgie le 6 février 1964 à laquelle j'assistais. Demirleau rapportait que le malade, futur receveur, avait été opéré de métastases hépatiques volumineuses pour lesquelles il n'avait pu rien faire. Huit jours plus tard l'opéré présentait une éviscération. Et Demirleau de dire (je résume) :

"Je m'apprêtais à réparer cet accident lorsque la concomitance d'un décès nous offrit l'occasion de tenter une transplantation hépatique. Le donneur avait 71 ans et le prélèvement a été fait cinq minutes après sa mort. Le foie, refroidi par du sérum versé dans le péritoine, est enlevé en 25 minutes. Il est un peu cirrhotique. Le foie du malade est enlevé rapidement et remplacé par le greffon dont la température est au-dessous de 20°. L'intervention a duré 4 heures et a été très hémorragique (plus de 7 litres de sang). Le malade s'est réveillé mais est mort 3 heures après la fin de l'intervention dans un tableau d'hémorragie incontrôlable de fibrinolyse aiguë ».

Demirleau concluait que « l'opération avait techniquement réussi mais que malheureusement le malade était mort d'une cause médicale ».

La présentation a été suivie d'un grand silence sans aucun commentaire.

C'est lors de la séance suivante de l'Académie que sont venues les critiques. Elles ont été sévères ;

-«Il m'est impossible de laisser passer cette communication sans élever une protestation véhémente» (applaudissements)

-«J'avoue avoir été surpris de la légèreté avec laquelle notre collègue a cru devoir poser l'indication d'une transplantation de foie...J'insiste sur la nécessité de ne pas céder au « caprice » de faire une transplantation dans de mauvaises conditions »

-« A- t- on le droit de faire une euthanasie camouflée ? ».

Le Pr Demirleau n'a plus communiqué à l'Académie de chirurgie. Et bien que rapporté comme une « tentative », c'était un authentique cas de transplantation, le deuxième au monde, mais il n'a pas été retenu dans l'histoire de la transplantation hépatique.

Pour moi, j'ai compris à quoi j'avais échappé. Il est sûr que si on s'était lancé dans la même aventure, j'espère moins scabreuse, mais vraisemblablement avec le même résultat, les critiques envers un jeune chirurgien à peine entré dans le métier auraient été encore plus sévères. Cela aurait été sans doute la fin de ma carrière chirurgicale.

Nous n'avions fait aucun commentaire avec Marc Hivet sur la poursuite de notre programme. Tout s'était arrêté.

Je me consacrais alors à la rédaction, surtout des chapitres de techniques opératoires de l'Encyclopédie Médico Chirurgicale et si j'étais physiquement dans le service, j'étais mentalement ailleurs, me préparant à aller à Bichat.

En octobre 1964, une nouvelle période allait s'ouvrir pour moi, je retournais en tant que chef de clinique de deuxième année chez Monsieur Hepp à l'hôpital Bichat où j'allais enfin me consacrer à ma passion naissante.

21. La découverte de la chirurgie hépato-biliaire

C'est en effet lors de mon dernier semestre d'internat chez le Docteur Hepp que je découvrais la chirurgie qui allait être mon métier. Était-ce le type de chirurgie ou l'homme qui la pratiquait ? Je ne saurai dire car c'était tout un ensemble. Je pense que, en tout cas dans le jeune âge, on confond la nourriture et la main qui nous la tend. Un jour en Afrique, on m'a offert un bébé panthère et le guide de chasse qui me l'a offert m'a dit qu'en lui donnant le biberon, il fallait d'abord mettre la tétine dans ma bouche pour que ce petit de panthère reconnaisse par mon odeur que j'étais sa mère. La chirurgie hépato-biliaire que je découvrais et que j'apprenais avait le goût du chirurgien qui me l'apprenait.

Si la chirurgie biliaire était encore une chirurgie de tuyaux, la chirurgie du foie était une chirurgie de parenchyme avec des implications de métabolisme, de régénération, d'hypertrophie et d'atrophie. Cette complexité m'a certainement attiré.

Je progressais dans le métier de chirurgien comme je pense on pouvait progresser dans le métier de musicien. Dans un premier temps, on apprend les gestes chirurgicaux comme on apprend le solfège, puis on commence à utiliser ces gestes pour en faire une opération comme le musicien joue une partition. Puis dans les opérations complexes, le chirurgien dirige une équipe comme le musicien passe de soliste à chef d'orchestre. Et plus tard dans sa carrière le chirurgien commence à décrire de nouvelles interventions comme un musicien qui devient compositeur.

Cette période a été la période de la plénitude de ma formation. C'était une chance que j'ai ressentie d'emblée : la chance tout à fait extraordinaire d'être avec des chirurgiens exceptionnels. Monsieur Hepp était l'élève du Pr Charrier qui avait écrit dans les années 50 un article intitulé : « la chirurgie digestive, une spécialité », ce qui était révolutionnaire à une époque où le chirurgien faisait toute la chirurgie de tous les organes.

Monsieur Hepp n'était pas professeur et je ne sais pas si cela a été un regret ou un traumatisme dans sa vie mais il est certain qu'il y a eu une hostilité à son égard. Il faut dire que très tôt, il a su attirer la clientèle privée la plus renommée de Paris. A cette époque, les chirurgiens des hôpitaux avaient une activité à temps partiel à l'hôpital et avaient tout à fait normalement une clientèle privée qu'ils opéraient dans des cliniques. Monsieur Hepp était chef de service à temps partiel à l'hôpital Bichat avec une activité le matin et le reste du temps à l'Hôpital Américain.

C'était un homme de taille moyenne sans prestance physique particulière mais qui au premier regard impressionnait : je pense qu'il cherchait en vous l'intelligence et vous sentiez le besoin de la faire paraître. Et ce besoin de la lui montrer vous mettait souvent en fausse position.

Notre première rencontre m'avait marqué. On m'avait conseillé pour le choix de l'internat d'aller chez lui. J'y suis allé le jour même de l'annonce des résultats car son service était très demandé et il fallait faire vite. Je n'avais aucune recommandation et fus surpris qu'il m'accorde un poste. Mais la date tombait après la fin de mon internat en tenant compte du service militaire. Quand je lui ai dit « Alors je ne pourrai pas venir », il m'a dit « Cela ne fait rien : je vous garde le poste et vous verrez si vous pouvez le prendre ». En fait, le service militaire a été prolongé de six mois passant de deux ans à deux ans et demi et j'ai pu passer mon dernier semestre avec lui à Bichat. Ainsi un mauvais événement pouvait avoir des conséquences favorables. D'autant plus favorables que si je n'étais pas passé dans son service ma carrière chirurgicale aurait été transformée. Plus tard, quand nous étions devenus proches, je lui ai demandé :

« Mais quand même Monsieur, vous m'avez donné un poste d'interne et l'avez gardé alors qu'apparemment je ne pourrais pas l'occuper ».

Il m'avait dit :

« Peut-être avais-je déjà vu en vous une personnalité différente des autres candidats? ».   Il y avait des réunions de service, des « staffs », une fois par mois le soir et les internes présentaient des observations. Je me souviens d'une présentation que j'avais faite d'un malade qui avait une hémorragie digestive à répétition depuis plusieurs années pour lequel toutes les investigations avaient échoué. C'étaient des hémorragies basses c'est-à-dire sans vomissement de sang, il n'y avait que des selles sanglantes. Il y avait de très nombreux examens radiologiques : c'étaient des transits barytés de toutes les parties du tube digestif, répétés plusieurs fois. Ces radiographies étaient dans une valise que le malade traînait avec lui à chaque hospitalisation. C'est vrai, c'était décourageant de voir tous ces examens, et généralement on voyait les plus récents. J'avais repris tous les examens et sur un cliché d'un transit baryté de l'œsophage, au tout début de son histoire, il y avait sur un cliché une image anormale, une petite déformation de la paroi de l'œsophage évoquant un élément intra mural. J'avais demandé une fibroscopie qui avait trouvé une déformation de la paroi œsophagienne qui était bombée avec une petite ulcération muqueuse qui pouvait être la cause des hémorragies. Je présentais donc cette observation parlant de la valise d'examens qui décourageait tout le monde, de la découverte sur un seul cliché ancien d'un transit œsophagien, qui n'avait pas été répété car le malade avait uniquement des hémorragies basses et toutes les investigations étaient centrées sur le côlon et l'intestin grêle. Le diagnostic que j'évoquais en premier était celui de léiomyome de l'œsophage, tumeur bénigne qui par une ulcération de la muqueuse pouvait donner une hémorragie digestive. Ainsi le malade traînait dans sa valise un document qui permettait de faire le diagnostic mais qui était perdu dans une masse de documents qu'à la longue personne ne voyait plus.

Une autre fois, je présentais un malade qui était venu en urgence avec une hémorragie digestive importante, avec émission par l'anus de sang rouge. Une sonde gastrique en pleine hémorragie ramenait un liquide clair. À l'époque on commençait avec le radiologue Claude Hernandez à faire des artériographies d'urgence pour hémorragie digestive et on avait donc fait à ce malade une artériographie cœliaque et mésentérique supérieure -c'est-à-dire des deux artères du tube digestif- pendant que le malade saignait. J'étais persuadé que, en raison de l'abondance de l'hémorragie, l'on verrait le point qui saignait. En fait, sur les radiographies il n'y avait rien. Cela n'allait pas et en réalité je découvrais que, le malade étant grand, l'artériographie mésentérique supérieure n'avait pas pu prendre la fin de l'artère. J'eus l'idée d'évoquer que l'hémorragie pouvait être sur ce segment non visible sur l'artériographie.

La fin de l'artère mésentérique supérieure correspondait, s'il existait, au *diverticule de Meckel** qui de ce fait était la seule partie du tube digestif que l'on ne voyait pas. L'hémorragie pouvait-elle provenir de cette origine ? Il se trouvait que le malade avait pris de l'aspirine qui pouvait entraîner une hémorragie digestive par ulcération gastrique. Ce qui n'était pas le cas car il ne saignait pas de l'estomac. Or le *diverticule de Meckel** pouvait contenir une hétérotopie gastrique c'est-à-dire une localisation anormale à ce niveau de muqueuse gastrique. L'aspirine pouvait-elle avoir la même action sur cette petite partie de paroi gastrique dans le diverticule comme elle l'avait dans l'estomac ? Je m'étais lancé, évoquant le diagnostic d'hémorragie due à une ulcération d'une hétérotopie gastrique du *diverticule de Meckel** due à l'aspirine. Il y avait, pensais-je, une certaine logique dans cette construction du diagnostic. Le malade avait été opéré d'urgence et c'était bien ce diagnostic. Je racontais tout cela lors de la présentation au staff. Je voyais monsieur Hepp souriant me regardant avec les yeux brillants.

C'était sûr, je l'amusais.

Quand il a eu pour la première fois, un poste de chef de clinique, il me l'a offert.

Ainsi, j'arrivais chef de clinique dans son service après cinq années de formation et, j'avais déjà un bon bagage chirurgical. Mais je me suis aperçu qu'il fallait tout repenser.

22. Le mentor

Monsieur Hepp était très précis dans sa technique opératoire. Ainsi, il était très exigeant pour l'*hémostase**. A la fin de la *cholécystectomie**, il frottait vigoureusement le fond vésiculaire avec le tampon pour voir s'il n'y avait pas la moindre goutte de sang qui apparaissait. L'opération terminée, on observait l'extrémité du drain abdominal. Il pouvait y avoir quelques gouttes de sang. On restait en observation quelques minutes. On comptait les gouttes. Quand plus tard je suis entré dans son cercle de confiance, à la question devant une goutte de sang hésitante « Ne croyez-vous pas qu'il faut rouvrir ?» Je devais le rassurer …et assumer.

L'asepsie opératoire était également une obsession chez lui. Le premier jour de mon arrivée dans son service, il était en salle d'opération quand je suis allé me présenter à lui. J'étais dans le bloc opératoire, l'attendant. Il est sorti de sa salle pendant le temps de l'examen radiologique. Je me suis approché de lui. J'avais évidemment calotte et masque. Il m'a dit : « Reculez, vous ne voyez pas que vous êtes trop près » alors que j'étais à un mètre de lui. C'était la période où son assistant, Raymond Vilain, avait écrit sur le risque infectieux per opératoire en parlant de la vaporisation respiratoire. Quand quelques jours plus tard j'aidais M. Hepp, tous les chirurgiens autour de la table devaient parler en tournant la tête de côté. Cela n'a duré que quelques semaines mais c'était une illustration de ses exigences sur l'asepsie. Cela était contagieux et moi aussi j'ai hérité de cette obsession. Par exemple en salle d'opération : on portait un masque en papier plus une cagoule qui ne laissait ouverte que la partie devant les yeux et en plus devant, remontait la bavette de la blouse chirurgicale : triple protection.

En fait pour moi, en raison de la vapeur sur mes lunettes, au lieu de la cagoule, j'avais supprimé la partie antérieure, la transformant en un calot avec une dossière en arrière, style calot légionnaire avec couvre nuque. Les panseuses riaient en cachette des mesures que j'imposais à tous sauf à moi.

M. Hepp opérait assis sur une selle durant toute l'opération, ses assistants aussi. La selle du patron était différente au niveau de l'assise et facilement reconnaissable : la partie supérieure qui venait entre le haut des cuisses était plus mince que les selles récentes.

Tout le monde l'essayait quand il n'était pas là et c'était vraiment la plus confortable. Il m'a fait le grand plaisir de me l'offrir quand il est parti à la retraite : je l'ai ressenti comme un grand honneur, une façon de me désigner comme son successeur. Je l'ai toujours utilisée, c'était une façon de conserver sa présence pour toutes les opérations. Je l'ai fait marquer de ses initiales et des miennes. A la fin de ma vie hospitalière, on l'a retirée du bloc et je l'ai gardée dans mon bureau. A qui la remettrai-je ?

M. Hepp mettait la table d'opération très haute et opérait comme s'il était accroché au malade, penché à petite distance de lui, par petits gestes très précis, sans parler, très concentré sur le geste chirurgical. Il n'aimait pas qu'on ne lui parle ni qu'on l'interroge. Avec le temps j'appréciais cette façon de faire car dans le silence, moi aussi comme son aide, je me concentrais sur l'opération. C'est ce que j'ai appelé par la suite opérer à deux car j'opérais en même temps que lui, moi de façon virtuelle. Pendant six ans, j'ai été régulièrement avec lui en salle d'opération, dans le service mais aussi à l'Hôpital Américain où il avait une grande activité opératoire. J'étais devenu son aide régulier et il m'a fait participer à toutes ses interventions, difficiles. Je pense que c'est à cette occasion que j'ai tout appris.

Il ne m'a, en fait, jamais aidé. Je veux dire par-là qu'il ne m'a jamais confié le bistouri pour devenir mon aide.

C'est en regardant que j'ai tout appris. Plus tard, quand je suis devenu chef de service, il est arrivé qu'un interne se plaigne à moi qu'il aimerait bien opérer lui-même, ce qui n'était pas l'habitude dans le Service. Je lui répondais : « Regardez bien ce que l'on fait ici et vous apprendrez à opérer comme si c'était vous qui opérez. On opère avec sa tête, non avec ses mains ».

Il n'y avait rien de nouveau. Ambroise Paré ne disait-il pas à peu près la même chose :

« Ce n'est rien de feuilleter les livres, de gazouiller, de caqueter en chaire de la chirurgie, si la main ne met pas en usage ce que la raison ordonne ».

Je comparais sa méthode d'opérer à celle d'autres chirurgiens que j'avais vus. Le Pr Lortat-Jacob par exemple donnait l'impression d'opérer à distance du malade avec de grands gestes opératoires, faisant d'un seul geste le décollement du côlon. C'était théâtral. On ne pouvait pas dire cela de M. Hepp qui agissait par petits gestes. Pour moi, qui voyais plus le fond que la forme, je trouvais que c'était bien plus beau.

Je n'ai pas appris de lui que la façon d'opérer. J'ai appris le rapport avec le malade, son écoute, ce que j'appellerai la compréhension du malade, de sa personnalité, de son intégration à la décision chirurgicale. Je me suis aperçu que j'avais comme lui l'empathie du malade.

J'ai passé six ans à Bichat, en plus de mes six mois de fin d'internat, de mon arrivée en mai 1964 comme chef de clinique à ma nomination comme professeur agrégé en octobre 1970 quand j'ai quitté Bichat pour Paul Brousse. Ces six années au contact de M. Hepp ont été les années de mon épanouissement chirurgical : j'ai appris à opérer, à poser l'indication opératoire, à écouter le malade avant et après l'opération, à diriger une équipe et d'abord à la former. En même temps à enseigner à différents niveaux. Et à mener des recherches, mais cela pas seulement à Bichat mais aussi à Beaujon avec Jean Pierre Benhamou. Quand j'y pense, j'ai eu une immense chance de me trouver à ce moment crucial de mon développement avec ces deux personnalités exceptionnelles.

J'y ai été nourri de la meilleure nourriture possible, comme le nourrisson dans les premières années de sa vie. Ce n'est peut-être pas par hasard qu'on appelle l'enfant à cet âge de la vie un nourrisson : c'est sans doute parce que sa principale- au tout début unique - activité est de se nourrir : du lait maternel mais aussi de tous les messages extérieurs si importants à son développement cérébral. Je conseillais plus tard au jeune interne, quand il était en milieu favorable de s'ouvrir à l'enseignement de son mentor, que cet enseignement soit direct ou indirect et de s'en nourrir le plus pleinement possible. Je pense également à une autre image : l'apprentissage du langage. Le tout jeune enfant apprend d'abord la musique des mots, les phonèmes, avant les mots. Quand les mots viennent, il va mettre ces mots dans cette musique pour parler une langue qui avec cet accent sera sa langue maternelle.

Je vois de la même façon l'apprentissage du jeune chirurgien. Il apprend de façon diffuse les comportements de ses maîtres puis quand il opérera lui-même, il parlera la langue de ceux qui l'ont enseigné. Ainsi, j'ai parlé au début la langue de Hepp. Après que je l'ai nourrie de ma propre expérience, je l'ai à mon tour fait entendre mais elle était devenue la mienne.

Jean-Pierre Benhamou, comme M.Hepp, a eu une très grande influence sur moi. Il a d'abord été mon conférencier d'internat en médecine et la préparation qu'il nous faisait au concours de l'internat était tout à fait extraordinaire et m'a marquée pour la vie. Ce que j'ai surtout retenu n'est pas le fond, c'est-à-dire la partie médicale de son enseignement mais sa façon d'enseigner : il critiquait les erreurs et les manques de notre rédaction. Mais ce qui était frappant c'est la façon dont il le faisait. Par exemple la logique de la phrase, le sens « ceci » était pour ce qui allait arriver, « cela » était pour ce qui était arrivé.

De même, ne pas dire : la radio a montré, il disait « le cliché radiologique ne montre rien : c'est vous qui voyez ». Il faut dire « on voit sur le cliché ». Cette déconstruction des phrases et des mots, je l'ai fortement ressentie et l'ai intégrée à ma propre logique. Je suis moi aussi devenu attaché au sens précis du mot. Ainsi quand on me disait : le malade a de la température, je disais « mais tout le monde a de la température. Vous voulez dire : il a de la fièvre.». De même en salle d'opération quand on disait : " La pièce est tombée", je disais « Tombée ? où ? par terre ? » faisant même signe de la chercher au sol. Le chirurgien en opérant s'appropriait le malade. Il lui arrivait de dire dans le feu de l'action : « j'arrive sur mon estomac et en le soulevant, voici mon pancréas». Il allait même jusqu'à dire en opérant dans le petit bassin « mon utérus ». Je détestais cette manière de s'exprimer au nom de l'exactitude des mots. Mais cela montrait à quel point le chirurgien pouvait dans le feu de l'action faire corps-au sens propre- avec son malade.

Le sens du mot pouvait conduire à une erreur d'interprétation. Sur ce point, j'étais très vigilant. Que de fois j'ai repris celui qui me disait : la voie biliaire est dilatée devant une image large de la voie biliaire. J'expliquais que la dilatation ou l'élargissement sous-entendait un mécanisme pathologique, un obstacle par exemple qui entraînait cet élargissement. Alors que ce qu'on voit est simplement un diamètre plus important que la normale. J'expliquais que la largeur n'est pas forcément pathologique, c'est une image alors que la dilatation l'est et sous-entend une cause à l'origine de la largeur. Je disais alors : méfiez-vous

161

d'opérer une image et non pas une maladie. De même, chez certains malades, la jaunisse dont ils ne se plaignaient pas n'était pas une indication opératoire. Je disais « on n'opère pas une couleur ». Le mot pouvait être pathologique. La sémantique créait la pathologie.

Je crois que ceci vient de l'influence qu'a eue Jean-Pierre Benhamou sur moi par la rigueur de son raisonnement.

Comme je l'ai dit précédemment, l'attrait de l'enseignement de Jean-Pierre Benhamou a été tel qu'au moment du choix des postes de l'internat, j'avais eu une grande hésitation entre médecine ou chirurgie. Orientation de carrière cruciale et tout cela à cause de la personnalité de Jean-Pierre Benhamou qui avait rendu si attrayante la médecine, discipline que j'avais pourtant mal vécue durant mon externat.

23. Mes débuts de chirurgien

J'avais 30 ans en arrivant à Bichat et ces six années ont été celles de ma formation de chirurgien et celles qui m'ont structuré : ce fut mon apprentissage, non seulement de chirurgien mais de chef. Avec la chance d'être d'un côté avec M. Hepp et de l'autre avec Jean-Pierre Benhamou, profitant de la proximité entre les deux hôpitaux Bichat et Beaujon.

L'après-midi, j'étais seul avec les internes car j'étais le seul temps plein du service. Je n'avais pas de bureau attitré et mon bureau était la salle de réunion du service, une petite salle avec un négatoscope, une table et des chaises, où on se réunissait avec les internes pour parler des malades. J'ai pensé nécessaire de faire deux fois par semaine une réunion de discussion de dossiers avec les internes. Ce fut là, dans ce petit bureau, que naquit ce qui allait devenir le staff qui prendra toute son ampleur à Paul Brousse.

Il y avait deux services de gastroentérologie dans l'hôpital qui étaient tous les deux renommés : celui du Pr Debray et celui du Pr Bonfils. Il y avait un bon recrutement de gastroentérologie dans cet hôpital où médecins et chirurgiens jouissaient d'une grande réputation. Un médecin avait développé une activité très spéciale : c'était le Pr Jean Tremolières qui s'était spécialisé dans le traitement des fistules digestives. C'étaient des malades difficiles, tous des échecs de la chirurgie pour lesquels il avait imaginé une irrigation avec de l'acide lactique. Certains malades nous étaient adressés pour ré-intervention. Pour cette chirurgie complexe, il fallait d'abord savoir la cause de la fistule : fistule gastrique, duodénale avec liquide pancréatique et surtout fistule intestinale à différents niveaux de l'intestin grêle. Il fallait non seulement appareiller leur fistule avec irrigation mais également les renutrir. C'étaient des malades lourds qui occupaient les quelques chambres individuelles que nous avions, en plus des deux grandes salles communes.

En juin 1965, est arrivé un drame. Le principal assistant Robert Pernod a fait une hémorragie cérébrale vraisemblablement par rupture anévrysmale. Il semble qu'il ait eu auparavant quelques maux de tête. Il a développé rapidement un coma et décédait 48 heures après. M. Hepp a été très affecté et la vie du service a dû changer. En juillet-août, les vacances étaient partagées par Pernod et l'autre assistant, Jean Moreaux. Qui allait remplacer Pernod au mois de juillet date à laquelle Moreaux partait en vacances ? On m'a fait part de la décision : pour ce mois, le bloc opératoire du service serait fermé. Nous n'aurions plus que les urgences à assurer et j'opérerais ces urgences au premier étage dans l'autre service de chirurgie. Cela m'a affecté. Ainsi le patron n'avait pas confiance en moi. J'aurais préféré qu'il demande mon avis avant de prendre cette décision. En fait, c'était une décision raisonnable car je n'étais dans le service que depuis moins d'un an.

L'année qui a suivi, j'opérais de plus en plus, apprenant davantage dans la chirurgie biliaire et la chirurgie digestive banale qui était en fait mon pain quotidien. Je devenais le consultant des services de gastroentérologie de Bichat et de Claude Bernard. Je commençais à avoir une clientèle hospitalière.

Après la mort de Robert Pernod, j'ai eu de plus en plus de responsabilités dans le service. J'étais le seul plein temps et m'occupais donc, quand M. Hepp et Jean Moreaux n'étaient pas là, de leurs malades. Je commençais à ouvrir des nouveaux domaines de chirurgie qui n'étaient pas fréquents dans le service : la chirurgie de l'*hypertension portale** et se développant petit à petit la chirurgie du foie, en train de naître.

24. L'histoire secrète de l'opération de Picasso

Nous sommes en novembre 1965. Depuis plusieurs années, Picasso, alors âgé de 84 ans, se plaint de douleurs épigastriques et le docteur Gutman, gastro-entérologue de renom, spécialiste des affections de l'estomac, a découvert un ulcère duodénal pour lequel il soigne le patient. Mais depuis quelques mois est apparue une autre image sur l'examen baryté de l'estomac : une petite ulcération de la partie horizontale de la petite courbure gastrique. Cette lésion résiste au traitement.

Le Dr Gutman est inquiet car il pense à un cancer gastrique. Il est convaincu qu'il faut l'opérer. Picasso est très réticent mais Gutman, sans lui parler de cancer, arrive à lui faire accepter l'opération. Mais qui va l'opérer ?

Il y a à Paris un chirurgien dont tout le monde reconnaît les qualités. Il a une réputation nationale et opère les célébrités : c'est le docteur Jacques Hepp, chirurgien chef de l'Hôpital Américain de Paris. Dès les premiers jours de novembre, le Dr Gutman fait venir dans son bureau le Dr Hepp et lui montre les radiographies de son patient sans mentionner le nom du malade.

Dès que le Dr Hepp approuve la nécessité de l'opération, le Dr Gutman l'informe que le malade ne veut être opéré que si personne n'est au courant de l'opération. C'est la condition.

Le Dr Hepp accepte disant qu'il pense l'opérer à l'Hôpital Américain où on arriverait à garder le secret. Ce n'est qu'à ce moment que Gutman dit le nom du patient : c'est Pablo Picasso. Le dimanche 14 novembre 1965 au soir, Pablo Picasso et sa femme Jacqueline quittent leur maison de Mougins, n'ayant informé personne de leur destination réelle, pour prendre le train à Antibes, évitant la gare de Cannes trop fréquentée. Ils portent tous deux de grands chapeaux à bords rabattus, des larges foulards autour du cou et des lunettes noires. A leur arrivée à Paris à 8h du matin, ils sont accueillis par le Dr Gutman lui aussi déguisé qui les conduit à l'Hôpital Américain.

Picasso est immédiatement conduit dans sa chambre dans une partie isolée d'une nouvelle aile de l'hôpital, le pavillon Eisenhower. Il est inscrit à l'hôpital sous le nom de Diego Ruiz: Diego est son deuxième prénom et Ruiz, le nom de son père. On pense ainsi qu'on ne le reconnaîtra pas. Le Dr Hepp a dit que c'est un avocat espagnol, opposant politique du régime franquiste et pour cette raison, on ne doit donner aucune information à son sujet.

Une seule infirmière s'occupe de lui, ignorant son identité. Raymond Alluaume, anesthésiste personnel de longue date de M. Hepp le prend en charge pour son bilan préopératoire. L'opération est prévue pour le jeudi suivant, le 18 novembre.

La veille de l'opération, un de nos internes Robert Bronstein qui est aussi chef d'orchestre (c'est un fait bien rare d'être en même temps chef d'orchestre et interne de chirurgie) nous invite, le Dr Hepp et moi-même, à un concert qu'il dirige à la salle Pleyel. À l'entracte, Jacques Hepp me dit « Henri, je vais partir maintenant. Demain, je dois opérer quelqu'un d'important. Je ne vous dis pas son nom. Vous le reconnaîtrez mais cela sera entre vous et moi ».

Le lendemain, à 8h30, quand j'entre habillé en salle d'opération, le malade est endormi. Malgré le masque, je le reconnais tout de suite.

C'est Pablo Picasso. L'anesthésiste Alluaume me regarde sans mot dire. La chef panseuse me regarde aussi. C'est mademoiselle Lasalle, une remarquable infirmière, chef du bloc opératoire, à qui le Dr Hepp a demandé le secret pour cet avocat réfugié politique. Elle a reconnu Picasso, étant allée la veille à une conférence au Louvre sur les artistes contemporains. Avec Alluaume, il y a le cardiologue habituel du Dr Hepp, le Dr Bernal. Je vois qu'il est au courant. Je badigeonne l'abdomen et je mets les champs. Entre alors le Dr Hepp en tenue opératoire accompagné par le Dr Gutman.

On commence l'opération. A l'ouverture de l'abdomen, bien que le malade n'ait jamais été opéré, il y a des adhérences et le grand épiploon adhère complètement à la masse intestinale. Il faut donc commencer à le libérer pour aborder l'intestin grêle en vue de l'anastomose gastro-jéjunale.

Hepp préfère faire cette libération au début avant l'ouverture gastrique pour éviter d'inoculer la cavité péritonéale. Comme toujours, il opère prudemment, lentement. Il a palpé l'estomac et a senti une petite induration sur la petite courbure gastrique. Il n'y a rien d'autre dans la cavité abdominale : le foie est normal, il n'y a pas de ganglions. Il dit au Dr Gutman que pour lui la lésion gastrique évoque plutôt un ulcère. A ce moment, l'anesthésiste dit que le rythme cardiaque s'est accéléré, la tension artérielle a baissé et le cardiologue demande d'arrêter l'opération. Mais dit-il, il n'y a rien de préoccupant.

Nous échangeons avec M. Hepp : "Que pensez-vous Henri ?".

Je lui dis que si on fait une anastomose gastroduodénale, on éviterait le décollement épiploïque qui n'est pas terminé. Il me répond" il y a une cicatrice d'ulcère duodénal, je préfère ne pas trop disséquer le duodénum". C'est donc une anastomose gastro-jéjunale qui sera pratiquée. Le patient a retrouvé une hémodynamique normale et l'opération se poursuit sans difficulté.

Après l'ablation des deux tiers de l'estomac, l'anastomose

gastro-jéjunale est faite. Le Dr Gutmann a ouvert la pièce opératoire et dit à Jacques Hepp. "Vous avez raison, l'ulcération gastrique a tout à fait l'aspect d'un ulcère». L'opération dure 3 heures. Les suites opératoires sont simples. Jacqueline a pris une chambre en face de celle de Picasso. L'anesthésiste Alluaume reste tout le temps près du patient et dort aussi dans une chambre voisine. Myriam Hepp, la femme du patron, est là et sert d'agent de liaison. On attend la nuit pour faire marcher le patient dans le couloir vide. Comme il a été décidé que Picasso rentrerait directement à Mougins, l'hospitalisation est prolongée pour qu'il sorte entièrement remis.

Le vendredi 2 décembre, au 15eme jour après l'opération, le gouverneur de l'Hôpital Américain, Mr Fullerton, reçoit un coup de téléphone de l'ambassadeur américain à Paris qui lui dit : «Je viens de recevoir un coup de téléphone du département d'État de Washington. Ils ont reçu une information de l'ambassade de Londres qui dit que Pablo Picasso a été opéré dans votre hôpital et qu'il va très mal. Pouvez-vous le confirmer ?» Le gouverneur répond qu'il aurait su si Pablo Picasso était hospitalisé dans son établissement et dément cette information. Il appelle cependant le bureau des admissions qui confirme qu'aucun malade du nom de Picasso n'a été enregistré. Une demi-heure plus tard, c'est Washington qui appelle directement le gouverneur de l'Hôpital Américain : «L'information est confirmée. On a le nom du chirurgien, c'est le Dr Hepp». Monsieur Fullerton appelle alors immédiatement le Dr Hepp.

C'est en début d'après-midi. Il lui demande s'il est vrai que Picasso été opéré ici par lui et qu'il va très mal. Le Dr Hepp ne peut plus cacher la vérité à l'administrateur de l'hôpital dont il est chirurgien chef. Il lui dit : "il est exact que j'ai opéré Pablo Picasso il y a 15 jours mais heureusement, il va très bien. Le patient m'a demandé le plus grand secret. Il s'est inscrit sous son vrai nom Ruiz. Selon la loi française, on porte le nom de famille du père et Picasso est le nom de famille de sa mère. Utiliser ce nom aurait été une fausse déclaration. Le secret professionnel m'interdisait de dévoiler l'identité exacte du patient". Il lui propose de venir voir le patient qui a un mot à lui dire avant de sortir de l'hôpital. Mr Fullerton vient en fin d'après-midi visiter Picasso dans sa chambre. Celui-ci très habilement le remercie de la qualité des soins qu'il a reçu. Également de lui avoir permis par la discrétion de son personnel d'avoir gardé l'incognito auquel il tenait particulièrement et pour remercier l'hôpital, il lui annonce qu'il va faire un don de 100 000 francs (25 000 dollars).

Comment les journaux ont-ils été avertis ? Des journalistes et des photographes commencent à arriver à l'hôpital. Certains parviennent à entrer et rôdent dans les couloirs. La décision est prise avec le Dr Gutmann, qui a été appelé, de faire partir dès le soir même le patient.

Ainsi à 23h ce soir-là, par la porte arrière de l'hôpital, Picasso et son épouse sortent avec le même déguisement qu'à l'arrivée. Ils sont emmenés dans la voiture du Dr Hepp à son domicile personnel, pas très loin à Neuilly.

Le communiqué de presse fait le lendemain par l'Hôpital Américain dit que Picasso a été opéré des voies biliaires. C'est ce qu'avait indiqué le Dr Hepp, une opération sur l'estomac aurait pu faire penser à un cancer.

Picasso va passer à Neuilly quatre jours de convalescence avant de rentrer aussi incognito qu'à l'arrivée par le train, directement à sa deuxième résidence, le château de Vauvenargues.

L'examen de la pièce opératoire confirme qu'il s'agissait bien d'un ulcère bénin sans aucun signe de malignité.

Je vois deux fois Picasso dans sa chambre pendant sa

convalescence. L'anesthésiste Alluaume m'a présenté en disant que j'étais l'assistant qui avait aidé à l'opération. En riant, Picasso me dit :

-« Alors, vous vous êtes mis à deux pour m'enlever une petite partie de mon corps. Moi, je fais des changements plus importants que vous, je modifie le corps, la tête, le visage ».

Je lui dis platement :

-« Nous, nous essayons de modifier le moins possible le corps et surtout que cela se voit le moins possible, en faisant tout pour que la seule trace visible de l'effraction, la cicatrice, soit la plus petite et la plus fine possible ». Cela le fait rire.

-« Alors je suis plus grand chirurgien que vous ».

Il me remet un chèque pour mon assistance opératoire. J'aurais dû le garder car la signature avait plus de valeur que son montant. Mais surtout, j'"eus la surprise d'apprendre qu'à la demande du Dr Hepp, si l'Hôpital Américain avait reçu 100 000 francs, l'hôpital Bichat avait reçu la même somme. Cet argent a permis de repeindre le couloir central du vieux service de Bichat d'une couleur qui, pensait-on, aurait plu à Picasso. Le Patron m'a laissé par la suite toute liberté pour utiliser cet argent qui avait été enregistré à l'Assistance Publique sous le nom de "Fond Picasso". Lorsque j'ai quitté l'hôpital Bichat à la retraite de Jacques Hepp cinq ans plus tard, le Fond Picasso m'a suivi à l'hôpital Paul Brousse.

Il n'a jamais été découvert comment le secret de l'opération avait été communiqué aux autorités américaines. On a pensé que cela pouvait être une femme de ménage d'origine espagnole qui nettoyait tous les jours la chambre de Picasso avec laquelle il parlait en riant en espagnol. Mais quel rapport entre cette femme de ménage et l'ambassade américaine de Londres qui a été la première informée ? Pablo Picasso est mort en 1973 sans n'être plus jamais retourné à Paris. Sa mort n'avait aucune relation avec son unique opération faite huit ans auparavant.

Ce n'est qu'en 1988 que M. Hepp a écrit dans un livre « Pablo Picasso : un mystère dévoilé » la véritable histoire de son opération indiquant la nature exacte de la maladie et le type d'intervention. Tous les intervenants de cette histoire ont actuellement disparu. Je suis aujourd'hui le seul témoin, et mes mains, les seules à avoir été dans le ventre de Picasso.

25. La création de l'Unité de Soins Intensifs

Il n'y avait pas à Bichat de service de réanimation qui était rare dans les hôpitaux. Le grand service de réanimation de l'Assistance Publique était à Claude Bernard à 1 km de Bichat. Pendant mes gardes, j'étais appelé dans cet hôpital s'il y avait un cas chirurgical et j'avais des liens d'amitié avec les réanimateurs qui m'appelaient régulièrement. Je leur adressais parfois des malades du service qui, en postopératoire, nécessitaient une réanimation.

Nous recevions des urgences graves et nous faisions souvent des interventions importantes : de la chirurgie portale, des opérations sur le cirrhotique et les premières *hépatectomies** sur de grosses tumeurs. C'était une chirurgie majeure et nous n'avions pas de réanimation post opératoire.

C'était une charge lourde pour l'équipe de garde de surveiller ces malades qui étaient mis au mieux dans des chambres que nous avions à l'entrée des salles communes. C'était ce que j'appelais des soins intensifs mais il n'y avait ni moniteur ni surtout surveillance spécialisée. Cette surveillance était dévolue à l'externe et l'interne de garde et aux infirmières.

Je devenais de plus en plus convaincu qu'il fallait que nous ayons nous aussi en chirurgie une réanimation post-opératoire avec au moins des moniteurs de surveillance. Il y avait une petite salle annexe dans laquelle il y avait 6 chambres et en 1968 je décidais de la convertir en salle non pas de réanimation- car nous n'avions pas de respirateur- mais en salle de soins intensifs. Il fallait pour cela un interne de garde qui n'irait pas en salle d'opération pour être tout le temps disponible et des infirmières formées à ce type de surveillance. Le patron était d'accord. On faisait une demande d'infirmières supplémentaires à la direction de l'hôpital. Je m'arrangeais avec l'hôpital Claude Bernard pour avoir un réanimateur qui serait un interne de médecine. Pour les infirmières, c'était plus difficile. Je décidais durant les fêtes de fin d'année d'ouvrir la salle de soins intensifs avec des infirmières prises sur le reste du service et début janvier on réclamait les infirmières "manquantes". On mettait la pression sur l'administration qui a fini par céder.

Ainsi au début de l'année 69, s'ouvrait à Bichat une unité de soins intensifs en chirurgie qui était certainement la première, de l'Assistance Publique. On pouvait alors mieux s'occuper des urgences et surtout faire avec une plus grande assurance et une meilleure qualité les soins postopératoires nécessaires à la chirurgie lourde du service.

Les premiers internes de l'unité qui étaient des jeunes internes de Claude Bernard ont tous fait une belle carrière tels Bernard Regnier, Jean Marie Desmonts, Claude Gibert, qui deviendront chefs de service de réanimation et pour un d'entre eux, président de l'Association des Réanimateurs de France.

26. Le premier patient italien

Début 1968, se présentait à ma consultation un patient italien. En fait quand je demandais à l'infirmière de faire entrer le patient, ce furent trois hommes qui entrèrent dans mon bureau. Le plus âgé me parlait en italien que je comprenais un peu et me disait :

« Je suis le Dr Avellino de Pompéi. Il y a avec moi l'autre médecin de Pompéi et le jeune homme avec nous est le fils du patient. Le patient n'est pas venu et nous venons vous voir en vous demandant de le sauver ».

Le patient qui était le pharmacien de Pompéi avait été opéré à Naples par un grand patron d'une obstruction colique. Il s'agissait d'un cancer du sigmoïde mais la tumeur envahissait la vessie et ne pouvait pas être enlevée et il a été fait un anus artificiel. Le malade était rentré chez lui et "pleurait en attendant la mort". Il avait fermé la pharmacie et ne voyait que sa famille. Et mes étranges visiteurs de rajouter « C'est le pharmacien de la ville, nous n'avons plus de pharmacie. Mais surtout c'est notre ami et on ne peut pas le laisser comme ça. C'est pour cette raison que nous sommes venus vous voir. Il faut le sauver »

Je demandais « Mais pourquoi venez-vous me voir, moi ?».

-« Un jeune chirurgien de Naples est venu passer quelque temps dans cet hôpital, a assisté à vos opérations et à vos réunions et nous a dit que c'est vous qu'il fallait venir voir »

Je consultais le dossier, le compte-rendu opératoire. Il était dit en effet que la tumeur qui était grosse prenait la vessie. Il n'y avait pas eu de cystoscopie et on ne savait pas quelle était l'importance de l'envahissement vésical. Je leur disais que je ne savais pas s'il était possible ou non de faire quelque chose. Il fallait que le malade vienne et je verrai si on pouvait l'opérer.

Une semaine plus tard, le malade était là. Le bilan ne découvrait aucune extension abdominale ni générale du cancer. À la cystoscopie il y avait seulement une déformation du fond vésical à distance des orifices urétéraux. Je décidais donc de l'opérer. A l'opération la tumeur était certes grosse, adhérait à la vessie et j'ai pu faire une résection du fond vésical à distance des jonctions urétéro-vésicales. J'avais supprimé la colostomie et je faisais l'ablation du côlon gauche en supprimant la colostomie... Les suites opératoires furent simples et le malade heureux ainsi que tous ses accompagnants, retournèrent rapidement en Italie Le Dr Avellino m'appela quelques semaines plus tard. « Le malade va très bien mais au lieu qu'il vienne à Paris pour son contrôle, on vous demande de venir à Pompéi. On vous invite, venez avec votre femme, restez plusieurs jours, une semaine même, on s'occupe de tout». Je profitais de la période de Pâques pour répondre à leur invitation. Je viendrais avec plaisir et je serais avec ma femme. Pompéi était dans notre imaginaire.

C'était mon premier voyage en Italie. Dès notre arrivée à l'aéroport de Naples, ils étaient tous là, les deux médecins, le malade et sa famille. On nous conduisit dans le Grand Hôtel de Pompéi et je découvrais l'hospitalité napolitaine. Tout nous était ouvert : la visite des ruines en dehors des heures normales, la visite privée du musée. Voulais-je visiter Paestum et nous allions à Paestum. J'étais reçu par le cardinal de Pompéi : l'église de Pompéi était très importante et il existait une fondation d'orphelins recevant des fonds du monde entier. Des jeunes filles de l'orphelinat étaient venues nous offrir des fines broderies. Je me souviens que sortant dans la rue pour acheter à un kiosque des cartes postales, on me dit « Non, docteur, vous ne payez pas, c'est offert ». C'était difficile à comprendre, toute la ville était au courant.

Un soir, on nous annonça : « Ce soir, nous avons un dîner spécial ». L'hôtel était rempli de touristes. Le soir à Pompéi, il n'y avait aucune activité, il n'y avait pas de théâtre, ni de boîte de nuit, ni de cinéma, du moins à cette époque. Quand nous sommes arrivés dans la grande salle de restaurant de l'hôtel, toutes les fenêtres avaient été obstruées par des draps, toutes les tables avaient été mises sur le côté pour garder seulement une grande table devant pour une douzaine de personnes. Après les entrées, la salle s'éteignit, la scène s'allumait et ce fut l'opéra de Naples, la Scala, qui apparut : ténors et cantatrices se succédèrent sur scène et le récital se termina par un « O Sole Mio » extraordinaire. Puis les chanteurs nous rejoignirent à table pour la fin du repas. Ainsi alors que des centaines de touristes s'ennuyaient à l'hôtel, on avait réservé la salle de restaurant uniquement pour nous offrir le spectacle de l'Opéra de Naples. Il n'était pas question de faire entrer qui que ce soit d'autre car c'était un cadeau qui nous était fait, non seulement par le pharmacien, mais par la population de Pompéi nous remerciant de leur avoir redonné leur pharmacien en train de mourir. Quel plus beau cadeau pouvait-on avoir ?

Ce jour, je comprenais l'Italie -et plus précisément Naples- qui aura dans ma vie chirurgicale par le grand nombre de patients qui me seront confiés par la suite, par les jeunes chirurgiens qui viendront se former de toute l'Italie à Bichat puis à Paul Brousse. C'était le début de cette grande amitié avec des gens qui, de tous mes malades, ont été les plus attachants.

27. Mai 68

J'ai vécu intensément mai 68. Au début, je ne me suis pas senti concerné. Cela venait des étudiants de sociologie de Nanterre. Leurs préoccupations étaient loin des miennes mais rapidement elles ont évolué vers une critique générale de la société. L'idée de remettre en cause les études qui était la revendication initiale étudiante s'est amplifiée et s'est développée jusqu'à intéresser tous les aspects de la société.

Je pense qu'en médecine, le déclencheur a été une séance du Conseil de Faculté qui s'est déroulée à la Faculté de la rue de l'Ecole de Médecine, la vieille Fac. Un chef de clinique, Marcel Francis Kahn, est intervenu en fin de séance, il a proclamé : « Durant toute cette séance, vous n'avez parlé que de nominations, de chaires, d'agrégation, il y a des problèmes de crèches, d'étudiants qui n'ont pas les moyens de faire leurs études. Pourquoi pas un mot de cela ? Vous ne vous occupez que de vous et pas des étudiants ». Un tract a été fait rapportant cette séance du Conseil et cette intervention.

Le mouvement a grandi à Paris. Il y a eu une première manifestation le 3 mai devant la Sorbonne et le 6 mai à Maubert Mutualité. J'étais à ce moment-là dans la manifestation qui, partie de là, est passée boulevard Saint Germain en direction de l'Assemblée Nationale. Il y avait plusieurs milliers d'étudiants criant des slogans. Je me rappelle que nous sommes passés devant le siège des Editions Masson (la Presse Médicale) et sur le balcon il y avait plusieurs professeurs qui regardaient le défilé. Les étudiants clamaient : « Prenons les facultés». J'étais dans le défilé avec deux de mes externes, Charles de Riberolles et Sylvain Chauveau. On était place de l'Odéon et je leur ai dit que si les manifestants voulaient se rendre à la Faculté de Médecine de la rue des Saints-Pères, il fallait faire vite car les professeurs qui nous avaient entendus pouvaient avertir la Fac pour demander au concierge de fermer les portes qui étaient de grandes portes en bronze, et si elles étaient fermées, la Fac serait imprenable. Nous avons donc couru vers la rue des Saints-Pères. Les portes étaient ouvertes. Sylvain Chauveau et Charles de Riberolles se sont mis chacun contre une porte. Le concierge est sorti en nous voyant et a demandé ce qu'il se passait. Je lui ai dit que c'était pour des raisons de sécurité, formule vague qui ne voulait rien dire. Je l'ai vu alors rentrer téléphoner.

Il fallait gagner du temps, on comptait les minutes. En fait, cela a été rapide et cinq minutes plus tard un groupe d'étudiants est venu nous rejoindre. Les portes resteraient ouvertes et dans la soirée une foule d'étudiants est arrivée. La Fac de médecine était occupée, une permanence était assurée pour maintenir la faculté ouverte.

Les jours suivants, les barricades commençaient à être dressées. De part et d'autre de la Faculté de Médecine, deux barricades ont été dressées dans la rue. C'était en fin de soirée. La nuit tombait. Il faisait très beau, la nuit était douce, curieusement très calme. On descellait les pavés. Je me souviens qu'à un moment il y a eu un couple d'un certain âge qui a rejoint les étudiants et a aidé à enlever les pavés. Je leur demandais ce qu'ils faisaient là. Ils m'ont dit qu'ils habitaient dans un immeuble dans la rue et « qu'en voyant les étudiants enlever les pavés, c'était plus fort qu'eux, ils nous avaient rejoint ». A l'entrée de la rue, sur le Boulevard St Germain, il y avait un peloton de gendarmes. J'allais les voir, j'étais plus âgé que les étudiants. Je demandais au gradé quelles étaient ses intentions. Allaient- ils charger ? Il me dit : « Tant qu'il n'y a pas de violences sur les gens ni sur les biens, l'ordre est de ne pas intervenir ». C'était étrange. Comme une pièce de théâtre : les étudiants sur la scène dressant une barricade et les policiers spectateurs immobiles. C'était si calme et irréel. Allaient-ils applaudir quand la barricade serait finie ?

Les jours suivants et cela a duré jusqu'à la fin du mois de juin, à la Fac, il y avait des assemblées générales, des réunions de comités dans des amphithéâtres. Des comités d'action se formaient et se déformaient pour se refaire différemment avec d'autres participants et d'autres thèmes. Il y avait des salles où se réunissaient les étudiants discutant des années ou des disciplines ou des examens ou des bourses, etc... on était en train de refaire tous les règlements, tous les enseignements.

Dans le hall, dans les amphis, des banderoles, des affiches :

« Il faut voir les choses en face. Mais il n'y a que des choses en face? ,

« Il n'y a pas de réalité, seulement le rêve »

La plupart n'exprimaient pas la violence mais une aspiration à un monde meilleur, idéal, poétique comme «Sous les pavés, la plage», allusion au sable que l'on trouvait en enlevant les pavés.

Dans les rues, pas ou peu de voitures. Je prenais ma voiture (j'avais droit en tant que médecin à l'accès aux stations d'essence) pour aller à l'hôpital et je chargeais des autostoppeurs. Certains heureux de la situation, d'autres mécontents et de plus en plus furieux et je constatais peu à peu que la grogne montait.

Au quartier latin, les échauffourées continuaient. La Sorbonne était le vortex de la contestation. Des clans se formaient : plus ou moins extrêmes avec les trotskystes, les mao (durs et mous, les «mao-spontex») et un jour les katangais. Dans le grand amphi de la fac, des assemblées générales sporadiques avaient lieu où n'importe qui montait sur scène prendre la parole, parfois applaudi, parfois hué sur une phrase, un mot. Il y avait des meneurs. Je me souviens surtout d'un, qui était un étudiant en médecine, le fils de la gynécologue que j'avais connue à Lariboisière. Il s'appelait Debbasch. Il tenait des discours enflammés pour une révolution totale. On disait : il se prend pour Trotsky ». Puis il a disparu et le bruit a couru qu'il avait été hospitalisé en psychiatrie.

Un soir, Marguerite Duras est venue dans le grand amphi de la Fac de médecine. Elle voulait s'adresser aux médecins. Elle était avec un groupe d'étudiants non-médecins qui l'entourait. Elle a tenu des propos qui ont paru obscurs et loin de nos préoccupations. Elle est partie comme elle est venue dans l'indifférence.

Je faisais partie d'un comité d'action pour la refonte des études médicales. A chaque réunion, des gens et des idées différentes. La règle était : pas de chef et ça allait dans tous les sens.

Vers le milieu du mois de juin est apparue l'idée qu'il devait y avoir un comité d'action par hôpital. Et je me suis trouvé à celui de Bichat. On n'était que quelques chefs de cliniques et internes. Qu'allait-on faire ? On ne savait pas. Les mandarins dehors, on pouvait le dire dans la rue. Dans son propre service, c'était différent. La vie dans le service continuait au ralenti. Avec le patron et Moreaux -qui, je suis sûr, n'appréciait pas la situation- on ne parlait pas de ce qu'il se passait.

C'est à ce moment que M.Hepp me dit un matin dans son bureau :

« Que voulez-vous Bismuth, prendre ma place ? » J'étais interloqué. Comment pouvait-il penser cela ?

« Non, Monsieur, lui dis-je et je rajoutais : Vous protéger »

C'était vrai. Sans doute, devait-on changer les patrons, mais lui, le mien, c'était exclu. Et je m'y opposerais de toutes mes forces.

La fin du mois de juin approchait. Le 30 juin, il y eut près d'un million de personnes sur les Champs-Élysées. L'essence revenait dans les stations -services et l'esprit était aux vacances. La révolution tournait en rond et ne savait plus où aller. Mai 68 s'estompait. Mais ce n'était pas fini, au contraire, cela commençait. Edgar Faure faisait la nouvelle université et ce que nous voulions- du moins dans ce qu'il y avait de raisonnable- passait des amphis aux bureaux des Ministères et la grande réforme de l'Université se mettait en place.

Voilà comment j'ai vécu Mai 68, du moins dans mes souvenirs. J'avais pris des notes sur les comités et les débats. Quelques années plus tard, une de mes connaissances me les a demandées pour les grouper avec les notes d'autres pour rédiger un livre et je ne les ai plus revues.

Je m'aperçois maintenant que je n'ai pas cherché à les récupérer. Sans doute inconsciemment ai-je choisi que mes souvenirs restent immatériels, comme dans un rêve. Il m'est resté le tract initial et l'affiche de Leonardo Cremonini, qui a été par la suite un de mes artistes préférés : « Sous les pavés, la plage ». C'était à l'image de ma double vie, quand, plus tard, le soir après l'hôpital, je me plongeais pour rêver avant de dormir dans mes livres d'art.

28. Le concours d'agrégation

Du fait de la réforme de l'université en cours, les concours hospitalo-universitaires avaient été suspendus pendant trois ans en 1963-1965. Si pour les concours de rattrapage de 1966, j'avais été écarté car trop jeune, lorsque les concours ont repris en 1969, cette fois-ci j'étais éligible. Après 1968, la restructuration de l'université a été rapide en y achevant la réforme Debré de 1958 qui n'avait jusqu'alors que partiellement été mise en œuvre. L'Université de Paris était divisée en 11 universités dans lesquelles il y avait 7 facultés de médecine. Il fallait également restructurer les disciplines. Il y avait des combats d'influence pour individualiser les disciplines.

C'est le Pr Robert Debré, l'artisan de la réforme de 1958, qui était à la manœuvre, dirigeant la commission qui comprenait le ministère de la santé, le ministère de l'enseignement supérieur, les représentants des conseils d'université et les représentants des spécialités. On arrivait à la constitution des Centres Hospitalo-Universitaires (CHU) : pour Paris, l'Assistance Publique restait la seule structure hospitalière pour les sept Facultés.

Le recrutement des hospitalo-universitaires était par CHU et par spécialité.

Le premier concours pour moi était donc pour le CHU de Paris où chaque faculté ouvrait des postes par spécialité. Il fallait donc d'abord obtenir l'agrégation qui était un concours national par spécialité et ensuite postuler un poste ouvert dans un CHU. Je concourais en chirurgie générale. Le concours avait été simplifié : il y avait une leçon de 30 minutes avec 4h de préparation puis une épreuve clinique de malade.

J'ai été admis à l'agrégation. Restait à trouver l'affectation c'est-à-dire l'hôpital où ce poste agrégé serait placé.

M. Hepp était arrivé à avoir un poste d'agrégé pour moi dans son service : il avait eu des appuis pour l'obtenir car ma prise de fonction était en mai 1970 et il partait à la retraite six mois plus tard en octobre. André Monsaingeon de son côté en tant que doyen de la Faculté de Bicêtre avait eu un poste d'agrégé et, n'ayant pas d'élève, me sollicitait pour être son agrégé. J'avais donc la possibilité de choisir entre les deux. Mon choix fut fait d'emblée : je ne quitterai pas M. Hepp, l'abandonnant à 6 mois de sa retraite.

Ce n'était pas très raisonnable car à cette époque un poste d'agrégé dans un service était pour 4 ans et si j'étais nommé dans la faculté de Bichat, je ne pourrais pas aller ailleurs pendant 4 ans. La seule possibilité était de rester à Bichat dans le service du successeur de M. Hepp qui était déjà désigné : c'était le Dr Nardi, chef de l'autre service de chirurgie de l'hôpital. Or celui-ci ne voulait pas de moi : c'était compréhensible, je n'étais pas son élève et je bloquais un poste pour un futur agrégé de son choix.

Je recevais le samedi après-midi, juste avant la publication des emplois, un coup de téléphone du secrétaire général de l'Assistance Publique, M. de Savigny, qui me disait « Deux postes sont bloqués pour vous, ce n'est pas possible. Ce n'est pas raisonnable de demander à rester à Bichat. Il faut prendre le poste de Bicêtre où vous resterez après le départ de M. Hepp de Bichat ». J'ai refusé catégoriquement : «Je resterai à Bichat».

Quelques jours plus tard, j'apprenais qu'il n'y avait plus qu'un seul poste qui était offert dans la faculté Bichat- Bicêtre. Cette Faculté bicéphale avait été faite uniquement pour ce poste et disparut par la suite : cela permettait de n'avoir qu'un seul poste et d'autoriser le transfert de l'agrégé après 6 mois de fonction, d'un hôpital à l'autre dans cette « même Faculté » (j'appris plus tard que c'était une idée de Jean Loygues, le président de la section de chirurgie du CNU qui respectait mon choix et accessoirement lui permettait de récupérer le deuxième poste, sans doute pour un de ses élèves).

J'étais satisfait car je restais pendant les six premiers mois avec M. Hepp jusqu' à son départ à la retraite. Ensuite j'irai dans le service du Pr Monsaingeon.

29. Les derniers mois à Bichat

En mai 1970 je prenais donc mes fonctions d'agrégé dans le service de M.Hepp. En fait, j'avais déjà depuis plusieurs années les responsabilités d'un agrégé. Je me souviens avoir dit à M. Hepp: « je ne vois pas ce qui va changer pour moi. Il m'a répondu : « Ce n'est pas vous qui allez changer, c'est le regard des autres sur vous». Ce semestre a été très court, car très tôt il fallait préparer mon transfert à Paul Brousse. J'avais jusqu'à présent travaillé dans un hôpital ou la spécialité digestive était très bien représentée car, comme je l'ai dit, il y avait deux services renommés de gastroentérologie, deux services de chirurgie, plusieurs unités de recherche. En plus à côté, il y avait Beaujon avec le service d'hépatologie déjà réputé de Jean Pierre Benhamou et la recherche. Je devais quitter cet endroit privilégié pour aller à Paul-Brousse à l'endroit opposé de Paris, dans des bâtiments vétustes en pierre meulière du début du siècle. Surtout c'était un hôpital gériatrique où il y avait principalement des bâtiments de long séjour, et en dehors du service de chirurgie générale, un service de médecine générale. Je ne pouvais rien faire contre cette fatalité. Si, une chose : préparer la prise en charge des malades graves que j'avais et que j'espérais continuer d'avoir. J'allais voir le directeur de l'hôpital Paul Brousse et lui disait que je continuerai mon activité, que j'avais déjà un recrutement spécialisé. Surtout il me fallait une structure de soins intensifs. Le directeur a été d'accord ainsi que le chef de service. Il y avait une salle de malades qu'il fallait complètement modifier. J'ai fait des plans : 5 chambres doubles avec le plan de travail longitudinal devant les chambres, au fond le poste d'infirmières avec un accès extérieur et à l'entrée un petit poste de médecin. C'était très exigu mais j'étais persuadé que cela fonctionnerait. C'était essentiel.

Les travaux ont été faits très rapidement en quatre mois et le premier octobre 1970 au matin je quittais Bichat, avec une surveillante, une infirmière de salle d'opération, quatre infirmières de salle et une vingtaine de malades transportés par des ambulances le matin. Et toutes les archives du service Hepp.

L'aventure commençait. On m'avait transféré d'un hôpital moderne dynamique avec une forte spécialité de gastro-entérologie pour me placer dans un petit hôpital de l'Assistance Publique, ancienne infirmerie générale des hôpitaux de la Seine, avant son rattachement à l'Assistance Publique. Était-ce le fait du hasard ou était-ce intentionnel ? C'était à l'époque, je l'ai dit, le Pr Jean Loygue qui décidait de la répartition des postes de chirurgiens à l'AP/HP.

On disait qu'il voulait faire le vide à Paris intramuros pour qu'il n'y ait plus que son école de   S a i n t A n t o i n e p o u r représenter la chirurgie digestive (ce qui est d'ailleurs arrivé).

De la brillante école Hepp, que restait-il ? Mercadier était parti à la Pitié et faisait de la chirurgie digestive lourde, Pernod était mort, et Jean Moreaux était parti à la clinique de la porte de Choisy qui était un Institut Mutualiste hors Assistance Publique avec un fort recrutement de malades digestifs dans une structure moderne où il allait exceller. Il ne restait plus que moi de son école à l'Assistance Publique et on me mettait dans un hospice.

Je prenais cela comme un défi. J'avais seul la mission de poursuivre l'école Hepp. Quelques temps après mon arrivée à Paul Brousse, je rencontrais le Pr Georges Mathé, grand cancérologue, à côté du Pr Denoix aussi dans l'hôpital, tous deux représentants puissants de la cancérologie qui dominait très largement Paul Brousse. « Quand on saura que tu es à Paul Brousse, on va dire que tu deviens cancérologue ». Je lui ai dit: «Peut-être Monsieur Mathé. Mais peut être aussi que l'on dira un jour de vous : que faites-vous dans un hôpital spécialisé dans le foie ? ».

C'était décidé : je ferai de Paul Brousse un centre important de chirurgie hépatique.

Troisième Partie

L'accomplissement

CHAPITRE 7

Le service de Chirurgie
de
l'Hôpital Paul Brousse

30. L'installation à Paul Brousse

Le 1ᵉʳ octobre 1970, je m'installais à l'hôpital Paul Brousse, dans le service de chirurgie générale Malgré son environnement gériatrique, ce service sous l'impulsion du Pr André Monsaingeon s'était doté d'une unité de recherche chirurgicale, qui avait été la première unité chirurgicale de l'Inserm. Monsaingeon était devenu plus tard Professeur de chaire de chirurgie expérimentale, chaire qu'il avait transférée à la Faculté de Bicêtre lors du démantèlement de la grande Université de Paris en 1968. Le travail au laboratoire était centré sur les recherches métaboliques, thématique sur laquelle Monsaingeon avait travaillé lorsqu'il était à Boston avec le Pr Francis Moore. Sur le plan clinique, l'application de ses recherches métaboliques avait été l'établissement d'une petite unité de prise en charge des brûlures à Paul Brousse.

Ainsi que je l'ai dit, j'avais déjà une vingtaine de malades venus de Bichat, une unité de soins intensifs, un embryon d'équipe avec deux de mes anciens internes dont Dominique Franco qui avait choisi un poste à Paul Brousse et 4 externes. Surtout une surveillante mademoiselle Godefroy qui avait installé tous les malades et organisait les soins avec les infirmières présentes. A notre arrivée, elle avait passé 48h d'affilée dans le service. C'était la cheville ouvrière du nouveau petit service qui naissait et avec elle, je pouvais avoir une confiance absolue dans les soins infirmiers. Comment une équipe étrangère, en petit nombre, allait-elle s'intégrer aux personnels existants ? Si, en ce qui concerne les chirurgiens il n'y eut aucun problème, en revanche pour les infirmières, ce fut difficile.

Je me trouvais dans un hôpital principalement gériatrique où il n'y avait aucun recrutement de gastro-entérologie. Les débuts s'avéraient bien difficiles. J'avais cependant déjà un certain recrutement provenant de l'héritage de M. Hepp. Et j'avais heureusement acquis à Bichat des connaissances en hépatologie qu'il fallait par la force des choses développer. Je connaissais bien les pathologies chirurgicales : toute la pathologie biliaire et pour le foie principalement les tumeurs et les cancers.

Il y avait également les fistules digestives que le Pr Trémollières m'adressait de Bichat car après mon départ, personne ne voulait de ces malades qui nécessitaient beaucoup de soins.

Surtout, j'avais beaucoup travaillé sur *l'hypertension portale**. J'avais communiqué dans des congrès sur les hémorragies digestives, en particulier sur celles des cirrhotiques : c'étaient aussi des malades dont le traitement nécessitait beaucoup de surveillance : tamponnement œsophagien par la sonde de Blakemore (sonde avec deux ballons dont un oesophagien destiné à comprimer les veines oesophagiennes qui saignaient) puis *l'anastomose porto-cave** en urgence si l'hémorragie persistait. C'était le genre de traitement lourd qu'on ne se disputait pas dans les hôpitaux parisiens et que les services chirurgicaux de garde ne pouvaient prendre en charge. J'ai fait savoir que nous accueillions ces malades.

L'avantage de l'unité de soins intensifs était de permettre de recevoir ces malades. Je recrutais comme attaché, le Dr Zimmerman, un endoscopiste enthousiaste et dévoué qui acceptait de venir en urgence faire les endoscopies afin de faire le diagnostic de l'hémorragie: ulcère gastroduodénal ou *varices œsophagiennes**. Celles-ci surtout nous intéressaient car après le traitement de l'hémorragie restait le traitement de *l'hypertension portale**. À cette époque, il n'y avait pas encore la sclérose endoscopique, que nous avons commencée en 1981.

Si la sonde de Blakemore ne contrôlait pas l'hémorragie, on pouvait avoir recours, si l'état du patient le permettait, c'est-à-dire s'il n'y avait pas d'insuffisance hépatique, à une dérivation portale d'urgence. Il fallait prendre la décision rapidement car la condition hépatique s'aggravait et on ne pouvait plus rien faire. On disposait ainsi dans le même lieu du traitement médical et de la chirurgie par la même équipe qui décidait rapidement. Si l'hémorragie avait été contrôlée sans chirurgie, se discutait ensuite l'indication de la *dérivation portale** pour prévenir la récidive.

Avec tous ces malades, on avait suffisamment de patients pour remplir les lits de la partie du service qui m'était allouée et les 10 lits de l'Unité de Soins Intensifs.

La contrepartie était que nos malades étaient par définition des malades lourds entraînant par la force des choses une charge de travail importante.

Or, il y avait pour la totalité du service, dont la moitié était de chirurgie générale, 2 chefs de clinique et 4 internes. J'avais obtenu comme à Bichat pour l'unité de soins intensifs, un interne en médecine. Plus tard, à l'endoscopiste, est venu se joindre un radiologue échographiste. Au fur et à mesure des besoins, je m'entourais des représentants des spécialités qui manquaient à l'hôpital. Après les années 1980, ce fut avec Didier Samuel, un hépatologue qui nous rejoignait. J'ai également fait venir le Pr Etienne Martin, anatomopathologiste avec qui je travaillais à Bichat qui avait l'expérience du foie.

Ainsi, pour combler le manque à l'hôpital des services nécessaires à notre activité, avec l'avantage de pouvoir choisir mes collaborateurs, le service de chirurgie de Paul Brousse devenait une unité de traitement des maladies du foie avec auprès des chirurgiens, les autres spécialistes nécessaires.

31. La nomination de Chef de service

À mon arrivée, le Pr André Monsaingeon était doyen et avait été heureux de me confier la charge du service. Il avait assisté à sa transformation par son orientation vers une chirurgie spécialisée. S'appuyant sur moi pour la marche du service, il s'était principalement occupé de ses charges de doyen. J'en devenais en fait de plus en plus le chef. Mais je ne l'étais pas car sans le titre officiel, on n'est pas vraiment le chef pour l'administration de l'hôpital avec pour conséquence, la non-participation à toutes les décisions concernant le budget, l'attribution des personnels, etc.

En 1975, Monsaingeon terminait sa fonction de doyen et ne fut pas réélu. Il en fut très affecté. Il pensait que personne ne pouvait le remplacer. Il se trompait, il y avait des candidats. Un petit groupe s'était formé à Bicêtre parmi les chefs de service : il y avait Jean Pierre Etienne, le gastro-entérologue, Jean Lapresle, le neurologue, Daniel Alagille, le pédiatre et Jean Dormont, le néphrologue. Ce petit groupe avait pris le pouvoir et l'un d'entre eux allait être le doyen : ce fut Jean Dormont. L'hôpital de Bicêtre était de loin le plus important du CHU comparé aux deux autres, Antoine Béclère et Paul-Brousse. Le doyen à Paul Brousse était une anomalie et le décanat partait à Bicêtre.

Deux ans plus tard, en 1977, André Monsaingeon qui avait perdu goût à la vie hospitalo-universitaire, sans son activité de doyen, ne demandait pas une prolongation possible et décidait de prendre sa retraite.

Pour sa chefferie de service, iI y a eu des concertations pour désigner son successeur. Si le corps chirurgical de l'Assistance Publique avait pu, il m'aurait écarté car il avait des candidats potentiels plus âgés que moi mais à vrai dire le poste de chef de service de chirurgie de Paul Brousse n'était pas très attrayant : dans un hôpital périphérique, le plus vétuste de l'Assistance Publique avec seulement deux services actifs, celui de chirurgie et de néphrologie. Cette dernière spécialité s'était implantée récemment dans le service de médecine générale avec l'arrivée du Pr Daniel Fries, néphrologue et transplanteur de rein venant de Lyon.

André Monsaingeon, outre son titre de chef de service hospitalier, avait la chaire de chirurgie expérimentale de l'ancienne Faculté de Paris et aussi une unité de recherche de l'Inserm. Donc on tombait d'accord pour me laisser la chefferie de service de la chirurgie de Paul Brousse mais je ne pouvais pas garder les deux structures de recherche. On me retirait donc la chaire de chirurgie expérimentale qui serait donnée à un chirurgien d'Antoine Béclère, plus âgé et en fin de carrière, qui n'avait aucune expérience de la chirurgie expérimentale, mais pour le pouvoir en place, ce n'était pas un problème.

Il ne fallait pas être si gourmand. « Je devenais seulement après sept années d'agrégation, chef de service. Je n'allais pas en plus devenir professeur de chaire ! » J'en ai été affecté car indiscutablement c'était moi qui avais dans la Faculté la plus grande expérience de chirurgie expérimentale, depuis près de 15 ans. J'avais demandé conseil au Pr Maurice Tubiana qui était le directeur de l'Institut Gustave-Roussy et avait une certaine autorité dans la Faculté. Je me souviens de son conseil : « Il vaut mieux donner ce qu'on ne peut pas prendre ». Je suivais ce conseil et « acceptais que l'on donne » cette chaire à mon collègue, d'autant qu'on me laissait des personnels de la Faculté dans le laboratoire de recherche. Au final, ce n'était pas une grande perte, l'unité Inserm était plus importante.

Ainsi en octobre 1977, à 43 ans, je devenais chef du service et directeur d'unité INSERM. Certes dans un petit et vieil hôpital avec un environnement médical et technique bien pauvre. Mais peu importe les locaux, j'avais avec moi une équipe aguerrie et motivée et des objectifs.

Le service était officiellement intitulé service de chirurgie générale. Si son apparence extérieure par ses bâtiments vétustes était la même, en réalité l'activité n'avait plus rien de chirurgie générale. Pendant sept ans, je l'avais transformé en un service spécialisé en chirurgie digestive et de plus en plus, en chirurgie hépato-biliaire, spécialité qui n'existait pas alors que j'allais pouvoir développer.

Un service hospitalier de chirurgie- ou de médecine c'est la même chose- ce sont d'abord des hommes (et des femmes), un mode de fonctionnement, un objectif et enfin des malades.

32. Le chef de Service

Le chef en chirurgie doit, je le pense vraiment, posséder de nombreuses qualités et une tout particulièrement : sa qualité d'opérateur. C'est sur elle qu'il est jugé. Il doit être un bon chirurgien et si ce n'est pas le cas, il n'est pas reconnu comme le chef. Au cours de mon internat j'ai souvent vécu cette situation. Si le chef de service n'était pas un bon chirurgien, certes on pouvait le juger sur ses avis lors de la visite des malades. Mais s'il ne pouvait se mettre en valeur en salle d'opération, alors en quoi était-il le chef ? Sa fonction n'était plus qu'administrative, d'organisation et de gestion du service.

N'est-il pas particulièrement exigeant de juger un chef de cette façon ? Imaginez. Le PDG de Renault, en conseil d'administration est appelé car il y a un problème sur une voiture sur la chaîne de montage. Il doit d'urgence aller voir l'ouvrier pour lui montrer comment faire le geste que celui-ci ne sait pas faire. En chirurgie, c'est ça le chef : être le plus compétent. Et en plus, veiller à la bonne marche du service dans tous ses aspects car il est le responsable. Je crois que c'était le Pr Minkowski qui a écrit : s'il y a de la poussière dans les couloirs du service, c'est le chef de service qui est en défaut. Certes cela ne veut pas dire que c'est le chef de service qui doit balayer le couloir mais s'il ne voit pas la poussière, pourquoi est-il nécessaire de nettoyer.

C'est en pensant à lui que j'allais quelques fois visiter les toilettes des malades dans le hall. Malheureusement, la propreté laissait souvent à désirer. Je le faisais constater à la surveillante des consultations- car géographiquement ces toilettes étaient dans son secteur -qui me faisait remarquer que ce n'était pas de sa responsabilité, le nettoyage de cette partie du service incombant aux agents du service de la salubrité. «Pour les malades c'est notre service, lui disais-je, et ici, c'est votre secteur. Si vous pensez que ce n'est pas à vos agents de les nettoyer, obtenez de qui de droit de le faire. Cette obligation de résultat est dans votre domaine de responsabilité ».

Rien n'est plus irritant que cette réponse : « ce n'est pas moi le responsable. Ce n'est pas à moi de faire ceci ou cela ». Il faut trouver le moyen de rendre chacun responsable. Le chef doit donner sa personnalité au service. À la longue, chaque détail de la vie du service traduit sa personnalité. Par exemple, le respect du malade. Ainsi quand je suis arrivé à Paul Brousse, il y avait un oculus sur la porte des chambres : une petite ouverture dans la porte avec un volet que l'infirmière faisait glisser pour regarder dans la chambre. J'avais dit que c'était humiliant pour le malade : c'était comme dans une prison et je l'avais fait supprimer. De même, les infirmières appelaient les malades par le numéro de la chambre. « Il faut prendre la température du 12 » ou « Est-ce que le 5 va partir aujourd'hui ? ». J'ai demandé qu'on appelle les malades par leur nom mais l'habitude était prise. J'ai donc fait supprimer le numéro des portes.

Ainsi, le chef doit savoir tout faire -et surtout opérer-, doit tout organiser, voir et tout contrôler. Et en même temps, former les nouveaux et les plus jeunes. Et en plus choisir les orientations pour le développement du service. Le chef doit aussi arbitrer les conflits internes. À mon arrivée à Paul Brousse, j'ai trouvé mes propres infirmières confrontées à celles déjà en place, plus anciennes, plus gradées. Ma surveillante, Melle Godefroy, était démoralisée parce que la surveillante générale, d'un ancien style, avec gilet bleu et coiffe galonnée et étoilée, essayait, peu à peu de la mettre sous son autorité.

Un après-midi, j'entrais dans une salle de malades, il n'y avait pas d'infirmière. J'allais voir la surveillante générale et lui demandais de m'accompagner pour la visite. A un moment, un patient m'interpella : « Docteur, excusez-moi, je suis sur le bassin depuis un moment, j'ai demandé de l'aide, mais il n'y a personne pour me l'enlever…».

« Bien sûr, Monsieur, on va arranger cela», ai-je répondu. « Madame, dis-je à la surveillance générale, veuillez retirer le bassin de ce patient». Elle se figea, surprise : « Je vais chercher une infirmière». J'ai répliqué, sur un ton ferme : «Non, Madame, n'êtes-vous pas vous-même infirmière ? Je vous demande d'enlever le bassin vous-même ».. Je la sentais hésitante. Je rajoutais : « Madame la surveillante générale, vous êtes aussi infirmière de soins. Et ces soins, vous devez les assurer, même si c'est le plus humble des gestes. Comment pouvez-vous prétendre diriger votre personnel si vous ne donnez pas l'exemple ?».

Rouge de colère et de honte, elle s'exécuta en silence. Le lendemain, elle demandait sa mutation.

À vrai dire, mon attitude avait été incorrecte. Je dirais plus, j'avais manqué de respect envers un agent du personnel, ayant cherché à l'évidence à l'humilier. Mais je n'avais pas le choix face à la menace qu'elle exerçait sur mon personnel infirmier. Il fallait rétablir l'autorité de ma surveillante, montrer que les anciennes hiérarchies ne comptaient plus et qu'il y avait une nouvelle autorité, qui exigeait de nouvelles compétences. J'ai agi ainsi parce que je savais qu'en parler au chef de service, le Pr Monsaingeon, resté en coulisses, ou temporiser n'aurait servi à rien. Dans un service de chirurgie, les infirmières sont le centre de l'organisation : si elles ne suivent pas la nouvelle dynamique, on court à la confusion.

J'ai donc dû imposer mes règles. Les conflits ne s'éteignent pas en fermant les yeux, mais en affrontant les problèmes, même les plus modestes. Certains chefs préfèrent attendre que les choses s'arrangent d'elles-mêmes, prétendant que « le temps fera son œuvre ». D'autres délèguent ou esquivent. Mais ce n'est pas ma conception du rôle de chef de service et cela n'était pas mon tempérament.

33. L'équipe

Le fonctionnement du service était basé sur la notion d'équipe, dédiée à une action commune. Le chef jouait ici un rôle important, celui de maintenir la cohésion. Il devait connaître les compétences de chacun et les utiliser. Mais aussi respecter les autres. C'était le plus difficile : donner le sentiment à chacun que sa place était reconnue. Le moteur pour moi était le mérite mais c'était au chef de le vérifier et de récompenser le travail de manière équitable, sans créer de tensions. Ce fragile équilibre était souvent mis à l'épreuve par les conflits internes, parfois entre les membres de l'équipe, parfois avec moi.

Dans les années 1975, deux personnes émergeaient parmi mes collaborateurs : Yves Lecompte et Dominique Franco. Ils étaient passés par Beaujon, puis Bichat, avant de devenir chefs de clinique et enfin assistants à Paul Brousse. Lecompte était un esprit créatif et visionnaire, toujours à l'affût de nouvelles idées. Franco était organisé, rigoureux et méthodique. Ensemble, ils étaient deux personnalités complémentaires, indispensables à la marche du service. Je ne doutais pas de leur avenir, mais eux s'interrogeaient sur leur progression de carrière. Le choix évident pour eux était un poste hospitalo-universitaire, donc de professeur, mais il serait impossible pour moi d'obtenir deux postes simultanément.

Un jour, Yves Lecompte prit la décision de quitter le service. Il estimait que Dominique Franco, plus impliqué dans les rouages du service, serait choisi par moi pour un poste universitaire. Il me confia plus tard qu'il avait aussi besoin d'indépendance, pensant que ma personnalité trop forte rendait difficile toute autonomie dans mon équipe. Il avait raison : ma vision était celle d'un travail d'équipe où chacun jouait un rôle dans un ensemble structuré. Le départ de Lecompte fut une perte, mais à posteriori, son choix était légitime. Il avait choisi pour moi qui aurait certainement hésité le moment venu.

Il en a été différemment de Dominique Franco. Lorsque je suis devenu chef de service en 1977, en théorie je pouvais récupérer le poste de professeur que je libérais moi -même en prenant celui du Pr Monsaingeon qui partait. Mais la Faculté ne l'entendait pas ainsi : j'étais bien jeune et je pouvais attendre pour avoir un agrégé. Il y avait un autre argument. Le Pr Jean Dormont venait d'être nommé Doyen et avait besoin d'un agrégé pour l'assister, et il utiliserait le poste que je libérais.

J'étais convaincu que cela était injuste. Par une heureuse circonstance, j'avais développé une relation personnelle avec Madame Simone Veil, alors Ministre de la Santé, lors de vacances au Gabon où elle avait été invitée comme moi et ma femme Chantal par le ministre Georges Rawiri. J'avais opéré l'épouse de Monsieur Rawiri en 1970 lorsqu'il était encore ambassadeur du Gabon à Paris. Nous avions établi des relations amicales et il nous invitait régulièrement pour les vacances de Noël au Gabon. En 1976, il avait également invité Simone Veil et son mari. Nous étions logés tous à la résidence secondaire du ministre de l'autre côté du fleuve en face de Libreville dans un magnifique endroit où tous les jours nous allions pêcher en mer. Nous avons beaucoup échangé avec Simone Veil durant ces journées à La Pointe. En toute confiance, elle m'interrogeait sur l'état d'esprit des médecins, me parlant de ses difficultés avec le corps médical et les administrations hospitalières. On ne pouvait qu'être séduit par son charme, son intelligence et son autorité. L'année suivante, j'étais invité au ministère avec un groupe de professeurs pour je ne sais plus quel sujet et à la fin de la réunion j'avais demandé à Madame Simone Veil si je pouvais avoir un entretien avec elle. Dans son bureau, je lui expliquais ma difficulté à obtenir la nomination de mon agrégé et le fait qu'on allait prendre le poste qui était dans mon service pour nommer l'assistant du doyen (c'était mon interprétation).

Quelques semaines plus tard, lors de la séance des vœux de fin d'année de l'Assistance Publique où la Ministre avait été invitée, me voyant, elle m'avait pris par le bras et entraîné vers le directeur général de l'Assistance Publique, Monsieur Gabriel Pallez. Elle lui dit : «Je pense Monsieur le directeur général que vous êtes d'accord avec moi sur le fait que Monsieur Bismuth doit conserver son poste d'agrégé pour son assistant Dominique Franco ». Cette année, la Faculté a obtenu un poste supplémentaire d'agrégé et Jean-François Delfraissy et Dominique Franco ont été tous deux nommés agrégés. Ainsi en 1978, Dominique Franco devenait mon agrégé et j'en fut très satisfait car c'était une juste récompense de son travail. Il en avait les qualités. Je ne pensais pas que j'aurai par la suite bien des difficultés avec lui.

Cependant, des tensions apparurent par la suite. Franco n'accepta pas que je collabore directement avec deux nouveaux assistants, Didier Houssin et Denis Castaing, sur des projets de recherche et des publications. Il considérait qu'il devait être l'intermédiaire entre eux et moi. J'acceptai sa requête, mais les articles finalisés par Houssin et Castaing stagnèrent entre ses mains. Je décidai de reprendre la collaboration directe avec les jeunes chercheurs. Franco s'offusqua et boycotta les staffs hebdomadaires, ce qui bloqua l'inscription de ses patients au tableau opératoire, car non présentés lors de ces réunions. Cette impasse mena à une rupture définitive. Il ne voulait pas céder et moi non plus, et Franco quitta finalement le service. Avec le recul, je reconnais ma part de responsabilité dans cette situation. Une attitude plus souple de ma part aurait permis d'éviter cette issue regrettable. Cette expérience souligne les complexités de la gestion d'une équipe. Les remises en question doivent concerner non seulement les membres, mais aussi le chef, car maintenir une harmonie dans un groupe aux personnalités fortes n'est jamais chose aisée.

Les Chirurgiens

Le cœur de l'activité des chirurgiens se trouve au bloc opératoire, véritable centre de gravité de leur travail et lieu où la notion d'équipe prend tout son sens. Chaque rôle y est crucial : le chirurgien responsable de l'opération, ses assistants, l'instrumentiste, les anesthésistes, et les infirmières panseuses.

D'abord le premier assistant est l'aide opératoire qui doit participer presque au même niveau que le chirurgien à l'opération. Avec l'opérateur, qui a la main, appelons-le le chirurgien décideur, son aide peut être vu comme le deuxième chirurgien, le chirurgien suiveur, les deux communiant sur le même geste. Son rôle n'est pas seulement technique, il a un rôle plus important car n'étant pas responsable de l'opération, il voit la situation de façon plus sereine. J'ai toujours respecté ceux qui m'aidaient et je les écoutais. Quelquefois, je demandais ce qu'ils pensaient, ce qu'il fallait faire. Cela venait très certainement de M. Hepp. Lorsque je l'assistais, je rentrais totalement intellectuellement dans l'intervention. Il le savait et quelquefois il s'arrêtait et me disait « Et maintenant, qu'en pensez-vous ? » et je lui disais parfois ce que lui-même pensait, quels étaient les choix et nous discutions de leurs bénéfices respectifs.

Le deuxième assistant jouait un rôle plus accessoire, tenant le rétracteur. Cette tâche, parfois jugée ingrate, variait selon les personnalités : certains s'y ennuyaient ou peinaient à rester concentrés, tandis que d'autres suivaient activement le geste opératoire et participaient pleinement à l'équipe, parfois jusqu'à se montrer trop intrusifs.

Aux internes qui se plaignaient de ne pas opérer assez, je répondais : « On n'opère pas avec les mains, mais avec la tête ; les mains ne font que suivre. » Je ne sais pas si j'étais bien compris ou accepté mais pour moi c'était leur dire : « Suivez intensément les gestes du chirurgien que vous aidez, collez-vous à eux, faites qu'ils deviennent les vôtres, alors vous vous rendrez compte qu'à la longue vous finirez par opérer comme lui. Ou bien s'il fait quelque chose que vous n'aviez pas prévu et qui est le bon geste, alors vous l'apprenez ».

C'est une chose très difficile à enseigner. Cette exigence de bien faire, on l'a ou on ne l'a pas. On discerne très rapidement, parmi ceux qui viennent travailler avec vous, ceux qui ont cette exigence ou non. Je ne m'intéressais pas à ceux qui ne l'avaient pas. Je disais : « *On ne change pas les gens, on en change* ».

Les Personnels Infirmiers

Dans l'organisation du service, le personnel infirmier joue un rôle essentiel. Une équipe de chirurgiens, aussi brillante soit-elle, ne peut soigner les malades sans une équipe infirmière partageant le même niveau d'exigence. Les surveillantes, et particulièrement la surveillante générale, occupent une place centrale, agissant comme le pendant du chef de service, avec qui elles doivent être en parfait accord.

J'ai eu la chance de travailler avec des surveillantes générales (désormais appelées cadres supérieurs) à la hauteur de mes exigences du service et de celles des malades. Elles formaient et sélectionnaient elles-mêmes leur équipe, veillant à assurer la qualité des soins.

L'instrumentiste

L'instrumentiste joue un rôle fondamental au sein de l'équipe chirurgicale. Elle est le partenaire direct du chirurgien dans la réalisation de chaque intervention. Le chirurgien a besoin d'instruments, comme tout travailleur manuel. Il y a la main et l'instrument. Cette dualité s'exprime par le duo chirurgien-instrumentiste : aujourd'hui on dirait le Software et le Hardware.

L'instrumentiste, c'est le hardware, c'est elle qui organise, qui prévoit les instruments qui vont être utilisés et qui les donne. L'instrumentiste fait un couple avec le chirurgien. Tout chirurgien a ses habitudes qu'il a forgées tout au long de sa vie par ses expériences passées. C'est ainsi que chaque chirurgien a un style personnel qui se manifeste d'emblée dans l'acte opératoire, se déroulant dans le théâtre opératoire (du terme anglais « operative theater » pour bloc opératoire).

L'opération est comme une pièce de théâtre dont la mise en scène est le fait du chirurgien qui définit le style de la pièce. Depuis le début de mon activité à Paul Brousse, j'ai toujours eu une instrumentiste attitrée qui, avec le temps, connaissait les instruments utilisés pour chaque opération. Très tôt, je rencontrais l'instrumentiste qui allait remplir ce rôle à son plus haut niveau. Françoise est arrivée dans le service en 1978, à un moment où je mettais au point la plupart des interventions qui ont rendu célèbre le service de Paul Brousse. C'était sa première expérience en tant que panseuse, et elle découvrait alors les bases de la chirurgie pratiquée dans le service. Plutôt que de lui enseigner de manière formelle, je laissais Françoise apprendre par l'observation directe. Elle s'imprégnait des gestes, des instruments utilisés et du rythme de chaque intervention. En peu de temps, elle connaissait mes habitudes : elle savait précisément quel instrument me donner et à quel moment, parfois même avant que je ne le demande.

C'est une grande tranquillité pour le chirurgien de savoir qu'il aurait toute l'instrumentation nécessaire pour l'opération programmée. J'en parlais la veille quand je voulais faire un acte spécial. Je crois que c'est une des raisons pour laquelle je n'ai jamais voulu opérer en dehors de mon service. Il n'y avait pas seulement l'instrumentiste mais également l'aide opératoire et l'anesthésiste et toute la sécurité que m'apportait l'environnement matériel de la salle d'opération, ce que j'avais mis des années à instaurer dans mon service. Je savais dans ma propre salle d'opération tout ce dont je pouvais disposer même dans une circonstance non prévisible. Dans un bloc opératoire étranger, je n'avais pas cette assurance qui aurait été source d'anxiété pour le chirurgien et d'une possible opération moins bien faite pour le malade. Françoise donnait tellement l'impression de connaître mes interventions qu'à plusieurs reprises, des chirurgiens passés dans le service lui proposaient de l'engager à leur compte, pensant peut-être qu'avec elle, ils pourraient acquérir au moins en partie mon savoir chirurgical.

Lorsque j'ai programmé le Centre, j'ai voulu que Françoise acquiert une expérience supérieure. Les hôpitaux américains avaient instauré ce qu'ils appelaient les «teaching nurses», infirmières enseignantes c'est-à-dire des infirmières qui formaient les autres. J'ai donc voulu que pour notre bloc opératoire, il y ait une panseuse chargée de former les autres et en particulier, si nous introduisions une nouvelle technique, que ce soit elle qui l'apprenne à toutes les autres, de toutes les équipes, y compris de garde Je voulais également faire de même pour un autre secteur de haute technologie du service qui était la réanimation. J'ai donc envoyé à Washington deux infirmières se former au métier d'infirmières- instructrices. Nous étions le premier service de chirurgie en France à avoir ces infirmières formatrices. Dans l'organigramme du Centre, ces infirmières spécialisées étaient directement rattachées au chef de service pour éviter qu'elles soient en cas de pénurie réintégrées dans le groupe des infirmières de soins.

Françoise a animé, c'est-à-dire donné une âme à l'équipe des panseuses du bloc opératoire. Avec une surveillante générale très dévouée et exigeante -Éliette Jacomme- elles ont toutes deux œuvré à faire une équipe de panseuses évoluant au même rythme que l'équipe des chirurgiens : toujours disponibles, s'adaptant aux horaires n'ayant qu'un objectif, servir au mieux le patient. L'illustration de cet engagement s'est trouvée dans le programme de transplantation où il nous arrivait de faire simultanément plusieurs transplantations (je pourrais dire la même chose des anesthésistes). Mon ami, et grand chirurgien portugais, Eduardo Barroso, dans son livre « *Piazeres* » (Plaisirs), où il décrit tous les plaisirs de sa vie de chirurgien, a écrit un chapitre sur son instrumentiste. Il disait qu'elle était comme une deuxième épouse, partageant, à côté de sa femme, une autre partie de sa vie.

Pour Françoise, après des années de travail commun, notre communion s'est étendue à toute notre vie et elle est devenue ma femme.

Les Anesthésistes

Un acteur essentiel de l'équipe opératoire est l'anesthésiste. Que n'a-t-on écrit sur les relations entre chirurgiens et anesthésistes ! Pour ma part, j'ai toujours considéré leur rôle comme capital. Pourtant, leur travail souffre d'une certaine invisibilité aux yeux des patients. Ceux-ci, confiés au chirurgien, voient souvent l'anesthésie comme une simple assistance à l'acte opératoire. Ce manque de reconnaissance suscitait une frustration légitime chez les anesthésistes. Je leur faisais remarquer que tant que le patient viendrait d'abord voir le chirurgien et non l'anesthésiste, ce déséquilibre resterait inchangé.

Le rôle de l'anesthésiste va bien au-delà de l'endormissement du patient. Pendant toute l'intervention, il veille au maintien des fonctions vitales : respiration, circulation sanguine, fonction rénale, etc. En cas d'hémorragie, il assure les transfusions, stabilisant ainsi le patient. Mais son travail ne s'arrête pas là. L'anesthésiste gère aussi la réanimation post-opératoire, immédiatement en salle de réveil, puis dans des unités de réanimation pour les cas plus lourds. C'est pourquoi ils sont aujourd'hui appelés anesthésistes-réanimateurs.

Dans mon service, les relations avec les anesthésistes référents, spécialisés dans notre chirurgie, étaient excellentes. Cependant, mes rapports avec la hiérarchie anesthésique étaient plus conflictuels, notamment en raison de notre unité de réanimation chirurgicale. Dès l'ouverture du service à Paul Brousse, nous avions transformé l'unité de soins intensifs en réanimation spécialisée, placée sous la responsabilité conjointe d'un anesthésiste et d'un interne de réanimation médicale. Cette organisation différait de nombreux hôpitaux où les anesthésistes, devenus réanimateurs, prenaient l'entier contrôle de la réanimation chirurgicale, écartant parfois les chirurgiens des décisions concernant leurs propres patients. Or, pour moi, la responsabilité du chirurgien devait s'étendre à toutes les suites post-opératoires, conformément au lien établi entre le patient et son chirurgien. Le conflit atteint son paroxysme dans les années 1980, sous la direction du Pr Sami, chef du département d'anesthésie. Frustré de ne pas contrôler la réanimation à Paul Brousse, il posa un ultimatum en 1981 : soit l'unité passait sous la responsabilité du département d'anesthésie, soit il retirait l'anesthésiste. Pour relever ce défi, nous nous réorganisâmes, confiant la réanimation à Didier Samuel, assistant hépatologue formé à la réanimation. Ainsi, la réanimation chirurgicale devint officiellement une réanimation d'hépatologie, traitant les cirrhoses, les hémorragies digestives et les transplantés, en plus des soins post-opératoires classiques.

Cette évolution permit à Didier Samuel de développer une nouvelle spécialité : la réanimation des maladies du foie, qui allait devenir un domaine d'excellence reconnu au sein de notre service.

34. L'activité du service était très structurée : le staff

La vie du service était organisée autour des réunions du service appelées les Staffs. Très tôt, j'avais initié le Staff du matin : c'était la réunion générale du service qui allait établir le programme de la journée. A cette réunion, qui avait lieu à 8 heures tous les matins (sauf dimanche) participait toute l'équipe médicale, le chef d'anesthésie, la surveillante générale, les surveillantes de salle d'opération, de réanimation et de consultation. Il y avait aussi les stagiaires étrangers. L'interne de garde rendait compte de l'activité de sa garde, ensuite chaque interne disait brièvement le résultat de sa visite du matin : cette visite commençait à 7h avec les externes. Ensuite, la surveillante indiquait les malades entrants et pour chacun d'entre eux, le médecin qui avait décidé de l'admission commentait. On terminait par les malades sortants. Ainsi cette réunion tôt le matin organisait toute l'activité de la journée avec tous les acteurs. En cas d'urgence, le programme opératoire pouvait être modifié, l'activité des chirurgiens adaptée.

Cette réunion était l'illustration de ma conception du service : une équipe de soignants avec des compétences différentes prenant en charge un groupe de patients chacun avec des exigences différentes, dont l'ensemble constituait la masse générale de travail qui était divisée et répartie à chacun : médecins et infirmières pour leur journée de travail. Cela était différent du travail du chirurgien dans une structure privée où chacun avait ses propres patients et son travail était indépendant de celui des autres.

À cette réunion journalière d'organisation du travail, en fonction des malades présents dans le service, venait s'ajouter deux fois par semaine, le Staff de discussion des malades. Ce staff qui avait lieu le mardi et le vendredi commençait en fin d'après-midi à 18h. Chaque interne devait présenter les malades qui étaient entrés les jours précédents dans son secteur. C'était une tâche importante pour lui car il devait voir tous les documents passés du malade, l'examiner, voir les examens récents et le présentait en discutant son diagnostic et en évoquant les traitements possibles.

Ensuite, commençait la discussion d'abord de son chef de clinique, ensuite de tous les participants. Tout le monde pouvait intervenir. On devait déterminer quelles étaient les investigations à faire avant l'opération et quelles étaient les possibilités thérapeutiques. Je dirigeais le débat et tirais la conclusion. J'insiste sur une caractéristique de ce staff : ce staff n'était pas décisionnel, n'imposait pas la décision thérapeutique mais était consultatif car je tenais à ce que la responsabilité du malade reste à celui qui l'avait fait hospitaliser, donc celui à qui il avait été confié.

Comme pour la réunion matinale quotidienne, tout le service participait à ce staff. C'était une façon de faire connaître l'ensemble des malades à tous, ce qui était important en particulier pour le service de garde.

Le samedi matin, jour où il n'y avait aucune activité opératoire programmée, ni aucune activité de consultation, la réunion était le staff des sortants. Le service se réunissait à 8h pour la présentation par les internes des malades qui étaient sortis dans la semaine, avec la discussion du dossier et son archivage. En effet, on devait pouvoir retrouver ce malade pour son diagnostic ou son traitement pour les travaux de thèse ou de publication.

Avant l'époque informatique, ce codage était bien compliqué et au tout début (je l'avais déjà utilisé à Bichat), on utilisait des fiches à perforations périphériques, les perforations indiquant les différents diagnostics et les différents traitements. C'était très archaïque, très long mais cela s'est avéré bien utile dès les premières publications.

Toujours le samedi matin, après le staff des sortants, avait lieu la grande visite du service où tous les malades étaient vus par moi- même, les assistants et les internes. Comme je l'ai dit, chacun de ces malades était déjà connu car présenté lors de son arrivée et discuté lors de staff mais à ce moment, il pouvait être interrogé et examiné. Après la visite avait lieu l'élaboration du programme opératoire de la semaine suivante, décidant des malades à opérer, et déterminant qui allait les opérer et participer à l'opération. Les anesthésistes étaient présents, donnant leur avis. La surveillante du bloc opératoire pouvait alors organiser son programme de la semaine suivante avec son personnel.

L'organisation du service et ses activités que je décris peut sembler aujourd'hui banale. Mais à l'époque, elle était originale.

35. Le métier de Chirurgien

Je vois de plus en plus de malades ayant des maladies graves. Ce qui me frappe, c'est leur demande. Si on écoute bien, ce qu'ils demandent ce n'est pas quelle est leur maladie ni quel traitement je propose. Non, leur question le plus souvent est : « Docteur, allez-vous me guérir ? ».

Ils expriment en fait l'objectif final qui est la guérison. La réponse à donner à cette question, le chirurgien la donne en se basant sur son expérience acquise auprès des malades ayant la même affection. Cette expérience personnelle, on doit l'améliorer par les connaissances acquises de différentes façons :la lecture des publications scientifiques périodiques, les congrès et pour les plus jeunes, les stages dans d'autres centres de la même spécialité.

L'objectif du staff du service par la discussion de chaque malade est le moyen pour tous, ancien comme jeune, d'améliorer ses connaissances pour le choix de la conduite thérapeutique du patient.

Y a-t-il une ligne de conduite dans le choix du traitement ? Y a-t-il des protocoles ou des recommandations des sociétés savantes ? Est-ce que le choix est libre ?

A ces questions, il y a pour moi une réponse : le seul guide, c'est le respect du patient.

Il y a phrase que je cite souvent : « Le respect d'autrui, c'est l'amour du métier ». Son auteur est Hippocrate, le premier des médecins.

Il y a quelques années, des journalistes m'ont demandé, pour un livre (« *Des valeurs et Des hommes* » - Editions Challenges d'aujourd'hui) qui réunissait plusieurs personnalités, quelle était ma valeur. Ma réponse a été : le respect d'autrui.

Le respect d'autrui comme valeur

Lorsqu'un chirurgien commence une opération difficile, par exemple une transplantation hépatique, qui peut durer 12 heures, il entre dans une dimension temporelle où plus rien n'existe. Les heures disparaissent, il perd la notion de sa propre fatigue. Comme le grimpeur à mains nues qui aborde une muraille, il entre en osmose avec la situation, impliqué totalement dans le déroulement de son action, tendu vers le terme auquel il faut arriver. Et comme le grimpeur à mains nues qui ne peut s'arrêter qu'une fois le sommet atteint, le chirurgien, lui aussi, ne peut s'arrêter que lorsque la tâche est achevée. Il n'a pas le choix. Pourtant contrairement au grimpeur qui ne peut demeurer entre ciel et précipice, le chirurgien lui aurait la possibilité de s'interrompre. Ce qui l'en empêche ? Le respect de son patient de cet homme qui lui a confié sa vie, cette vie pour laquelle, lui, chirurgien, se bat comme s'il s'agissait de la sienne propre, parce qu'il en a accepté pleinement la responsabilité. Agir autrement serait trahir la confiance de l'autre.

Voilà pourquoi le respect autrui s'impose à moi en tête des valeurs essentielles, la première des qualités que doit avoir un médecin.

Toutes mes activités, toutes mes préoccupations non familiales sont tournées vers ce métier de chirurgien que j'ai choisi. Je consacre à ce dernier l'essentiel de ma vie. C'est donc à travers cette dimension professionnelle que s'est forgée mon expérience d'homme et c'est à travers elle que je ressens avec force cette exigence du respect d'autrui.

Considérer l'autre comme soi-même

Je ressens en effet le respect d'autrui comme une exigence, une disposition de l'individu, un état d'esprit qui fait que l'on prend en compte la personne qui est devant soi.

Respecter autrui, c'est le faire exister indépendamment de soi-même, lui donner une identité que l'on sent avec autant de force que la sienne propre et cela, quels que soient ses origines, ses opinions, son sexe, son âge, la sympathie ou l'antipathie que l'on éprouve pour lui.

Respecter autrui, c'est le considérer comme soi-même. Je ne mets dans cette affirmation aucune référence religieuse car je ne suis pas croyant. Lorsqu'un malade vient consulter le médecin que je suis, ce n'est pas le malade que je vois en lui, encore bien moins la pathologie de l'organe qui aurait besoin de mon intervention. C'est bien entendu l'homme, la femme, mon égal que je considère. Un égal qui a besoin de mon aide et au service duquel je mobilise mes connaissances, d'abord pour établir le diagnostic puis pour indiquer le traitement.

Le médecin ne devrait-il pas se déshumaniser, prendre le recul nécessaire pour mieux traiter son patient ? m'a -t-on demandé lors d'une interview. Certainement pas. Il n'y a aucun recul à prendre pour soigner autrui, rien à déshumaniser, bien au contraire, il faut se mettre à la place du malade pour le traiter au mieux.

Et lorsque je dis traiter au mieux, je sous-entends une démarche volontariste, un acharnement à bien faire ce qui est parfois difficile.

Cette évidence m'a frappé dès le début de mes études, de mes premiers contacts avec les malades. Très jeune médecin, déjà, le fait que l'on ne puisse pas prescrire le traitement nécessaire, parce qu'il n'existait pas ou parce qu'on ne pouvait pas l'avoir, était difficile à accepter.

Plus tard, il a fallu aller plus loin dans cette voie car autour de moi il y avait une équipe. Je ne me contente plus d'être responsable de mes propres actes, je le suis également de ceux de l'ensemble de cette collectivité. Je me sens profondément impliqué dans sa façon de travailler mais tout autant dans son état d'esprit, dans les valeurs qui sont pris en compte et appliquées.

C'est à moi de donner le ton et de veiller à ce qu'il soit tenu. C'est à moi de faire en sorte que ceux qui m'entourent aient cette attention particulière. C'est une qualité que je détecte immédiatement chez les individus avant même de les voir à l'œuvre. A ceux qui la possèdent, je sais que je peux confier les malades en toute tranquillité. Ils se dérangeront tout de suite si on les appelle à deux heures du matin parce que le patient qu'ils ont opéré la veille présente une complication. Ils ne se contenteront jamais de donner quelques conseils au service de garde avant de se rendormir sans inquiétude.

Une telle attitude existe, le respect d'autrui n'étant pas également partagé. Tous ne le possèdent pas de la même manière, au même degré. Personnellement, je le crois inné. Peut-on l'acquérir lorsque on ne l'a pas, je n'en suis pas certain mais au moins, lorsque l'on en possède une parcelle, il est possible de la cultiver et de l'amplifier. De quelle façon ? Par l'exemple, par l'exemple répété. Ainsi, je ne rate jamais une occasion au sein de mon équipe pour mettre en lumière toute action qui s'écarte si peu que ce soit de cette valeur. De là à conclure que plus grande est la responsabilité que l'on accepte vis-à-vis d'autrui, plus exigeant doit être le respect dû. C'est cette exigence qui provient du malade et que l'on doit transmettre à l'équipe qui est ressentie par celle-ci comme la dureté du chef.

On compare souvent le chirurgien au pilote de ligne: l'un et l'autre en effet exécutent des actes de haute technologie, destinés aux personnes qui se confient à eux, les malades pour l'un, les passagers pour l'autre. L'un et l'autre ont la responsabilité de la vie d'autrui. Cependant, tandis que le pilote engage sa propre existence dans l'exercice de son métier puisque s'il commet une erreur et que son avion s'écrase, il aura le même sort que ses passagers, le chirurgien qui fait une fausse manœuvre lors d'une intervention lui ne meurt pas en même temps que son patient.

C'est le poids de sa propre vie que le chirurgien n'engage pas physiquement dans son acte professionnel qui fait toute la différence avec le pilote. Cette différence essentielle se traduit par un surcroît de responsabilité du chirurgien et une conscience aiguë de cette dernière.

J'ai vu des chirurgiens atterrés par une situation qui se compliquait en cours d'intervention, pris d'une angoisse indicible parce qu'ils savaient qu'ils tenaient la vie d'un malade entre leurs mains. Que de fois en salle d'opération ai-je vu celui qui opérait transpirer parce qu'une difficulté surgissait. Avec quelle rapidité et quelle humilité, les meilleurs font appel dans ce cas-là à un autre spécialiste pour essayer de trouver la meilleure solution au plus vite. Sans cette conscience de sa responsabilité, sans ce respect absolu de la vie d'autrui, l'angoisse terrible dont je parle n'existerait pas et le chirurgien ne ferait que constater l'échec en se disant tranquillement : « Bon cela se complique, il ne peut pas s'en sortir. J'abandonne». Cela, je ne l'ai jamais vu.

On ne peut pas penser, ne serait-ce qu'un instant, trahir la confiance qu'a mis en vous cet autre qui est venu vous trouver, à qui vous avez proposé de faire une opération qu'il ne connaît pas, qui peut être très risquée et qui l'a acceptée. Pas plus qu'on ne peut pas imaginer un instant de ne pas tout faire pour sauver une vie. Mais des vies, il en disparaît tous les jours. Pourquoi la vie de ce patient serait -elle si précieuse, pourrait-on objecter ? Il n'y a qu'une réponse. « Parce que cette vie-là, j'en suis responsable, parce qu'elle m'a été confiée et que j'ai accepté cette confiance ». Et face à cette confiance, ce n'est plus ma propre vie comme le pilote d'avion que je mets en balance mais beaucoup plus encore : mon implication totale à obtenir ce qui m'a été confié.

Au sein de notre équipe, nous faisons de la chirurgie lourde, nous enlevons de grandes parties du foie où l'organe tout entier que nous remplaçons par un autre. Lorsque débute une intervention, on ne peut pas toujours savoir quelles difficultés il faudra affronter. Il n'y a pas de routine, il peut survenir une difficulté imprévue qui est à résoudre dans l'instant, en sachant qu'une erreur peut être grave, parfois mortelle. Dès que la décision est prise d'opérer, dans des cas difficiles, il faut se préparer exactement comme un chef militaire le fait pour une offensive armée. Ce ne sont ni de troupes et de munitions dont on a besoin mais de toutes les informations médicales pour déterminer le plus précisément possible l'acte à faire. On doit s'assurer de ses propres connaissances, des derniers progrès qui ont été réalisés depuis la dernière fois que l'on eut à affronter le type d'intervention choisie. Il faut quelquefois avoir l'avis des autres spécialistes.

Enfin arrive le moment où la certitude s'installe : je sais que je suis prêt à prendre la décision pour mener à bien le geste qui donnera les meilleures chances. Je n'ose pas dire pour réussir car il arrive malheureusement que la maladie ne puisse pas trouver de solution mais au moins, je sais que le maximum a été fait. Faire le maximum en définitive n'est jamais qu'une question d'honnêteté. Et si le respect d'autrui n'était justement que de l'honnêteté? Proposer ce qui est honnête correspond à l'image de compétence et de sérieux professionnel que les autres ont de vous.

Cela suppose donc dès le début, que l'on travaille pour acquérir les connaissances qui feront de vous un chirurgien. Et puis lorsqu'on est devenu ce médecin capable, être digne de confiance suppose que l'on remette sans cesse ses connaissances à jour, au fur et à mesure des nouvelles découvertes, de l'avancement des technologies.

Enfin ce qui est honnête, lorsqu'un patient vient vous voir, c'est de l'examiner le mieux possible, de vous obliger à comprendre son cas.

D'instaurer cette relation directe entre le malade et son médecin sans laquelle je ne conçois pas la médecine. D'être à l'écoute. De prendre le temps qu'il faut même s'il en faut beaucoup pour lui poser de nouvelles questions, revenir sur un point précis, sur tel ou tel type de douleur qu'il ne parvient pas à vous décrire précisément, jusqu'à ce que votre diagnostic soit clair.

Proposer ce qui est honnête, c'est en plus ne pas aller au-delà de ce que l'on sait faire. Tout chirurgien n'accomplit pas avec la même qualité tous les types d'opérations. Certains gestes sont complexes. Alors lorsqu'on se trouve dans un domaine qui n'est pas précisément le sien, il n'y a qu'une phrase à prononcer « Cela je ne peux pas le faire, je vais vous confier à quelqu'un d'autre ». Et ce « quelqu'un d'autre » ne sera pas un autre chirurgien proche de nous, du même hôpital, mais le professionnel que l'on considère comme étant le meilleur de sa spécialité, celui par qui soit même, on voudrait en toute confiance d'être opéré.

Enfin proposer ce qui est honnête, ce peut être aussi ne pas proposer d'opérer. Si dans le cas du patient qui vient vous voir, vous estimez qu'il ne faut pas l'opérer parce que sa maladie ne demande pas une opération, dites-lui que vous ne l'opérerez pas parce qu'il ne le faut pas.

Doit-on dire la vérité au malade qui est perdu ? Il y a d'abord un aspect culturel : la culture anglo-saxonne exige de dire la vérité au malade, aussi dure soit elle. La culture latine est plus nuancée. Je ne suis jamais arrivé à dire à un malade qu'il allait mourir et dans quel délai. Quelquefois, la famille me demandait expressément de ne pas lui dire la vérité. Je disais toujours la vérité à la famille et j'écoutais leur désir.

Au malade, je disais « C'est grave mais il y a un espoir en ceci ou cela. » Je me souviens d'un médecin qui avait une maladie grave et qui savait certainement qu'il allait mourir. Sa famille me demandait : « Surtout ne lui dites pas la vérité, il va s'effondrer ». Lui d'ailleurs évitait de me poser la question, préférant le doute qui lui laissait un espoir.

J'ai parlé du respect d'autrui en médecine. Au fond, le respect d'autrui doit exister dans toute relation humaine et donc dans tout métier. Mais s'il en est un où cette valeur est particulièrement importante, c'est bien la médecine. Car la sanction est la vie.

36. La prise en charge du malade : l'attitude décisionnelle

L'attitude décisionnelle a été définie dans un article que j'ai écrit avec Didier Houssin et publié dans la Presse Médicale en 1983.

Ce que nous montrions en prenant l'exemple des *ictères**, c'est que, si l'ictère n'était pas dû à une hépatite, (ce qui était facile à montrer par des examens biologiques et surtout par une échographie), et s'il y avait une dilatation des voies biliaires, il y avait intérêt à ce que le malade soit hospitalisé d'emblée en chirurgie, car c'est là qu'il était le mieux placé pour avoir les investigations nécessaires à un traitement chirurgical, car c'était un *ictère** par obstruction biliaire donc relevant d'un acte chirurgical (à l'époque, il n'y avait pas d'endoscopies ni de radiologies interventionnelles).

La connaissance de l'acte chirurgical nécessaire conduisait au choix des examens précédant l'intervention. Ainsi, si le diagnostic soupçonné était un cancer de la tête du pancréas par la dilatation des voies biliaires et une grosse vésicule et si d'emblée les anesthésistes disaient que le malade ne pouvait pas subir une exérèse duodéno-pancréatique (qui était le traitement radical à visée curatrice nécessaire), ce n'était pas la peine de faire des examens poussés préopératoires, qui n''étaient destinés qu'à la technique opératoire. Le choix des investigations était conditionné par le type de chirurgie et qui de mieux que le chirurgien pour le savoir.

L'attitude décisionnelle était donc définie par la notion de la primauté de la thérapeutique qui déterminait les examens à visée diagnostique. On disait de façon schématique : le malade doit être pris en charge là où il peut être traité. Autrement dit, c'est le traitement qui conditionne le lieu de prise en charge et non pas le diagnostic. En dehors des *ictères**, c'était aussi le cas des hémorragies digestives dont le traitement était chirurgical : il devait donc être hospitalisé en chirurgie et non pas en médecine, ce qui était le cas auparavant, en particulier quand il s'agissait de cirrhose d'où une perte de temps considérable et une aggravation du malade.

Dans l'étude qu'on avait faite, on comparait deux groupes de malades que nous avions traités dans le service avec un *ictère** : un groupe qui avait été investigué dans un service de médecine puis envoyé en chirurgie et un deuxième groupe qui était arrivé directement en chirurgie. On montrait que dans le premier groupe, il y avait eu une hospitalisation plus longue, plus de complications et un coût plus élevé. D'où le titre de l'article « Économie de moyens dans le diagnostic des *ictères** : attitude décisionnelle versus attitude diagnostique ». L'attitude diagnostique était l'attitude habituelle où le malade était d'abord hospitalisé en médecine pour faire le diagnostic puis si nécessaire en chirurgie.

Après la publication de l'article dans la Presse Médicale, le journal m'a transmis des lettres envoyées par les lecteurs. Elles étaient de deux catégories : celles envoyées par des chirurgiens d'autres spécialités qui disaient que c'était vrai également dans leur spécialité, un chirurgien cardiaque, un orthopédiste. D'autres lettres à l'opposé provenant surtout de gastro-entérologues disaient que le travail était faux, avait été biaisé, bref s'opposaient clairement à ce que l'on disait. L'une de ces lettres, la plus virulente, était écrite par Jean-Pierre Etienne, mon collègue gastro-entérologue de Bicêtre. A plusieurs reprises par la suite, il allait montrer son opposition à notre travail et plus personnellement à moi-même et cet épisode a été peut-être le moment de la rupture avec lui. Son attitude tout le moins inamicale, il la manifesterait par la suite à toutes les instances de pouvoir qui était son domaine d'élection, et lorsqu'il deviendrait le doyen de ma Faculté.

Cet article indiquait clairement quelle était ma pensée : le malade dans la mesure où il avait une affection chirurgicale relevait d'emblée d'une prise en charge chirurgicale. C'est dans cet état d'esprit que les malades étaient traités dans le service. C'est la maladie qui était discutée et chez ce malade donné, quelle était la meilleure indication thérapeutique. Il pouvait s'agir d'un acte chirurgical avec par exemple le choix entre une résection d'une tumeur ou une transplantation. Ce pouvait être pour une affection biliaire, la mise en place d'un stent ou une intervention de résection. On pouvait discuter également pour une tumeur de faire une chimio-embolisation ou une destruction par radiofréquence. Tout cela était discuté au staff avec donc une connaissance globale de la maladie et des indications différentes de chacun des traitements, qu'il s'agisse d'un traitement chirurgical ou non chirurgical, radiologique, endoscopique ou médical.

Avec les années, l'hépatologue Didier Samuel s'est entouré d'une équipe d'assistants hépatologues. Ont été recrutés également des assistants radiologues, endoscopistes, oncologues. Le malade était discuté dans sa globalité. Petit à petit venait la conception du département des maladies du foie et de ce que j'appellerai « l'hôpital horizontal ».

37. L'hôpital horizontal

La structure de l'hôpital classique comprend des services de disciplines différentes. Dans certains pays, comme aux États-Unis, les services sont groupés dans des départements : ainsi le département de chirurgie groupe toutes les spécialités chirurgicales de la chirurgie digestive à la chirurgie cardiaque, la neurochirurgie, l'orthopédie, etc. De même, le département de médecine regroupe les spécialités médicales : la gastroentérologie, la rhumatologie, la cardiologie, etc. J'ai appelé cet hôpital « l'hôpital vertical » dans lequel chaque département représente une colonne.

Voyons maintenant l'autre type d'hôpital dans lequel on va prendre de chaque département décrit ci-dessus les unités de spécialité : par exemple pour la spécialité cardiaque, on met ensemble la cardiologie, la chirurgie cardiaque, les explorations cardio-vasculaires, la radiologie vasculaire...et cela représente le département des maladies cardiovasculaires. Pour le foie, le département des maladies du foie est donc constitué par l'hépatologie, la chirurgie hépato-biliaire, l'endoscopie biliaire, la radiologie diagnostique et interventionnelle, l'oncologie, tous orientés et spécialisés dans les maladies du foie. Ce sont des départements d'organe qui vont couper les colonnes des départements de l'hôpital vertical pour en prendre chaque fois l'unité de la spécialité et les grouper tous ensemble : il mérite à juste titre de s'appeler département d'organe. Il s'agit, à l'opposé de l'hôpital par colonnes verticales, d'un hôpital par plateaux horizontaux : de ce fait, je disais que les départements d'organes sont horizontaux. Pour montrer la supériorité des structures horizontales, je prenais l'exemple des temples grecs. Si on supprimait la structure horizontale c'est-à-dire le toit, les colonnes tombaient. J'avais mis dans mon bureau une grande photo du photographe Josef Koudelka, qui me l'avait offerte, représentant une colonne de temple brisée au sol.

Ce que j'avais réalisé typiquement à Paul Brousse était un département de maladies du foie dans lequel il y avait la chirurgie, l'hépatologie, l'échographie, l'endoscopie, la réanimation toutes spécialisées dans les mêmes maladies : c'était un département pluridisciplinaire de la même spécialité.

La difficulté venait que par la structure de ce type de département, les unités étaient soustraites aux départements des disciplines classiques. Je sais qu'aux États-Unis, ceux qui ont voulu faire comme moi se sont heurtés à l'adversité des autres départements qui n'acceptaient pas qu'on leur retire des parties de leur responsabilité et de leur pouvoir, mettant en péril leur structure.

En 1989, le département des maladies du foie de Paul Brousse a été officialisé pour la raison suivante: Didier Samuel, hépatologue reconnu par ses pairs en France et internationalement était en situation, par son mérite, d'accéder au poste de professeur des universités - praticien hospitalier. Je faisais donc la demande d'un tel emploi et tout de suite la difficulté a surgi: il n'était pas possible de nommer un professeur d'une spécialité médicale dans un service de chirurgie, plaçant ce professeur de médecine sous l'autorité d'un professeur de chirurgie. Autrement dit, il n'était pas possible qu'un professeur de chirurgie ait comme agrégé un professeur d'hépatologie. Étant alors chef de département de chirurgie, je proposais donc d'en changer l'intitulé et de l'appeler « département des maladies du foie ». A ce moment-là, disais-je, il n'y aurait pas de difficulté pour nommer un professeur d'hépatologie. Les instances l'ont reconnu et Didier Samuel a été nommé professeur d'hépatologie dans le département des maladies du foie.

Ainsi arrivé en 1970 dans un service de chirurgie gériatrique où je montais une unité de chirurgie digestive, on arrivait 20 ans plus tard à un département pluridisciplinaire des maladies du foie. Comment cela avait-il été possible ?

Les avantages du désert

Contrairement à Bichat où à côté de la chirurgie, il y avait tous les services complémentaires, à Paul Brousse, lorsque j'arrivais, je n'avais aucun environnement médical. C'était le désert. J'ai dû petit à petit trouver tous les compléments nécessaires à notre activité. Je pouvais choisir les meilleurs. J'avais la liberté du choix sans la contrainte de m'adresser à un service voisin dans l'hôpital. Le service de chirurgie initial allait devenir le département multidisciplinaire d'organe.

« *Le désert, disais-je, c'est fantastique* ». Quelquefois, je disais: « C'est comme la Californie par rapport à la Nouvelle-Angleterre avec tous ceux qui allaient courir pour la ruée vers l'or ».

Évidemment, le désert, il faut le traverser avec les dangers que cela comporte. J'ai dû rencontrer des Indiens pour arriver aux mines d'or. Il y avait certainement des chirurgiens de ma génération pas contents de voir un Service attirant des malades de toute la France et de l'étranger, faisant de la recherche et ayant des publications de niveau international. Mais ces «Indiens» ne sont pas arrivés à nous tuer ni même à nous blesser. Car les récompenses que je recevais venaient de l'extérieur. Ce fut différent quand j'ai eu besoin d'eux principalement pour les promotions et les nominations de mes élèves.

Mais on était si bien dans notre vieil hôpital sans avoir de compte à rendre à personne, en n'attendant de bénéfices que de notre propre travail. Mais un jour, on allait devenir trop gros et alors on aurait besoin de plus.

38. Le rayonnement du service et les Journées de Chirurgie Hépato-Biliaire (les JHB)

L'habitude prise à Bichat de transmettre notre expérience a continué à Paul Brousse. Je rappelle qu'à Bichat, monsieur Hepp avait institué des journées annuelles d'enseignement appelées Journées Hépato-Biliaires. J'y participais de plus en plus intensément et déjà les dernières années à Bichat, j'en étais devenu le principal organisateur. J'ai maintenu ces journées à Paul Brousse. Ainsi, six mois après mon arrivée, en mai 1971, j'organisais ces journées d'enseignement qui duraient quatre jours avec le matin des démonstrations chirurgicales en salle d'opération et l'après-midi des exposés. Évidemment, contrairement à Bichat, j'étais seul pour les opérations. Des caméras étaient installées dans deux salles d'opération et pendant qu'un chef de clinique commençait une opération, j'étais dans l'autre et passais de l'une à l'autre pour les temps importants. C'était particulièrement éprouvant car c'étaient évidemment des interventions importantes (les participants ne venaient pas assister à des opérations simples et connues) et aussi parce que c'était en direct sous les yeux de dizaines de participants. Curieusement au lieu de me stresser, cela me stimulait. Je devais en même temps commenter l'opération. Je m'étonnais d'être en forme quand j'abordais la deuxième partie de la journée pour les communications. Certes, il y avait d'autres orateurs invités mais j'étais le modérateur et j'avais moi-même au moins un exposé chaque jour.

Les locaux étaient inadaptés. On organisait la salle de conférence dans la salle de réunion du service qui contenait 50 personnes, on arrivait au maximum à en mettre 70. Pour les repas, j'avais obtenu de la cuisine de l'hôpital qu'elle nous prépare des repas pour tous les participants mais il n'y avait pas de restaurant. J'ai eu l'idée d'installer dans la partie du jardin de l'autre côté du couloir central de l'hôpital, en face de la salle de conférence, une tente où l'on prenait les repas : cela permettait de perdre le moins de temps. C'est sans doute à cause de cette tente que les internes appelaient ces Journées « le Bismuth Circus ».

Ces Journées Hépato-Biliaires étaient basées sur le désir de communiquer tout ce que nous avions fait l'année précédente et tout particulièrement les innovations. Elles sont devenues de ce fait rapidement très attractives. Elles ont été, je suis sûr, l'élément déterminant du rayonnement du Service auprès des chirurgiens français auxquels sont venus s'ajouter rapidement des chirurgiens des pays limitrophes : les Italiens étaient largement prédominants. Il y avait même des chefs de service avec leurs assistants car, comme je l'ai dit, j'ai eu très tôt dans le service des malades italiens venus pour des opérations qu'ils ne pouvaient pas avoir dans leur pays. Les chirurgiens ont suivi.

Très tôt, de jeunes chirurgiens étrangers sont venus faire des stages dans le service. Comme nous n'étions pas assez nombreux pour toutes nos activités, ils étaient intégrés à notre équipe. C'étaient généralement des jeunes chirurgiens ayant déjà une expérience de la chirurgie digestive, même quelquefois très qualifiés, qui venaient apprendre la chirurgie du foie et plus tard la transplantation hépatique. La plupart étaient envoyés par leur patron pour développer cette activité dans leur propre département. Nous n'avions aucun salaire à leur verser et si certains recevaient une subvention de leur propre hôpital, d'autres venaient à leurs propres frais. C'était très courageux d'autant qu'ils venaient souvent seuls, laissant femmes et quelquefois enfants dans leur pays pour un ou deux ans.

J'étais sensible à la confiance que me faisaient certains grands patrons en m'envoyant leurs assistants préférés. C'est ainsi que le Pr Puglionizi, chef de chirurgie de la renommée Université Catholique du Sacré Cœur à Rome (dont les médecins traitaient le Pape), m'envoyait son principal assistant Gennaro Nuzzo. Pour d'autres, c'était leur fils comme le Pr Francesco Morino, grand patron de l'Université de Turin qui m'envoyait son fils Mario qui allait rester quatre ans avec moi. Ils deviendront leur successeur.

Certains venaient de fort loin de l'Amérique du Sud: d'Argentine, du Paraguay, du Brésil, du Pérou, d'Uruguay. Dans ce dernier pays, la demande de stagiaires dans le service avait été suffisamment forte pour que l'ambassade de France me demande d'établir un programme d'échange et, durant cinq ans, tous les ans, un chirurgien uruguayen venait se former à Paul Brousse, créant dans ce pays une véritable école de chirurgie d'influence française. Il en a été de même pour le Pérou. Dans ces deux pays, l'Alliance Française a vu une affluence de jeunes chirurgiens postulants à venir en France dont la connaissance du français était un élément discriminant.

L'Italie a été certainement le pays d'où sont venus le plus de chirurgiens pour se former parmi nous, je pense plus d'une cinquantaine, de toutes les villes, de toutes les universités. Au Portugal, Eduardo Barroso, très tôt formé à la transplantation hépatique auprès de Roy Calne à Cambridge a envoyé ses trois principaux assistants se former à Paul Brousse et par leur intermédiaire est devenu mon élève. Il a créé le centre hépato-biliaire portugais l'intitulant « la métastase au Portugal du centre de Paris ». Grand communiquant, il a été le fondateur de l'école de chirurgie hépato-biliaire au Portugal.

Il y avait en permanence une dizaine d'assistants étrangers, assidus au staff et en salle d'opération, et nous apportant une aide considérable. Ainsi pour les transplantations entre l'opération sur le patient, le receveur, et le donneur que nous allions prélever nous-mêmes, il y avait quelquefois sur les 7 chirurgiens mobilisés jusqu' à 5 assistants étrangers.

Je pense que sans ces jeunes chirurgiens étrangers avides d'apprendre mais en même temps participant activement à la vie du service, nous n'aurions pas pu nous développer comme nous l'avons fait. Ils resteront attachés au service même après leur départ, venant participer au congrès des Journées Hépato-Biliaires. Ils deviendront les Compagnons Hépato-Biliaires. C'était ainsi très largement par eux que se faisait le rayonnement du service et la transmission de notre expérience et de notre savoir aux équipes de chirurgie hépato-biliaire qui petit à petit se développaient dans le monde. Certes, nous n'étions pas les seuls et d'autres chirurgiens faisaient aussi des émules à partir de leur propre expérience. Mais je crois qu'au début, dans les années 70-80, nous étions les seuls, du moins en Europe et dans le monde occidental, à pratiquer aussi intensément la chirurgie du foie.

À cette époque, je commençais à être invité par des chirurgiens étrangers lors des congrès qu'ils organisaient dans leur pays, donnant des conférences sur *l'hypertension portale*,* la chirurgie biliaire complexe des sténoses biliaires et les cancers du hile biliaire ainsi que de nos premières expériences des *hépatectomie*s anatomiques. La première association internationale créée dans ce domaine a été «l'International

Biliary Association». J'y rencontrais les chirurgiens qui commençaient à s'intéresser à la chirurgie biliaire, tout particulièrement le suédois Stig Bengmark et l'anglais Leslie Blumgart. On s'était amusé à se définir comme le « B Group », B comme Biliaire mais aussi parce que c'était l'initiale de nos trois noms : j'avais à vrai dire un avantage sur eux car, par mon prénom, j'avais aussi le H de Hépatique.

J'avais invité au début des années 80 Leslie Blumgart à venir visiter mon service. Quelque temps plus tard, un de mes chefs de clinique, Claude Smadja, qui terminait ses deux ans de clinicat avec moi m'apprenait que Leslie Blumgart l'avait invité à passer un an dans son service à Londres. Il me racontait par la suite qu'à chaque opération de chirurgie hépato-biliaire, il était l'assistant de Blumgart qui lui demandait à tout moment : « comment fait Bismuth ? ».

Est-ce ainsi que Blumgart, initialement chirurgien-dentiste, puis chirurgien digestif particulièrement avisé et ayant un grand sens de la communication, est devenu précurseur en Angleterre de la chirurgie hépato-biliaire dans un pays qui n'en avait pas une grande expérience initialement ?

Au début des années 1980, j'étais invité à parler de la chirurgie hépatique un peu partout dans le monde. À Heidelberg, après ma conférence, un jeune chirurgien est venu me poser des questions très intéressées : il s'appelait Johannes Schiele et je pense qu'il a été le premier à commencer à développer la chirurgie hépatique anatomique en Allemagne. En Angleterre, j'ai été invité à faire la conférence principale, la « Guest Lecture », au congrès annuel des chirurgiens anglais. Dans le *British Journal of Surgery,* un éditorial, signé David Carter, a rendu compte de la séance en disant que les applaudissements étaient proches de la standing ovation des Américains. En fait, j'avais bien reçu cette standing ovation aux USA lorsqu'au congrès de la « Society of Surgeons of Alimentary Tract » (SSAT), j'avais exposé la chirurgie hépatique en décrivant les *hépatectomies** segmentaires et les larges exérèses qu'il était possible de faire.

Si l'on devait fixer une date au développement de la chirurgie hépatique moderne, je dirais que c'est 1984. En effet, ce fut l'année où la chirurgie de résection hépatique s'est trouvée modifiée par la vulgarisation des connaissances de l'anatomie hépatique et l'introduction de l'échographie per opératoire. Étrangement et sans aucune relation, cette année a été également celle de l'essor de la transplantation hépatique. L'année précédente, la conférence de consensus de Washington avait reconnu la transplantation hépatique comme un procédé thérapeutique et était apparu le premier immunosuppresseur : la ciclosporine.

Cette année a été l'année de la reconnaissance internationale du service de chirurgie de Paul Brousse qui devenait service de chirurgie hépato-biliaire et de transplantation hépatique. Progressivement, on allait diminuer toutes les autres opérations de chirurgie digestive pour nous consacrer à la chirurgie hépatique et la transplantation : cette double activité dans le même service par les mêmes chirurgiens était à l'époque unique : les Américains avaient l'expertise de la transplantation hépatique, les Japonais de la chirurgie hépatique, mais aucun comme nous n'avait l'expertise des deux en même temps.

Cette double expertise était la raison pour laquelle je commençais à recevoir des chirurgiens du monde entier pour s'entrainer à notre chirurgie.

C'était le début de mon école.

CHAPITRE 8

Les malades

Ma patientèle avait changé et je recevais de plus en plus de malades difficiles et parfois inopérables.

Quelquefois, on venait me voir non pas pour une opération mais pour confirmer qu'il n'y avait vraiment plus rien à faire. C'étaient des consultations bien tristes avec la famille dont je sentais par le regard qu'elle m'implorait de dire que les autres médecins et chirurgiens s'étaient trompés et qu'il y avait une possibilité d'opération et peut être de guérison. Cela pouvait arriver, c'est vrai, mais c'était bien rare. Quelquefois, leur demande était moins évidente.

39. Le poids de la famille: la «madre» et le journaliste

J'étais à un congrès à Naples quant à la fin de de la séance, en fin d'après-midi, un chirurgien dans la salle vint me voir. Une malade qu'il avait opérée d'un cancer avancé allait très mal sans aucune possibilité thérapeutique. Sa famille avait appris que j'étais dans la ville et voulait absolument que je vois leur parent car peut être une opération « miraculeuse » pouvait être faite. Je lui disais que c'était vraiment impossible, je devais rentrer à l'hôtel et sortir immédiatement pour le diner officiel. La famille, me dit -il, est déjà à l'hôtel et vous attend pour vous conduire a pas plus de 10 minutes chez la patiente.

« Ils sont désespérés. Je vous en prie, au moins, voyez les ».

En arrivant à l'hôtel, il y avait en effet un groupe d'hommes qui dès mon entrée s'est avancé vers moi. S'adressant en italien, le plus âgé d'entre eux très respectueusement me dit :

« Illustre professeur Bismuth, notre mère est très malade. On nous a dit qu'on ne pouvait plus rien faire et nous ne pouvons pas accepter cela. Vous êtes notre dernière chance Je vous en prie, au nom de mes frères et de moi-même, acceptez de venir la voir. On vous y conduit en quelques minutes ».

Que pouvais-je faire ? Une demi-heure plus tard, la voiture s'arrêtait devant une maison modeste dans un quartier populaire. A la porte d'entrée de l'immeuble, il y avait un petit attroupement de jeunes gens et d'enfants. Ils s'écartaient à mon passage pour me laisser entrer dans l'immeuble. On me conduisait au premier étage et j'entrais dans une chambre. Il y avait plusieurs femmes entourant le lit, toutes silencieuses. La malade était une femme âgée. Elle était jaune, respirait faiblement. On m'apporta un paquet de radios, on me présenta la dernière pochette, on sortit les clichés. Le foie était rempli de tumeurs, il y en avait également dans les poumons. On voulait que je l'examine. On écarta les draps. Je mis la main sur le ventre, il y avait une *ascite**. J'appuyais avec la main pour sentir le foie mais la distension m'empêchait de le sentir. La malade ne réagissait pas, elle était à peine consciente. Je me levais. Les hommes étaient restés dehors.   Dès que je sortis de la chambre, ils m'entourèrent. Le plus âgé, toujours le même dit : « Alors professeur, pouvez-vous faire quelque chose ? Je vous en prie, dites que vous pouvez ». Mais je lui dis : « Vraiment on ne peut rien faire. Votre mère est dans un état très grave et aucun traitement n'est possible, j'en suis absolument sûr. Il faut la laisser comme cela. Apparemment, elle ne souffre pas. C'est bien comme cela ». Ils se regardèrent entre eux et tristement, hochèrent la tête.

Ils me raccompagnèrent en silence à la voiture et me conduisirent à l'hôtel. Mon interlocuteur prit la parole : « Illustre professeur, nous vous remercions énormément. Vous comprenez, c'est notre mère. Nous devons tout faire pour elle et ce que vous avez dit nous rassure. Maintenant, nous sommes tranquilles, nous allons la laisser partir en paix ».

Cette famille napolitaine, resserrée autour de leur mère ne pouvait pas accepter de ne pas avoir fait le maximum pour la sauver. Maintenant ils pensaient qu'ils avaient tout fait et leur angoisse, à l'idée qu'ils n'avaient pas lutté comme il fallait pour elle, pouvait se dissiper.

Savaient-ils ou alors inconsciemment que ce qu'ils m'avaient demandé de traiter ce n'était pas elle, leur mère, mais eux, la famille ?

Cette histoire est proche mais dans une autre dimension.

Il est environ 16h et je suis en pleine consultation dans mon bureau lorsque ma secrétaire m'appelle. Elle me dit : « Il insiste beaucoup pour vous parler et me dit que vous le connaissez ». Au téléphone, cet homme me dit : « Je suis l'assistant de Monsieur A. (évidemment je le connais, c'est l'industriel le plus important d'Italie). Il vous prie instamment de voir le plus rapidement possible un de ses grands amis qui va très mal et pour lequel les médecins ici disent qu'il est perdu. Il est à Milan mais il est très grave et ne peut se déplacer. Monsieur A. veut tout faire pour lui ». Je lui ai dit que je vais voir si c'est possible la semaine prochaine mais il me dit que c'est vraiment très urgent. Il insiste pour que je vienne rapidement. Un avion est à ma disposition pour venir le plus vite possible, même ce soir. J'ai un programme très chargé les jours suivants. Je demande :

« Que voulez-vous dire par ce soir ?

-Quand pouvez-vous être libre ce soir ?

-Je ne sais pas exactement, peut-être vers huit heures.

-Une voiture vous prendra à l'hôpital quand vous aurez fini et vous conduira directement à l'aéroport où l'avion vous attend. Il vous ramènera à Paris dès que vous aurez vu le malade, dans la nuit. »

Cela me gêne de refuser d'autant qu'il me laisse croire que ma consultation peut changer le cours des choses. Quelques heures plus tard, je me trouve au Bourget. Dans l'avion, un repas avait été préparé. Vers 23 heures, je suis à Milan et conduit auprès du malade. Il y a dans l'appartement la personne qui m'avait téléphoné cet après-midi qui me dit que le patient est un grand journaliste du principal journal d'Italie. Je vois le dossier avant d'entrer dans la chambre du malade. Il a un cancer du foie développé sur une cirrhose due à une hépatite B connue depuis longtemps. Il y a des nodules de tumeur dans tout le foie et en même temps la cirrhose s'est décompensée avec un *ictère**, une ascite.

Bref, il est au stade terminal de la cirrhose avec une tumeur diffuse dans le foie. Le malade est conscient et me parle dans un français parfait. Je n'ose lui dire la vérité. Je lui dis que le traitement- en réalité un simple traitement symptomatique- qui vient de commencer, va l'améliorer. Il me remercie. Je ne suis pas sûr qu'il m'ait cru.

En sortant, je dis à la famille qu'il n'y a aucun traitement possible à ce stade. Les médicaments qu'on lui a prescrits sont exactement les mêmes que ceux que je prescris à mes malades dans la même situation. Ils sont destinés à son confort. On ne peut rien faire de plus. Ils me disent qu'ils savaient que la situation était perdue. Monsieur A avait insisté pour qu'il soit vu par le meilleur spécialiste. Ils me remercient beaucoup d'être venu le voir.

Le vol de retour me paraît plus court, sans doute me suis-je endormi. Je me retrouve chez moi à 4h du matin et je suis à 8h dans le Service comme tous les jours.

Sans doute, le monde de la presse italienne a-t-il appris la sollicitude de ce grand personnage faisant venir « un fameux médecin étranger, le meilleur du monde » pour essayer de sauver un des leurs.

Avais-je été dupe ?

40. Opérer en dehors de Paul Brousse

J'ai toujours été très réticent à opérer en dehors de mon bloc opératoire. Beaucoup de mes collègues le faisaient pour différentes raisons. Souvent c'était à l'occasion de congrès où le chirurgien étranger était invité à faire une démonstration d'une technique chirurgicale dont il était spécialiste. C'était flatteur pour lui. D'autres fois, il était invité pour une intervention d'un patient étranger et il pouvait y avoir dans ce cas un intérêt financier.Je n'ai jamais voulu opérer en dehors de mon bloc opératoire. Il y avait plusieurs raisons à cela. D'abord, je considérais que le chirurgien n'était pas tout seul pour faire une opération : il y avait son aide, et aussi son instrumentiste, et j'ai déjà dit qu'ils formaient une équipe étroite, mais il y avait également l'anesthésiste, la panseuse du bloc opératoire qui connaissait les habitudes du chirurgien dans sa préparation de la salle et qui veillait que celle-ci contienne tout ce dont le chirurgien avait besoin pour l'opération donnée. A ce facteur humain de l'équipe se rajoutait la deuxième cause : c'était le matériel. J'utilisais un matériel spécifique, non seulement les pinces, les ciseaux etc. (mon instrumentation) mais également la technologie comme la pince à coaguler, le dissecteur ultrasonique, l'échographie peropératoire : c'était tout l'environnement de la salle d'opération nécessaire à l'acte opératoire pour lequel j'attachais une grande importance. Il est vraisemblable que des blocs opératoires à l'étranger pouvaient fournir la même technologie.

Plus difficile pour les hommes, encore qu'on pouvait venir avec son aide et son anesthésiste mais il y avait des aléas, du hasard que je voulais éviter. D'un côté, je voulais absolument être sûr de faire l'opération habituelle, de l'autre, je ne n'étais pas absolument sûr d'avoir les moyens humains et matériels de la faire et je ne voulais pas prendre ce risque, pour le malade plus que pour moi. Je crois bien n'avoir opéré qu'une seule fois à l'étranger. C'était au Gabon où j'étais en vacances. Il se trouvait qu'à ce moment-là, un de mes internes, Francis Kunstlinger, faisait son service militaire à l'hôpital de Libreville. Sachant que j'étais là, il en avait parlé à son chef de service qui m'avait invité à venir opérer dans son bloc opératoire. Le malade proposé était une jeune fille qui avait une thalassémie (anomalie des globules rouges) et à qui il fallait enlever la rate. J'ai accepté et j'ai fait l'opération aidé par le chirurgien chef et mon interne. Ce dernier connaissait mes habitudes et avait donc préparé la salle d'opération avec le matériel nécessaire. Tout s'était bien passé et la malade avait eu des suites opératoires simples. Mais en réalité, cette démonstration si simple a eu des effets moins simples. Francis Kunstlinger par la suite m'a dit qu'on avait sorti pour moi tout le matériel, fils de suture et aiguilles de la réserve du bloc, matériel qui allait manquer les jours suivants.

Autre exemple de ma réticence à opérer à l'étranger: c'était en mai 1986. En pleine nuit, je suis réveillé par un coup de téléphone d'un de mes anciens élèves italiens qui me dit : « Je suis à Naples dans un hôpital où on est en train d'opérer une urgence : un jeune homme de 17 ans qui a eu un accident de moto. Il est arrivé d'urgence à l'hôpital avec un tableau d'hémorragie interne et on l'a immédiatement opéré. Il y a une rupture du foie et ça fait plus d'une heure qu'on n'arrive pas à faire l'*hémostase**. On ne voit pas comment traiter la situation, chaque fois que le chirurgien aborde le foie, il déclenche une hémorragie et on doit colmater avec des champs. Les anesthésistes craignent de ne plus avoir de sang. Pouvez-vous venir ? Le père du blessé a les moyens de vous envoyer un avion et vous venez immédiatement».

Il était environ 4h du matin. Je lui dis :« Je dois venir avec des assistants, l'anesthésiste certainement et un aide, aussi quelques matériels. A cette heure-ci, il faudra attendre le début de matinée. Le temps d'arriver à Naples, je crains que ce ne soit pas au plus tôt à midi et ça risque d'être trop tard. Je propose une autre solution : faire venir le malade puisque l'hémorragie est contrôlée par les champs, par avion sanitaire. Regardez si c'est possible ».

Deux heures plus tard, je recevais un appel : «Le père du patient a obtenu d' Alitalia un avion sanitaire dans lequel on peut mettre la table d'opération et le respirateur et toute l'équipe de chirurgiens et d'anesthésistes. On pense être là en fin de matinée».

Je dis c'est très bien et je demandais seulement le groupe sanguin. À 11h, l'ambulance arrivait à l'hôpital. L'opéré était immédiatement transféré au bloc. Tout était prêt et je l'opérais. L'hémorragie était minime sur le foie en place, mais dès qu'il était mobilisé pour aborder le foyer de fracture, une hémorragie importante se déclenchait. C'était ce qu'avait observé le chirurgien à qui j'avais demandé de s'habiller pour participer à l'opération. La rupture était à droite. Je connaissais cette situation dans les traumatismes du foie : les traumatismes par décélération ou la partie droite du foie est projetée en avant alors que sa partie postérieure est fixée en arrière et le foie s'ouvre au niveau de la scissure où est la veine hépatique* droite : c'est cette veine qui saignait. Chaque fois qu'on abordait la rupture en l'écartant, on exposait la veine et sa déchirure saignait. Le geste indispensable à faire était de décoller la face postérieure du foie droit pour extérioriser en bloc le foie droit, la main placée en arrière, maintenant la rupture hépatique fermée faisant l'*hémostase**. On pouvait alors, après clampage du pédicule hépatique, explorer la lésion. La déchirure de la veine hépatique était importante et irrégulière. Surtout la rupture intéressait presque toute la scissure et le secteur postérieur du foie ne tenait que par une petite partie postérieure. Il était plus simple de faire une ablation de ce secteur dont la vascularisation en plus me paraissait compromise. Le geste opératoire a donc été simple, enlevant le secteur postérieur du foie ainsi que la veine droite rompue et *l'hémostase** complète était assurée.

Le jeune blessé a eu des suites opératoires très simples.

Son père, quand je l'ai vu en sortant de salle d'opération et que je lui ai dit que ça allait bien me dit : « Je ne sais pas comment vous remercier, vous avez sauvé mon fils ».

Je lui dis que c'était lui qui, dans le bloc opératoire de Naples où son fils était entre la vie et la mort, avait accepté ma proposition de transporter son fils à Paris, lui qui avait trouvé les moyens de le faire. J'imaginais ce qu'il avait dû faire dans l'urgence en pleine nuit pour convaincre tout le monde.

A posteriori, je me suis demandé si la solution que j'avais proposée était raisonnable, en mobilisant de tels moyens. Mais on m'avait dit que les champs, de grandes compresses, contrôlaient l'hémorragie (en fait c'était déjà un « packing » - un tassement de champs- qui aurait pu bien contrôler l'hémorragie, même de façon définitive mais à l'époque ce traitement n'avait pas encore été décrit). J'avais estimé qu'il y avait plus de chances de réussir l'opération à Paris dans un environnement sûr que dans l'hôpital napolitain où j'aurais pu rencontrer des conditions plus aléatoires.

Quand le fils par la suite, à son tour, m'a remercié, je lui ai dit qu'il avait la chance d'avoir un père remarquable et que c'est à lui qu'il devait pour une deuxième fois d'avoir la vie. Le jeune patient est devenu le grand industriel qu'était son père, malheureusement disparu. Je lui suis resté très attaché, comme je le suis après tout patient que je crois avoir sauvé. Inconsciemment je m'attribue leur succès, leur vie, même leurs enfants (ne sont-ils pas nés grâce à moi. ?) Je crois que l'on a besoin de ce sentiment qui justifie les efforts que l'on a fait pour être le médecin que l'on est. Il m'est arrivé de demander à des patients qui étaient guéris de revenir me voir. Inquiets, ils me disaient « Mais je ne suis alors pas guéri ? ». Je leur disais : « Non, si je vous demande de venir me voir, ce n'est pas pour vous, c'est pour moi ».

41. Simone Signoret

En mars 1982, je vois en consultation Simone Signoret. Elle vient dans mon bureau avec Yves Montand, couple impressionnant et charmant. Elle me dit de sa belle voix qu'on lui conseille de se faire opérer. Elle souffre depuis plusieurs années d'une histoire biliaire. Je vois ses documents : elle avait un bilan complet.

Effectivement, il faut l'opérer. Yves Montand pose quelques questions. Ils sortent en se tenant par la main.

Après l'opération, je passais toujours la voir le soir avant de quitter l'hôpital. Elle me retenait longuement et me racontait des fragments de sa vie. J'apprends ainsi, ce que j'ignorais, qu'elle avait dû se cacher pendant la guerre en Bretagne : « on me dit qu'un de vos assistants s'appelle Franco. Est-ce le fils du Docteur Franco de la clinique de Vannes ? Vous savez pendant la guerre, j'ai été hébergée pendant une courte période dans la famille de ce chirurgien ». C'était bien la famille de mon assistant Dominique Franco. Je l'informais alors pour qu'il aille la voir.

Un autre jour, me raconta-t-elle, « Nous avons été invités Yves et moi en Argentine. Mais c'est impossible avec ce dictateur horrible. Nous avons refusé. D'ailleurs, nous demandons à ce que ce pays soit banni par les artistes». C'était leur engagement politique.

« Je ne suis plus l'artiste que j'étais dans « Casque d'or ». Il faut s'y faire et je joue maintenant des rôles adaptés à mon âge». Elle jouait alors un juge d'instruction dans des épisodes d'une série télévisée.

Yves Montand avait séduit tout le personnel, appelant les infirmières par leur prénom, demandant à la surveillante générale s'il pouvait avoir un café. Je les voyais courir dans le service pour le satisfaire. Cela me faisait sourire quand je voyais cette infirmière syndicaliste de la CGT s'empressant de faire plaisir à cette homme si attachant qui arrivait en Ferrari à l'hôpital. Il l'avait garée un peu plus loin du service.

Tous les soirs, avec un plaisir que j'espère réciproque, je passais près d'une heure à parler avec Simone Signoret pendant la durée de son hospitalisation. C'était un échange très chaleureux, très personnel donnant la conviction qu'elle s'intéressait à vous. Malgré l'heure tardive, je peinais à la quitter. Quelquefois Yves Montand se joignait à la conversation. A son départ, je n'ai plus entendu parler de Simone Signoret. Elle allait bien pensais-je...

42. Un Patient extraordinaire

A la fin de l'été 1992, je recevais un coup de téléphone de Pierre Samuel, avocat international, pour un de ses amis, Jeremy Andres, chez qui on venait de trouver un nodule dans le foie. «Le patient est à Paris. Pouvez-vous le voir rapidement? ». Le lendemain je faisais entrer dans mon bureau M. Andres et sa compagne Laura. Je voyais son dossier: il s'agissait d'une tumeur du foie qui avait les caractéristiques d'un *carcinome hépatocellulaire**. Tout le bilan était négatif. Il avait été exploré à Londres par le Pr Roger Williams, hépatologue renommé que je connaissais fort bien depuis de nombreuses années. Il lui recommandait de se faire opérer dans son hôpital. Le patient venait me voir pour avoir un autre avis. Je confirmais la décision opératoire : en effet, c'était ce qu'il fallait faire.

«Pouvez-vous m'opérer, me demanda—t-il. Assez rapidement ? »

Je dis: «Oui, il le faut, dès que vous aurez vu les anesthésistes ». Mais il ne prit pas de rendez-vous et ils sont partis. J'ai appris par la suite par sa compagne comment ils avaient vécu cette consultation. Contrairement aux consultants anglais qui voyaient leurs patients dans le luxe de leur clinique privée, mon bureau était minuscule, minable, encombré de dossiers en tas sur la table et sur le sol. Quand ils étaient sortis du bureau, M. Andres avait dit : « Alors, qu'est-ce qu'on fait ? ». Elle lui avait répondu : « C'est lui qui va t'opérer ».

Pierre Samuel s'était informé auprès de ses contacts, en particulier américains qui lui avaient fortement recommandé d'adresser à moi son ami, un financier international franco-brésilien.

L'opération a été simple. La tumeur était petite, bien circonscrite et le foie était par ailleurs normal. Je faisais une hépatectomie limitée. Le patient était effrayé à l'idée d'une chimiothérapie postopératoire. A priori je pensais qu'elle n'était pas nécessaire. Mais comme je savais que Pierre Samuel, qui surveillait de près les suites de l'opération, allait demander des avis à toute la communauté internationale, j'ai pris les devants en posant la question à cinq de mes collègues dont un Allemand et un Japonais (Rudolph Pichlmaier et Masatochi Makuuchi). On tombait d'accord sur l'inutilité d'une chimiothérapie après l'opération.

Le Noël suivant, je recevais une invitation de Jeremy Andres à venir passer les vacances avec toute ma famille pour Noël et le jour de l'An au Brésil dans sa propriété. On ne pouvait rien faire d'autre que de tomber sous le charme de cet homme particulièrement intelligent et séduisant. Il savait charmer les hommes comme les femmes. Très tôt on a été très proches. Je sentais qu'il avait confiance en moi et j'en étais touché. Nous avions un objectif commun : il voulait absolument guérir et je le voulais autant que lui. De temps en temps il nous invitait à dîner dans son restaurant parisien et l'année suivante nous réinvitait au Brésil pour les vacances de fin d'année. Sur le plan médical j'avais institué la surveillance habituelle biologique (il ne voulait pas d'examens radiologiques). Je surveillais scrupuleusement biologie et marqueurs tumoraux et tout allait fort bien. La catastrophe allait venir mais d'ailleurs.

Je n'oublierai jamais ce jour, le samedi 15 avril 1995 soit deux ans et demi après l'opération. J'étais à un congrès en Espagne avec Françoise. Il était midi quand je recevais un coup de téléphone de Jeremy.

« Il faut que je vous voie tout de suite. On vient de faire mon bilan biologique et on a trouvé une élévation des gamma GT et des marqueurs tumoraux. C'est un cancer du pancréas. Pouvez-vous venir me voir immédiatement ?

Je lui disais que je n'étais pas en France, mais que par chance je rentrais le soir même et arrivant tard à Paris, je le verrais le lendemain.

« Où êtes-vous en Espagne ? Quel est votre aéroport ?

-Séville

-Très bien, je vous envoie mon avion. À 16h, donc dans quatre heures, vous embarquerez. Je veux vous voir cet après-midi. Quel est votre hôtel ?»

À peine de retour dans notre chambre, l'hôtel m'informait qu'un taxi nous attendait. Dès notre arrivée à l'aéroport, on nous conduisait directement à l'avion qui venait d'arriver. Nous étions les seuls passagers de son avion Boeing 757. À Paris au Bourget, une voiture nous attendait pour nous conduire directement chez lui. Il était calme, lucide. Il avait fait le diagnostic lui-même devant les anomalies biologiques. Il se prenait en charge donc il fallait une opération rapide.

Dès le lendemain matin, un scanner confirmait une tumeur au niveau de la queue du pancréas. L'opération sur le pancréas a eu lieu cinq jours après la découverte de l'anomalie.

A l'opération, la tumeur était limitée au niveau du corps du pancréas et je faisais une pancréatectomie gauche avec curage ganglionnaire.

L'examen histologique montrait le caractère limité de la tumeur qui cependant arrivait à la capsule postérieure et, élément péjoratif, il existait des cellules isolées dans la graisse rétro-pancréatique. Sur la pièce en dehors de la tumeur exocrine, existait une petite tumeur endocrine de moins d'un centimètre qui se révélait être un glucagonome expliquant le diabète que le patient avait depuis plusieurs années, suivi par un endocrinologue suédois réputé.

Fait étrange, Jeremy était obsédé par le cancer. Il avait condamné dans toutes ses demeures l'usage du congélateur et du micro-ondes disant que ces appareils étaient source de cancer. Et voilà qu'il développait coup sur coup deux tumeurs différentes et sans relation entre elles.

J'arrivais à le convaincre de faire un traitement postopératoire par chimiothérapie et radiothérapie qui allait durer huit mois. Le patient qui ne supportait pas l'idée de la chimiothérapie était resté en bonne condition durant tout le traitement.

Pour la première séance de chimiothérapie, il était au Brésil dans sa propriété et je lui avais envoyé Françoise qui était partie avec une valise contenant tout le nécessaire au traitement : les médicaments, le matériel de perfusion, même les flacons de sérum physiologique. Elle allait passer une semaine tous les mois pour continuer la chimiothérapie pendant que Jeremy recevait, comme il le faisait tous les ans, ses amis et des personnalités du monde entier.

En avril 1996, il était de retour à Paris.

C'est alors qu'il se lançait avec une grande vigueur et enthousiasme dans une campagne électorale au Brésil. Son médecin personnel sur place, le Dr Carlos Santos était chargé de la chimiothérapie. Et avant les meetings électoraux, il arrivait qu'on retire le matériel de perfusion. J'étais en permanence en contact avec le médecin et étais tenu au courant des examens de contrôle. Cela a duré toute la campagne.

Je restais pessimiste en raison de la diffusion cellulaire dans la graisse péri-tumorale. J'arrivais à convaincre le patient qu'il fallait faire une laparotomie exploratrice : s'il y avait une récidive tumorale, elle serait traitée à son tout début. Celle-ci a eu lieu en janvier 1997. C'est Philippe Mouret que j'avais par chance pu recruter à Paul Brousse qui effectuait la laparoscopie : il découvrait des nodules dans le péritoine, Ce que je craignais.

La question se posait d'une nouvelle chimiothérapie. À la demande de Pierre Samuel qui allait prendre la direction de la conduite des traitements, j'allais voir à New York au Mémorial Hospital, un oncologue spécialiste des carcinoses péritonéales, le docteur David Kelsen. Une nouvelle chimiothérapie était commencée.

Au début de février, deux nodules étaient découverts dans le foie à sa partie haute. Il n'était pas question de faire une nouvelle intervention. En se concertant avec Pierre Samuel, on décidait de faire une alcoolisation dans les meilleures conditions possible. Les plus grands spécialistes à l'époque étaient au Japon. J'en parlais à Masatochi Makuuchi qui envoyait deux de ses assistants pour faire cette alcoolisation.

Les élections au Brésil avaient lieu en mai et il fallait tenir jusqu'à cette date. Jeremy allait et venait entre Paris et Rio : à Paris pour la chimiothérapie et les traitements et à Rio pour les meetings électoraux.

Durant cette période je le voyais brièvement, une heure ou deux, entre une interview avec des journalistes dans son restaurant et il reprenait l'après-midi son avion pour assister à des meetings au Brésil.

Le résultat des élections, le 1er mai 1997, n'a pas été favorable au parti de Jeremy. Il a très mal vécu ce revers électoral et indiscutablement sa santé s'en est ressentie.

À la fin du mois de mai, il présentait une occlusion intestinale et je dus l'opérer en urgence pour faire une dérivation gastro-jéjunale.

La chimiothérapie était à l'évidence inefficace. Tous les protocoles avaient été faits et je convainquais Pierre Samuel de l'arrêter.

Jeremy Andrés acceptait d'arrêter la chimiothérapie qu'il supportait mal mais sa volonté de lutter comme il avait fait toute sa vie le poussait à continuer avec d'autres traitements. Pierre Samuel avait la totale confiance de Jeremy qui n'était pas au courant des recherches qu'il faisait partout, interrogeant médecins et scientifiques dans le monde entier. Un jour il me dit : « j'ai appris qu'il y a un traitement du cancer par des cellules souches à Los Angeles. Pouvez-vous aller voir ces gens? ». J'allais donc pour une journée à Los Angeles visiter cette équipe qui était à UCLA. En fait, ce n'était qu'un travail expérimental sur l'animal et il n'y avait encore aucun essai clinique en cours et évidemment il était impossible d'utiliser ce traitement chez un patient.

De retour de Los Angeles, Pierre Samuel me signalait qu'il recevait de nombreuses offres de traitement non officiels et je dirais le plus souvent farfelus. Ainsi, on me signalait un traitement du cancer qui avait donné des effets spectaculaires par un Chinois résidant à San Francisco : le principe était par des gesticulations d'extraire des forces dans l'air qui étaient projetées sur le patient. Il avait donné une référence : une malade qui avait un cancer opéré en France et qui avait guéri grâce ce traitement depuis plus de 10 ans. Et pour rendre la chose plus plausible, le nom de la patiente et même son numéro de téléphone étaient donnés. Chose extraordinaire, ce nom me disait quelque chose et je me souvenais alors que j'avais opéré une malade de ce nom à l'Hôpital Américain d'un adénome du foie. Au téléphone, dès que je me présentais, cette femme me dit : « Ah, professeur Bismuth, quel plaisir de vous entendre après si longtemps. J'ai gardé un très bon souvenir de votre opération à l'Hôpital Américain. » C'était il y a plus de 25 ans que je l'avais opérée un jour où je remplaçais Monsieur Hepp. Je lui demandais alors quel était le traitement miracle qu'elle avait subi. Elle me dit que c'était le traitement du « mage chinois ».

« Voyez-vous, quand vous m'avez opérée à Paris, vous m'avez dit que c'était une tumeur bénigne mais que cette tumeur aurait pu devenir un cancer. Il y a quelques années quand j'ai entendu parler du traitement de ce mage chinois j'ai décidé de me faire traiter par lui et voyez-vous c'est miraculeux je suis toujours en vie ».

« Mais, lui dis-je, vous n'aviez pas de cancer ».

« Oui je sais, mais ce traitement l'a évité».

C'était la seule référence donnée pour ce fameux « thérapeute ». Je dois dire également qu'il ne parlait qu'un chinois dialectal, que seule sa femme, comprenait et servait donc d'interprète. Ils ne voyageaient qu'en première classe et pour les « traitements », demandaient à être logés dans les hôtels les plus somptueux. Je n'ai pas demandé ce qu'il fallait en plus payer. C'était une farce.

Face à la détresse des malades et à leur espoir, malheureusement la crédibilité n'avait pas de limite tant ils voulaient croire à un espoir de guérison. Et les escrocs en profitaient.

A Pierre Samuel s'était joint Théo, le frère de Jeremy, qui était fervent écologiste, Ils me proposaient le résultat de leurs recherches et des propositions qui leur étaient faites. On m'a proposé ainsi un traitement à base de chaussures magiques, un autre à base de fourmis qui avaient des propriétés miraculeuses. Là, j'ai dit que pour ce genre de pseudos traitements miracles, je n'irais pas plus loin.

D'apparence plus sérieuse a été l'offre d'un groupe travaillant avec des médecins russes. Le principe était une solution faite à partir de cellules extraites de tissus embryonnaires. Il fallait une grande quantité de cellules qui provenaient d'un hôpital de

Moscou. J'ai accepté d'étudier cette offre.

J'ai demandé si les correspondants de ces médecins pouvaient venir à Paris car je voulais voir les documents et nous avions convenu d'un rendez-vous. Un matin à Paul Brousse, je recevais deux hommes apparemment russes. Nous parlions en anglais. Je ne savais pas s'ils étaient médecins. Ils représentaient le centre de Moscou qui avait mis au point ce traitement. Il y avait un dossier avec des illustrations en russe. Ils me traduisaient : méthodes d'extraction de cellules des études aux microscopes, des références en russe, des photos, des extraits de conférences. Il y avait le nom du service hospitalier à Moscou avec son adresse, le numéro de téléphone et des noms de médecins. En fin de matinée, ils me disaient qu'il y avait un traitement qui était prêt (on ne pouvait faire qu'un traitement par mois en raison du grand nombre de cellules nécessaires) et il pouvait être disponible tout de suite « car il avait été préparé pour un malade coréen en attente » mais que, dans l'urgence, on pouvait utiliser ce traitement pour le patient en France. On pouvait immédiatement faire venir le produit à Paris. Il coûtait une somme importante « auquel il faut rajouter un peu car il était prévu pour un autre malade ». Le traitement complet comprenait deux séances, la deuxième après un mois, et évidemment il faudrait doubler la somme. Je disais que j'allais consulter le patient et que je les contacterais dans l'après-midi. Ils comprenaient et ils attendraient.

J'avais copié l'adresse de l'hôpital et les coordonnées des deux principaux responsables du traitement. Je décidais d'appeler un de mes anciens internes, le docteur Dmitri Alden, qui avait vécu à Moscou et qui travaillait actuellement à New York. Je lui demandais : « Peux-tu vérifier qui sont ces médecins. Que font-ils dans cet hôpital ? Bref, je veux avoir le maximum de renseignements sur eux. Pourrais-tu également te renseigner parmi tes amis médecins à Moscou sur la réputation de ce service et de ses médecins. Est-ce que ce traitement est connu à Moscou ? ».

Dmitri me rappelait quelques heures plus tard : « Ces médecins sont inconnus mais de plus, il n'y a pas d'hôpital à Moscou à cette adresse. Aucun de ses amis médecins à Moscou n'en ont entendu parler. Il n'y a aucune connaissance dans le milieu médical russe de ce traitement ».

L'arnaque était bien montée, de façon professionnelle presque et peut-être y avait-il eu déjà des victimes. J'ai téléphoné en disant que le malade avait choisi un autre traitement et que je regrettais de ne pas répondre positivement à l'offre.

Pierre Samuel était déçu et anxieux de ne pas trouver un autre traitement alternatif. Jeremy ne pouvait pas comprendre qu'on ne puisse rien faire.

Un nouveau traitement était alors proposé par un ami avocat pakistanais: c'était celui d'un médecin indien, le docteur Pradesh qui avait mis au point un traitement ayurvédique, principalement un régime végétal avec des préparations d'herbes indiennes mélangées à des substances organiques et minérales. La pâte ainsi obtenue devait être le seul aliment du patient : les protéines étaient proscrites car « elles nourrissaient le cancer ». Il rapportait de nombreux succès. Parmi ses références, il y avait un jeune homme de la haute société indienne qu'il avait sauvé. Il y avait beaucoup d'articles de journaux très élogieux sur cette guérison inespérée. Je dis à Pierre Samuel que j'étais a priori très dubitatif sur ce traitement. Mais il insista : « il faut vraiment faire quelque chose ». Il me dit qu'il allait faire venir ce médecin pour que je le vois et que j'étudie son traitement. Le docteur Pradesh vint donc à Paris et, à Paul Brousse, je passais quelques heures à assister à une démonstration de son traitement. Il avait des vidéos de malades dont il avait enregistré, par une sorte d'analyse spectrale, des globules sanguins. Il me montra sur l'écran de son appareil des globules rouges et des globules blancs en mouvement.

« Voici me disait-il, dans un anglais approximatif, les cellules sanguines d'un sujet normal qui se déplacent normalement. Voici maintenant le sang d'un malade cancéreux et vous voyez comment les globules rouges et blancs se déplacent différemment, se bousculant les unes aux autres. Je vais vous montrer maintenant un malade que j'ai traité, qui avait un cancer grave inopérable : voici son sang avant le traitement et son sang après le traitement, vous voyez d'abord que la circulation des globules est anarchique. Et maintenant, la circulation de ses globules est devenue normale ».

Je dis à Pierre Samuel que la démonstration était loin d'être évidente. Il me répondit que Jeremy avait entendu parler de ce médecin par son frère Théo . L'opinion de ce dernier était très favorable «parce qu'il s'agissait d'un traitement à base de plantes». L'un et l'autre me pressèrent d'accepter. Je dis à Pierre Samuel de décider lui-même. Jeremy se reposait maintenant sur la Cote d'Azur. Le docteur Pradesh allait donc là pour commencer le traitement. Après avoir testé sur son appareil le sang de Jeremy et vérifié que « c'était un sang très malade », qui pouvait certainement bénéficier de son régime, Jeremy fut donc mis à la fameuse diète. Au bout de deux semaines, Laura me joint pour me dire que ce régime était très pénible mais que Jeremy le suivait. Mais il maigrissait et était plus mal. Quel était mon idée sur ce traitement ? Je lui proposais de rencontrer à nouveau le docteur Pradesh pour un nouvel entretien. Je lui demandais donc de venir à Paris avec son appareil car j'avais un malade grave qui était un de mes collaborateurs, lui disant que je m'interrogeais sur le fait qu'il pourrait peut-être bénéficier de son traitement.

Je montais une mise en scène. Un des chercheurs de notre laboratoire, âgé de 65 ans, était d'un naturel chétif et maigre et avait toujours l'air d'être malade. Je lui expliquais mon idée. Était-il d'accord pour se faire passer pour un malade cancéreux grave ? On lui ferait une prise de sang par une infirmière et pour lui, c'était tout. Il accepta sachant que c'était pour démontrer un faux traitement et qu'il rendrait service à un malade en dénonçant une mystification.

J'avais également mis au courant une de mes infirmières fidèles. Nous installâmes notre chercheur dans une chambre de malade, avec une blouse de malade, une table de nuit pleine de médicaments : il avait vraiment l'air très mal-en-point. Le docteur Pradesh apporta son fameux appareil dans la chambre. Mon infirmière fit une prise de sang au « malade » en présence du Dr Pradesh et lui remit le tube. Je voulais que toute la manœuvre soit vérifiée par tous, y compris par l'infirmière. Le sang fut mis dans l'appareil et sur l'écran, l'image des globules sanguins apparut. Le docteur Pradesh dit : « Voyez-vous, c'est évident les mouvements sont anormaux et ce malade a bien un cancer grave. Je peux lui donner mon traitement ». On avait constitué un dossier médical et je lui demandais d'y écrire son avis. Je lui dit qu'on allait expliquer tout cela au malade et que je le contacterai.

A son départ, avec mon chercheur, l'infirmière et moi-même nous avons rédigé un rapport signé par nous trois dans lequel nous mettions en évidence la supercherie. J'adressai ce rapport à Pierre Samuel ainsi qu'à Laura. Ils me dirent qu'ils s'en doutaient. Maintenant c'était sûr ! Mais c'était terrible car ils ne savaient pas quoi dire à Jeremy. Il s'effondrerait si on lui supprimait le seul espoir qu'il entretenait.

Ce faux traitement a été maintenu en fait seulement

brièvement. Une semaine plus tard, un ami proche de Jeremy, avec un fort caractère, est venu le voir. Il avait trouvé Jeremy amaigri et accablé. Ce dernier lui dit que c'était horrible et qu'il rêvait tout le temps de manger normalement. Son ami ne résista pas et alla en cuisine pour lui apporter son plat préféré, du poulet rôti. Jeremy était en train de manger avec plaisir quand le docteur Pradesh vint et s'exclama « Mais, qu'avez-vous fait ? Vous allez le tuer ! ».

Voyant pour la première fois Jeremy heureux et sachant que ce fameux traitement ne se révélait pas efficace, la famille décida d'y mettre fin. On signifia au docteur Pradesh qu'on stoppait son traitement et qu'il pouvait partir. Jeremy ne dit rien et on arrêta ses souffrances inutiles.

Les jours qui ont suivi, sa condition s'altéra. Il avait décidé de mourir en Italie dans sa résidence italienne. Toute sa famille était venue, tous étaient partis avec lui dans son avion. Il avait fait emporter le lit de sa mère où il était né pour mourir dans ce même lit, là où il était né.

Il est mort deux jours plus tard sans souffrir. Ses cendres ont été dispersées en mer face à sa demeure au Brésil.

J'avais vécu pratiquement un an en investissant totalement mes pensées pour cet homme, mon malade. Je ne sais pas quoi dire : il arrive que le médecin s'attache à un patient, s'identifie presque à lui dans sa lutte contre la maladie. J'avais l'impression d'avoir gagné pour son premier cancer et que cette victoire m'avait été arrachée : j'avais perdu avec le deuxième cancer. J'aurais pu dire dès la découverte de la carcinose péritonéale que c'était perdu et qu'il valait mieux tout arrêter mais, moi aussi, j'avais voulu croire au miracle et j'avais lutté aux côtés du malade.

Il faut dire que Jeremy Andres était un homme hors normes avec une personnalité tellement forte et fascinante. Acharné à gagner comme il l'avait fait durant toute sa vie, il avait développé la même force pour guérir. Et moi-même, son médecin, j'étais devenu comme lui, cherchant à tout prix à vaincre la maladie. À la fin, j'ai culpabilisé de n'avoir pas trouvé le remède salvateur.

J'ai vécu sa mort comme un échec personnel.

43. L'influence du malade sur le médecin

J'ai appris au cours de ma carrière l'importance de la relation malade-médecin. Curieusement, elle apparaissait plus forte pour le malade lorsqu'il s'agissait de chirurgien plutôt que de médecin. J'étais surpris de voir certains malades me consulter après l'opération pour les médicaments prescrits par leur médecin traitant me demandant ce que j'en pensais et s'ils pouvaient les prendre. Comme si, par le geste chirurgical, j'avais pris le pas sur leur médecin. On me consultait pour tout trouble même quand il n'était pas dans la sphère de l'opération que j'avais faite. On voulait même mon avis pour savoir quel médecin devait-il voir.

Ce comportement devenait extrême pour les malades transplantés. Je me souviens du malade italien qui m'appelait à chaque anniversaire de sa transplantation considérant sa transplantation comme une naissance. Il me disait : c'est l'anniversaire de ma première année, de ma deuxième année qui était pour lui son année de naissance et m'appelait papa, considérant que je lui avais donné naissance.

Si cela traduisait l'influence que le chirurgien pouvait avoir sur le malade qu'il avait opéré, je m'interrogeais sur l'influence que les malades pouvaient avoir sur le chirurgien. Ma vie avait-elle subi quelque influence de ma relation avec mes malades ? Il est vraiment difficile de penser que vivre en permanence à l'hôpital avec des malades quasiment toute la journée n'ait pas d'influence sur notre vie personnelle. Il est sûr que l'on finit par s'étonner face à tant de maladies que l'on puisse nous-mêmes traverser notre vie sans rencontrer l'une d'entre elles. Je vivais avec bien plus de personnes malades que de gens sains. Cela devenait de plus en plus miraculeux d'être bien portant.

De plus, à travers leur maladie, leur histoire personnelle ne peut-elle pas affecter notre propre vie ?

Je suis sûr de l'influence qu'a eu sur ma vie personnelle ce jeune patient italien que sa famille me priait de sauver. Ce jeune garçon de 16 ans avait été opéré en Italie d'une tumeur abdominale. Le chirurgien avait trouvé une volumineuse tumeur rétropéritonéale : c'était une tumeur maligne qui avait envahi les tissus voisins et qui était non résécable. Il n'y avait ni chimiothérapie ni radiothérapie que l'on puisse prescrire, du moins à cette époque et on avait dit à la famille qu'on ne pouvait rien faire. C'était leur seul et unique enfant et depuis ce jour-là, le père et la mère tous deux d'une cinquantaine d'années vivaient dans le désespoir de l'attente de la mort de leur fils. En voyant les différents examens radiologiques, la tumeur apparaissait certes importante mais il n'y avait pas de signes d'envahissement d'organes vitaux. Je décidais d'opérer ce jeune patient.

Au fur et à mesure de la dissection, la tumeur se détachait des tissus voisins et je pus l'enlever en totalité. Quant au sortir de la salle d'opération, j'annonçais la nouvelle aux parents, on ne pouvait imaginer leur joie. Ils se confondirent en remerciements. Je leur dis qu'il fallait être prudent, qu'il fallait attendre l'examen histologique pour connaître le pronostic.

Le jour de la sortie du jeune patient de l'hôpital, les parents vinrent me voir pour me remercier encore du bonheur qu'ils éprouvaient maintenant. Certes, ce n'était pas fini, me disaient-ils, reprenant mes propres mots, mais maintenant il y avait de l'espoir. Et de rajouter :

« Vous ne pouvez pas savoir, docteur ce que c'est que de savoir qu'on va perdre son unique enfant. C'est terrible de n'avoir qu'un seul enfant ».

J'avais le même âge qu'eux et je n'avais qu'un seul enfant.

Cette phrase, qui a résonné en moi les jours, les semaines et les mois suivants, a-t-elle été la cause de mon changement de vie (avec notre séparation, Chantal et moi), de ma rencontre avec Pascale et de mes nouvelles paternités avec mes trois derniers enfants, immense bonheur pour un père de la cinquantaine ?

CHAPITRE 9

La transplantation hépatique

44. Les débuts de la transplantation hépatique

Cet hôpital si vétuste par ailleurs avait la chance d'avoir eu le premier laboratoire de chirurgie expérimentale de France, créé après la guerre par le Pr André Monsaingeon. De retour des États-Unis, en 1946, il avait installé un laboratoire de recherches à Paul Brousse. Lors de la transformation de son service, pour la construction du bloc opératoire, il avait profité du sous- sol pour en faire un laboratoire. Signe de sa naissance un peu improvisée dans un sous-sol, cet endroit gardait un plafond très bas.

Mais c'était un vrai laboratoire de chirurgie expérimentale où on pouvait disposer de gros animaux, avec une animalerie et une vraie surveillance postopératoire. On pouvait manifestement ici faire une chirurgie expérimentale sérieuse, ce que j'ai très vite commencé. J'avais la même équipe de jeunes chirurgiens que je faisais travailler lorsque j'étais à Bichat : Dominique Franco, Yves Lecompte, Didier Grange, Charles de Riberolles, Sylvain Chauveau. Ils étaient maintenant internes. Dès 1971, j'avais envoyé l'un de ces jeunes chirurgiens, Yves Lecompte, à Montréal faire de la recherche expérimentale en transplantation hépatique : les techniques, les modalités de perfusion hépatique du greffon par le liquide de Collins. Il avait assisté en fait à une seule transplantation hépatique humaine chez un enfant. Dès son retour, on fit quelques travaux expérimentaux de transplantation. Je ne suis pas sûr qu'on ait apporté grand-chose, mais on s'est préparé manifestement pour un programme chez l'homme.

Il n'y avait pas seulement que les problèmes techniques pour la mise au point de la transplantation hépatique. Il y avait également le problème de l'indication. Les tumeurs du foie qu'on ne pouvait pas enlever par une *hépatectomie**, étaient de très grosses tumeurs qui récidivaient presque toujours après la transplantation. En revanche, les cirrhoses étaient considérées par le monde encore restreint des transplanteurs hépatiques, comme une bonne indication. Restait à convaincre les médecins et surtout les hépatologues de nous confier les malades. Nous avons donc fait une étude avec Yves Lecompte sur les indications de la transplantation. Il apparaissait que si les patients cirrhotiques présentaient des signes de gravité évidents et étaient au stade terminal, défini par trois des caractères suivants : ascite, coma, *ictère**, effondrement de l'albuminémie et des facteurs de coagulation au-dessous de 20%, le risque de mortalité dans le mois était supérieur à

90 %.

Cela nous semblait des critères suffisants pour décider d'une évolution terminale imminente du malade cirrhotique et donc d'en faire un candidat à une transplantation.

La publication de ce travail a peut-être convaincu la communauté médicale. Nous avons donc reçu des malades bien graves, vraiment au stade terminal. Je me souviens d'un appel d'un médecin pour opérer son malade, une cirrhose très grave avec *ictère** dans un coma profond. Quand cédant à son insistance, j'acceptais et lui demandais de l'envoyer à l'hôpital, il me dit qu'il n'était pas transportable. D'ailleurs nous avons reçu des malades pour une éventuelle transplantation qui sont morts dès leur entrée en réanimation, c'est dire la gravité des malades que nous avions à transplanter.

Ces travaux ont été publiés de 1972 à 1974.

À cette date, j'ai considéré qu'on était prêt pour commencer enfin à passer de l'animal à l'homme. Je n'avais pas assisté à une transplantation hépatique. J'étais le seul chirurgien qui s'engageait dans cette voie sans être jamais passé par l'endroit où tous allaient, le service du Pr Starzl, à Denver et plus tard à Pittsburgh.

Le dernier point à résoudre était l'aménagement des locaux. Il y avait une petite salle adjacente à la salle d'opération qu'avec les ouvriers de l'hôpital, on a transformée : une chambre de malade avec un sas vitré et surtout qui communiquait avec une petite salle dans laquelle j'avais fait mettre tout le matériel nécessaire pour les soins post-opératoires. L'objectif était un lieu totalement hermétique, aseptique et une surveillance en permanence par un de mes assistants. Le plus compétent pour cette nouvelle fonction et cette responsabilité fut Didier Houssin, le plus doué et prêt à rester si besoin était une semaine ou plus, quasiment enfermé dans la salle près du malade. Tout cela était certainement exagéré. Je voulais la plus grande asepsie et la meilleure surveillance post-opératoire. Le jeune chirurgien Didier Houssin a été parfait. Peut-être que ce séjour forcé dans cette situation, qui s'est répétée pour les transplantations suivantes, l'a-t-il traumatisé à vie et l'a transformé comme la suite allait le montrer ? De brillant chirurgien, il est devenu brillant administrateur, de l'Établissement Français des Greffes au ministère de la santé, et maintenant dans des instances internationales.

Enfin un jour, nous avons eu le malade qui a paru tout à fait adéquat pour commencer un programme de transplantation. Je ne voulais pas faire un cas mais commencer un programme.

M. L. était un homme de 65 ans, avec une cirrhose au stade terminal, ayant eu des épisodes de coma, une ascite et un *ictère**. Il était très grave et l'opération serait risquée. Ce n'était certainement pas un bon cas pour commencer. Mais il n'avait aucune chance de survie à plus d'un mois et on espérait en la transplantation. L'opération eut lieu en janvier 1974. Techniquement, elle se passa bien. Mais le miracle espéré n'eut pas lieu et le malade décéda au cinquième jour postopératoire dans un tableau de défaillance multiviscérale.

L'attente de cette première et son bon déroulement, au moins sur le plan technique, suscitèrent une grande excitation dans le service, non seulement parmi les chirurgiens mais également chez les anesthésistes, les infirmières de salle d'opération et de réanimation. Au septième jour, je demandai qu'on réunisse pour les remercier tous ceux qui avaient participé à la prise en charge du malade : non seulement les différents personnels du service de chirurgie mais également la biochimie, l'hématologie, la transfusion sanguine, la radiologie, les services techniques y compris le transport et les administrateurs de l'hôpital. On voyait que pour cette seule opération, il avait fallu une centaine de personnes. L'échec signifiait qu'il fallait faire mieux la prochaine fois.

Ce jour-là a commencé le premier programme de transplantation hépatique en France. Ce n'étaient pas les premiers cas français de transplantation hépatique. En dehors du cas de Demirleau, il y avait eu 2 à 3 cas à la Pitié par le Pr Garnier et surtout à Montpellier par un chirurgien excellent, audacieux mais peu communicant, le Pr Marchal, qui avait effectué une dizaine de transplantations dont on a eu peu connaissance.

Nous avons attendu un an avant de faire la transplantation suivante. Monsieur L., le patient a survécu et est décédé deux ans plus tard de rejet. Il restait encore bien des progrès à faire.

45. La transplantation hétérotopique et l'idée du foie réduit

C'était le 6 janvier 1978. Ce jour-là on recevait un patient grave. Il s'agissait d'un homme de 58 ans ayant une cirrhose au stade terminal dans le coma, avec une *ascite* massive*, un *ictère*,* une insuffisance rénale et un effondrement des facteurs de coagulation. On fit donc un appel pour un donneur et le seul trouvé fut un enfant de cinq ans. On n'avait pas le choix car le malade était en train de mourir et donc on accepta. Il était vraiment exceptionnel d'avoir un donneur enfant d'autant que la transplantation hépatique pédiatrique n'avait pas commencé en France.

Avant l'arrivée du greffon, j'avais commencé à opérer le malade car à l'époque, avec la conservation du greffon par la solution de Collins, on n'avait qu'au maximum six heures d'ischémie du greffon (entre le moment où on clampait les vaisseaux du foie chez le donneur et le moment où on les déclampait chez le receveur). Quand arrivait le greffon, il était vraiment très petit, environ 500 g, pour un malade de 80 kg dont le foie était normalement de 1500 g. On avait discuté avec Yves Lecompte, qui m'assistait pour cette opération, des différentes solutions pour remplacer le foie du malade par le petit foie de l'enfant. On aurait eu indubitablement un «outflow-bloc» (obstacle à l'écoulement du sang à travers le foie) et le foie n'aurait pas fonctionné. La seule solution était, sans enlever le foie du malade, de mettre ce petit foie à un autre endroit, donc de faire une transplantation dite « hétérotopique » c'est-à-dire que le greffon ne se trouvait pas à la place normale du foie. Cela avait déjà été fait en mettant le foie additionnel dans l'hypochondre gauche en enlevant la rate. Yves Lecompte travaillait à ce moment-là au laboratoire sur une expérimentation chez le chien en faisant une transplantation hépatique dans le thorax : son idée était que, plus le foie était près du cœur, bénéficiant de l'aspiration du sang cave par l'oreillette droite, plus il se trouvait dans les meilleures conditions de fonctionnement. Il avait raison, et m'en avait persuadé. Il proposait donc de mettre chez ce malade le foie dans le thorax. J'objectais qu'ouvrir le thorax compliquait l'opération et la présence de l'*ascite** rendait certain le risque de migration de l'ascite postopératoire dans le thorax.

Bref, je refusais cette solution. Nous avons alors convenu de placer le greffon le plus près possible du foie du malade donc au-dessous. C'était une nouveauté par rapport au foie mis dans l'hypochondre gauche. Le foie était petit et il y avait de la place car le foie du malade était atrophique et il y avait une *ascite** distendant l'abdomen.

Bref, les conditions se prêtaient bien pour placer le greffon à cet endroit.

Ce qui était évident c'est qu'on évitait l'ablation du foie, qui chez ces malades très graves était souvent hémorragique et était responsable d'une partie de la morbidité et de la mortalité du malade.

Les suites opératoires ont été compliquées mais le malade a survécu. Je vis l'intérêt de cette opération car les chances de survie de ce type de malade si grave étaient vraiment faibles.

J'ai donc pensé que pour ces malades, qui étaient en fait notre indication principale, on devait recommencer cette technique.

Je décidais de publier ce cas dans une importante revue

médicale : le Lancet. Dans les commentaires de l'article, je soulevais la difficulté de trouver un foie d'enfant car la possibilité d'avoir un greffon pédiatrique était très faible. Je proposais alors d'utiliser un foie d'adulte dont on pouvait réduire le volume par une *hépatectomie**. Je disais même faire une hépatectomie « à la carte » pour adapter exactement le foie du donneur au volume du foie du malade. J'étais chirurgien hépatique et cette idée pour moi allait de soi et techniquement sans grande difficulté : évidemment il fallait faire l'hépatectomie du greffon avec une grande précision d'*hémostase**.

Comme cette opération réduisait le volume du greffon hépatique, j'ai appelé cette intervention : foie réduit. C'était donc une transplantation hétérotopique à foie réduit.

Il est vraisemblable qu'on n'a retenu de l'article du Lancet que le cas, à vrai dire anecdotique, de la transplantation hétérotopique pour sauver une situation d'urgence. La proposition d'utiliser un foie d'adulte réduit en taille est à ce moment passée inaperçue. Il faut dire que le monde de la transplantation hépatique était loin de la chirurgie du foie.

Je voudrais dire ici l'évolution du patient, Monsieur M. Pendant plusieurs années il est allé très bien. Sur la scintigraphie hépatique, son foie propre avait quasiment disparu remplacé par le petit greffon, qui s'était hypertrophié au point d'occuper tout l'hypochondre droit. Ce n'est que sept ans après qu'il a présenté une complication inattendue. Pour une douleur de l'hypochondre droit, la scintigraphie découvre une tumeur du foie avec une forte élévation de l'alpha foetoprotéine : indiscutablement, il avait développé un hépatocarcinome qui d'emblée s'était révélé inopérable et Monsieur M. est décédé quelques mois plus tard. Quelle surprise de découvrir à l'examen du foie, lors de l'autopsie que cette tumeur s'était développée sur le résidu de son propre foie, complication de la maladie initiale de cirrhose sur hépatite B. C'était donc à posteriori une contre-indication à poursuivre ces transplantations hétérotopiques sur cirrhose virale en laissant le foie en place.

Il eut fallu, à distance de la transplantation, réopérer le malade pour enlever son propre foie.

La technique du foie réduit a introduit dans la transplantation la technologie de la chirurgie hépatique. En effet, la transplantation hépatique dans sa technique usuelle consistait en l'ablation de l'organe et son remplacement par un greffon identique d'où son nom de transplantation orthotopique : l'organe est mis à la même place que celui qu'on enlève.

Tom Starzl, le pionnier de la transplantation hépatique, était un transplanteur de rein avant de se lancer dans la transplantation hépatique. Ceux qui étaient venus travailler avec lui sur la transplantation hépatique étaient également des transplanteurs rénaux : Roy Calne, Rudolf Pichlmair, Carl Groth.

Je n'étais pas du tout dans ce domaine : j'ai commencé la transplantation hépatique en n'ayant jamais fait de transplantation rénale. J'étais un chirurgien hépatique qui faisait des résections hépatiques. Il m'avait paru tout à fait normal - je dirais même banal - de faire une *hépatectomie** du greffon pour diminuer le volume du foie si nécessaire.

En octobre 1978, 10 mois après l'opération hétérotopique avec le foie d'enfant qui fut un succès, un malade aussi grave que le premier se présenta à nous. Ce fut l'occasion de refaire cette opération mais au lieu du foie d'enfant introuvable, j'utilisais la technique du foie réduit.

Cette année de 1978 est la date de l'entrée de la chirurgie hépatique dans le domaine de la transplantation hépatique.

46. Le foie réduit pédiatrique

Le foie réduit allait trouver une indication qui allait le mettre au premier plan : son usage pour la transplantation hépatique chez l'enfant.

En 1981, je reçus un jeune enfant adressé par son médecin traitant. La lettre de son médecin disait qu'il avait une maladie héréditaire du foie entraînant une jaunisse (la maladie de Byler). Il avait été vu par le Pr Daniel Alagille dans l'hôpital voisin de Bicêtre. La lettre de ce spécialiste qui était jointe à celle du médecin traitant disait « J'ai dit aux parents la situation extrêmement pessimiste de la maladie dans un avenir relativement proche. J'ai confirmé que tout espoir de transplantation hépatique devait être abandonné.».

Le jeune Martial était debout en face de moi. Il était plus petit que son âge de 11 ans et sa tête arrivait à la hauteur de mon bureau. Ce fut lui qui parla. Il me dit : « Ma vie est insupportable. La nuit, je ne peux pas dormir car je me gratte et le jour à l'école les autres se moquent de moi car je suis jaune ». Il était tellement pitoyable, me regardant de ses yeux tristes, avec ses parents fixant le sol, que je lui ai dit: « Martial, je te promets je te transplanterai. ». Il n'y avait pas eu jusqu'à présent de transplantation hépatique chez l'enfant en France.

Je l'ai hospitalisé et on a fait rapidement le bilan de transplantation. On l'inscrivit en liste d'attente mais la chance d'avoir un donneur enfant à sa taille dans des délais rapides était faible et certainement il faudrait attendre des mois et peut-être un an.

Pourquoi dans ce cas-là ne pas utiliser un foie réduit à partir d'un foie d'adulte ? C'était la technique utilisée pour faire des petits foies et cela irait très bien pour faire un foie d'enfant.

Dans les jours suivants, un donneur adulte jeune nous était proposé et je décidais de l'utiliser pour Martial. L'intervention s'était bien passée : j'enlevai la moitié droite du foie et réalisai avec le foie gauche un petit greffon qui avait la même taille que le foie enlevé de Martial.

Les suites opératoires ont été simples et j'ai donc dit que c'était la technique qu'il fallait utiliser pour transplanter les enfants. Je n'avais pas de recrutement d'enfants candidats à la transplantation. Il fallait s'adresser au service d'hépatologie infantile du Pr Alagille dans l'hôpital voisin, Bicêtre. C'est ce que j'ai fait. Et je suis allé faire à ces pédiatres un exposé de cette technique. Sans doute ai-je convaincu le Pr Alagille, qui s'était montré très réticent sur l'indication de la transplantation chez l'enfant.

Dans les semaines qui suivirent, j'ai commencé à recevoir des enfants pour les transplanter. : atrésie des voies biliaires, syndrome cholestatique comme la maladie de Byler et, indications plus rares, des cas de glycogénose et d'hypercholestérolémie. Ces enfants étaient inscrits en liste d'attente, France-Transplant était averti et chaque fois qu'il y avait un jeune adulte donneur, le foie nous était proposé (les enfants étaient prioritaires pour les foies de donneurs jeunes, de bonne qualité). Si je pensais qu'il y avait urgence et qu'on ne pouvait pas attendre trop longtemps, à ce moment-là, on utilisait la technique du foie réduit.

Curieusement, je n'ai pas considéré que j'avais fait par cette technique quelque chose d'important et j'ai attendu plus de deux ans pour, en 1984, la publier dans une revue internationale, *Surgery: « Transplantation hépatique chez l'enfant avec un foie réduit ».*

L'accueil a été immédiat. À Chicago, une équipe de transplantation renommée dirigée par le Pr Christoph Broelsch a immédiatement commencé à utiliser cette technique. Deux ans après, un article faisant état de leur expérience avec cette opération disait : « Alors que la moitié des enfants en attente de transplantation mourait sur la liste d'attente, aujourd'hui aucun enfant ne meurt plus avec la technique du foie réduit car cette technique permet d'utiliser le pool des donneurs adultes ».

En ce qui me concernait, il y a eu un changement. Le Pr Alagille voyant que la transplantation hépatique se développait chez l'enfant n'a pas voulu que cette spécialité soit faite dans un service de chirurgie non pédiatrique. J'avais beau dire que pour moi un foie d'enfant était identique à un foie d'adulte en plus petit, et que la technique était la même, le problème n'était pas là. Il était dans l'atteinte qui était faite à la spécialité pédiatrique dont un domaine allait lui échapper, comme ce fut le cas par exemple pour la chirurgie cardiaque.

Je recevais des enfants à transplanter d'un peu partout en France mais pas de Bicêtre. Ils étaient envoyés à Bruxelles dans un service de chirurgie pédiatrique. Curieusement, je faisais la même opération à 1,5 km de Bicêtre, dans le même CHU. Comment la Sécurité Sociale acceptait-elle de rembourser les frais à l'étranger pour une opération que non seulement il était possible de faire en France, mais dont j'étais le promoteur ?

L'article sur le foie réduit chez l'enfant m'a permis de rencontrer Thomas Starzl. Tom Starzl était vraiment un chirurgien extraordinaire. Il fut le modèle idéal de chirurgien pour ma génération. Il avait créé la transplantation hépatique par son cas initial en 1963 mais il avait continué dans cette voie en restant toujours le pionnier.

Il avait un recrutement de malades énorme : du monde entier, les malades venaient se faire transplanter chez lui. Venaient également de partout des chirurgiens pour se former à la transplantation hépatique. Son hôpital avait un centre de recherche important d'où sont venues pratiquement toutes les innovations en transplantation hépatique de 1963 à 1980. Je n'étais jamais allé à Denver ni à Pittsburgh pour lui rendre visite et je devais être le seul chirurgien à avoir commencé à faire des transplantations hépatiques sans avoir été formé dans ce qui était considéré à juste raison, le Temple de la transplantation hépatique. Peu de temps après la publication de l'article, je recevais une lettre de Thomas Starzl m'invitant à venir à Pittsburgh pour exposer mon expérience. Je me souviens très fort de cette première rencontre un matin dans la salle de conférences. Il était au premier rang avec dans la salle, une trentaine d'assistants et de chirurgiens étrangers. J'exposais la technique du foie réduit et le cas de Martial ainsi que celui des quelques enfants qui avaient suivi.

Starzl a fait un commentaire en disant que c'était une avancée importante et a prononcé une phrase qui m'a paru étrange mais que j'ai comprise plus tard. Il a dit en se tournant vers ses assistants : « Vous voyez, nous ne sommes pas entrés dans le foie comme l'a fait le Pr Bismuth». Il venait de définir ce qu'était la transplantation orthotopique qui enlevait le foie dans sa globalité et remettait à sa place un autre foie entier « sans entrer dans le foie ». M'est venue à l'esprit la question : était ce même de la chirurgie hépatique ?

Je pense vraiment que la transplantation hépatique chez l'enfant avec le foie réduit a été la première innovation qui ne soit pas issue des travaux de Starzl. Il aurait pu faire des commentaires critiques, ce qui aurait été l'attitude habituelle pour tout chirurgien renommé, ayant une grande expérience, lorsqu'un jeune chirurgien rentre dans son domaine, montrant qu'il pouvait faire mieux que lui ou même seulement différemment. Au lieu de cela, Tom Starzl m'a invité et a été très chaleureux.

Par la suite, chaque fois que nous nous rencontrions dans des congrès, nous échangions très amicalement. Il m'a invité ensuite à deux reprises à venir à Pittsburgh, à chaque fois me recevant fort bien. En 1994, Tom Starzl me décernait le « Thomas Starzl Prize». J'étais le deuxième récipiendaire après Paul Terasaki qui était son immunologiste et avait travaillé avec lui depuis le début pour toutes ses transplantations. C'était d'autant plus flatteur que je n'étais pas son élève.

Je reviens sur mon premier enfant hospitalisé avec cette technique. Martial a été transformé. Il a su qu'il avait été l'objet d'une nouvelle opération et en a été très heureux. Malheureusement, il a présenté une complication. Deux ans et demi après l'opération, son foie a grossi et on a découvert un syndrome de Budd Chiari, obstacle à la sortie du sang du foie. Les examens vasculaires ont montré qu'il y avait une gêne de l'écoulement du sang sus hépatique du fait d'une plicature de la veine cave juste au-dessus du foie. C'était la veine cave du greffon que j'avais gardée trop longue. J'ai envisagé de le réopérer pour raccourcir cette veine cave, ce qui n'aurait pas été une opération simple mais la biopsie hépatique a montré une fibrose hépatique importante et il était préférable de retransplanter. Ce qui fut fait.

Martial vit toujours. Il s'est marié et a deux enfants. Aujourd'hui, il a plus de 40 ans de recul de sa transplantation hépatique. Premier enfant ayant eu une transplantation hépatique en France et le plus ancien survivant, il est devenu le doyen des transplantés hépatiques français.

La rencontre des 2 pionniers de la transplantation
hépatique et de la chirurgie du foie,
avec Thomas Starzl à Pittsburgh

47. La Transplantation pour Hépatite Fulminante

Le foie réduit a été utilisé pour une situation à laquelle vraiment je pensais depuis longtemps. On venait de commencer le programme de transplantation hépatique pour *hépatite fulminante**. C'était une indication très particulière de la transplantation hépatique pour des malades dont le foie s'arrêtait brutalement de fonctionner. C'était une insuffisance hépatique aiguë évoluant le plus souvent vers la mort pour laquelle on ne pouvait vraiment rien. Je me souviens en particulier d'un cas qui m'a beaucoup frappé. C'était, avant l'ère de la transplantation hépatique, le cas d'un de mes collègues, chef de clinique en chirurgie qui m'avait succédé à l'hôpital Saint-Antoine. Vraisemblablement, lors d'une intervention, il s'était piqué le doigt, et il avait développé une hépatite B qui avait évolué sur un mode suraiguë entraînant sa mort en quelques jours.

Quelques cas de transplantations hépatiques avaient été faites dans cette situation en particulier à Denver par Starzl. La difficulté était évidemment de trouver le greffon car il fallait faire très vite pour transplanter, la fonction cérébrale s'altérant d'heure en heure.

On venait juste de constituer le groupe des transplanteurs hépatiques français et nous nous réunissions régulièrement pour discuter nos cas entre nous. Ce même groupe se réunissait également à France-Transplant pour échanger sur les aspects d'organisation et de distribution des greffons entre les équipes de transplantation hépatique. J'ai proposé lors d'une réunion que nous puissions tous ensemble trouver un accord pour pouvoir transplanter les malades urgents c'est-à-dirc surtout les *hépatites fulminantes**, et que dans de tels cas on obtienne la priorité du premier greffon disponible.

L'ensemble des chirurgiens transplanteurs hépatiques a accepté. On a appelé cette indication la « super-urgence » donnant une priorité absolue à l'équipe qui avait un malade avec une *hépatite fulminante** pour pouvoir le transplanter. Ainsi, dans les 24/48 heures, on pouvait trouver un greffon. Ce programme de Super Urgence a parfaitement fonctionné et a par la suite été repris par tous les organismes d'organisation des transplantations en Europe et aux États-Unis.

En acceptant le premier foie trouvé, il y avait trois difficultés : la première était la qualité du greffon, quelquefois on acceptait des greffons qui n'étaient pas de bonne qualité mais on n'avait pas le choix. La deuxième était que le greffon ne fut pas du même groupe sanguin. On était donc obligé de faire des transplantations hétéro-groupe avec des traitements complémentaires pour éviter le rejet. De toute façon, en cas de rejet, on pouvait retransplanter avec une moins grande urgence. On avait donc gagné du temps mais au prix de deux greffons.

La troisième était la taille du foie mais le foie réduit permettait d'adapter un gros foie à n'importe quel receveur. Certains chirurgiens avaient proposé de laisser l'abdomen ouvert ou de refermer seulement la peau quand le foie était trop gros pour le malade. La solution du foie réduit était meilleure.

En fait, le but était de faire retrouver au malade le plus rapidement possible les fonctions du foie qui lui manquaient. Le risque était que certains malades avaient déjà abîmé leur cerveau et après la transplantation gardaient des séquelles neurologiques et psychiques. C'est la raison pour laquelle il fallait aller très vite.

La technique du foie réduit permettait d'utiliser le premier donneur trouvé.

Une autre difficulté était l'indication de la transplantation dans l'*hépatite fulminante**. Il y avait une réticence très forte des hépatologues sur cette indication. Tout particulièrement Jean-Pierre Benhamou, qui était indiscutablement le chef d'école des hépatologues français. Il objectait qu'on n'était pas absolument sûr que le patient allait mourir et qu'il pouvait y avoir une faible chance de récupération de son *hépatite fulminante**, ce qui était vrai. Il disait :

« On risque de le transplanter pour rien » et cela était dur à accepter. Son équipe de Beaujon avait réalisé une étude sur le pronostic de l'*hépatite fulminante** et avait déterminé des critères de mortalité quasiment certaine :si ces critères étaient rencontrés, le risque de mortalité était de 85 %. J'ai donc proposé d'utiliser ces critères pour les candidats à la transplantation hépatique. Mais même cela n'était pas accepté par Jean-Pierre Benhamou : il disait qu'il y avait toujours le risque d'exposer le malade à subir une transplantation inutile.

J'objectais : « Si je dis à un malade ayant une hépatite fulminante (en supposant qu'il puisse m'entendre) vous avez le choix : ou on ne vous transplante pas et vous avez 85% de risque de mourir. Ou on vous transplante et vous avez 60% de chance de survivre. Que décidez-vous ? » La réponse était évidente. J'ai convaincu Benhamou d'accepter ce programme et nous avons donc commencé à faire des transplantations pour hépatite fulminante. Les critères de mortalité des hépatites fulminantes de Beaujon devenaient les critères d'indication de la transplantation hépatique de Paul Brousse.

L'hépatite fulminante n'était heureusement pas une affection fréquente. La cause principale était l'hépatite B (grâce à la

285

vaccination elle a depuis beaucoup diminué). C'étaient des malades surtout jeunes qui attrapaient une hépatite B par injection de drogue ou rapport sexuel non protégé, causes les plus fréquentes, et qui en quelques jours présentaient une jaunisse. C'était un tableau d'hépatite.

Mais dans 1 % des cas, cette hépatite se compliquait de troubles de la conscience : là, le tableau devenait grave car l'évolution vers un coma était possible. C'était alors le tableau de l'*hépatite fulminante**, lorsque la destruction des cellules du foie par le virus de l'hépatite devenait très importante et qu'il n'y avait pas assez de foie pour assurer les fonctions de cet organe, fonctions qui étaient vitales.

Ainsi un animal à qui on enlève le foie meurt. Ceci n'est pas surprenant mais le point important c'est que si on lui donne tous les substituts des fonctions du foie que l'on connaît: le glucose, les facteurs de coagulation, les protides etc., il meurt quand même. On ne connaît donc pas toutes les fonctions du foie et en conséquence on ne peut pas traiter cette insuffisance hépatique aiguë grave. Le phénomène qui survient, et qu'on ne peut pas éviter, est un œdème cérébral qui est la cause de la mort de ces malades. Le seul traitement qu'on ait trouvé parce que justement on a aucun autre traitement est de changer le foie et de mettre à sa place un foie normal d'un donneur.

En dehors de l'hépatite B, il y a des causes médicamenteuses (en Angleterre c'est le paracétamol à forte dose pour suicide qui heureusement n'est pas utilisé pour cet usage en France). Une cause particulière est l'intoxication par les champignons et principalement l'amanite phalloïde : c'est rare et survient à la saison des champignons où des amateurs se risquent à manger ce champignon vénéneux, qui a par ailleurs une belle mais trompeuse apparence.

Le hasard a fait que nous avons eu à Paul Brousse un

recrutement important de ces intoxications par les champignons. En effet, à l'hôpital Fernand Widal, le service de toxicologie avait une section où étaient hospitalisées les intoxications graves en état de coma et cette section était dirigée par mon épouse, Chantal Bismuth. C'était elle qui recevait dans leur majorité les intoxications graves et nous les adressait avant le coma profond. À la période des champignons, un grand nombre de Français allait dans les forêts cueillir ces précieux végétaux. Il n'était pas rare que des connaisseurs se trompent. Je me souviens du cas où le chef de famille, sûr de lui, alors que sa femme et ses enfants avaient repoussé le plat, l'avait mangé entièrement pour leur démontrer la justesse de son jugement... et a dû être transplanté d'urgence.

48. La transplantation auxiliaire

Bien que l'acceptant, les hépatologues restaient toujours réticents sur l'indication de la transplantation dans l'*hépatite fulminante** en disant que quelquefois on devait enlever un foie qui allait récupérer spontanément. Ce qui était vrai dans un petit nombre de cas, sans savoir exactement lesquels. Le foie réduit allait offrir une réponse à leur interrogation. C'est ce qu'on a fait en 1987 par l'opération de la transplantation auxiliaire.

Il s'agissait en effet de garder le foie du malade, du moins en partie et de ne remplacer seulement qu'une partie du foie par une portion du foie du donneur. Le malade gardait ainsi une partie de son foie. Évidemment, dans cette situation si le foie du malade régénérait (toujours l'espoir de l'hépatologue) au moment où il assurait suffisamment de fonctions hépatiques, le greffon devenait inutile et commençait à s'atrophier. On expliquait cela par la compétition entre les deux foies : il y avait trop de parenchyme hépatique et le foie greffé, étant en position de plus grande fragilité du fait de son infériorité immunologique, était celui qui devait disparaître. On pouvait arrêter le traitement immunosuppresseur et alors enlever le greffon qui était devenu inutile. Et le malade n'était plus un malade transplanté. C'est pour cela que ce procédé de transplantation s'appelait transplantation hépatique auxiliaire puisque le greffon n'avait joué qu'un rôle auxiliaire, autrement dit d'aide temporaire à la survie du malade.

On a commencé par le plus facile, c'est-à-dire enlever le lobe gauche du foie du malade et mettre la moitié gauche du greffon en faisant donc une hépatectomie droite du greffon. Cela a bien marché jusqu'au jour où j'ai eu l'impression que, en transplantant seulement le petit lobe gauche du foie, on n'apportait pas assez de fonction hépatique, dans un délai très rapide, au malade qui n'avait plus de foie. Cela m'est apparu à l'évidence dans un cas qui a été vraiment dramatique.

Un jour (c'était en août 1994) on recevait en urgence un jeune garçon de 15 ans qui voyageait avec ses parents dans le sud de la France et dans la voiture a commencé à avoir un malaise puis a perdu connaissance. La famille est allée dans l'hôpital le plus proche. Le gosse a été hospitalisé et très rapidement est entré dans le coma. Le diagnostic d'hépatite aiguë fulminante était fait sur l'élévation considérable des transaminases. Nous avons été appelés et nous avons demandé de transférer d'urgence cet enfant. Quand il est arrivé, en fait moins de 12 heures après le début des symptômes, il était dans un coma profond. Le réanimateur était très inquiet car le jeune malade avait une pupille presque en mydriase, faisant craindre la mort cérébrale.

Sa maladie était identifiée : un syndrome de Reye. Il fallait faire une transplantation d'urgence. L'appel à France Transplant a été fait. La réponse immédiate : il n'y avait pas de donneur en vue. Quand j'ai parlé à la famille et que j'ai dit qu'on ne pouvait rien faire pour arrêter l'évolution dans l'attente du greffon et que la situation était très grave, presque désespérée, la mère s'est immédiatement proposée pour donner son foie. C'était un jeune couple et le père était d'accord pour que sa femme donne une partie de son foie. Elle avait le même groupe sanguin que son fils. On a décidé tout de suite l'intervention. L'enfant et sa mère étaient mis en salle d'opération. Je m'occupais du garçon et dans l'autre salle, on opérait la mère. On a commencé les deux opérations en même temps pour gagner du temps. Au moment d'enlever le lobe gauche chez le jeune patient et alors qu'on avait seulement fait la laparotomie chez la mère, attendant de commencer l'*hépatectomie**, l'anesthésiste me dit qu'il avait vraiment l'impression que le gosse était en mort cérébrale. Je quittais la salle d'opération et demandais à voir le père.

« On n'est pas sûr que votre fils soit encore vivant. Faut-il continuer l'opération ? On n'a pas encore prélevé la partie du foie de votre femme. On hésite à continuer.

-Est-on vraiment sûr que mon fils est mort ?.

-On n'est pas sûr à 100 % mais presque.

- Alors s'il y a une chance même infime, il faut la prendre. Ma femme n'acceptera jamais qu'on arrête l'opération alors qu'il y a une chance aussi faible soit elle pour sauver notre enfant ».

On a donc continué. J'ai enlevé le lobe gauche du jeune patient et on a prélevé le lobe gauche de la mère pour remplacer le sien. Après l'opération, le jeune patient ne s'est pas réveillé, les pupilles sont restées en mydriase et l'électro-encéphalogramme était plat. Il était donc décérébré. Il avait pourtant repris rapidement une fonction hépatique qui est revenue à la normale en quelques jours. Il est décédé au septième jour, du moins son cœur s'est arrêté car il était déjà mort, peut-être même durant l'opération.

La mère, qui a eu des suites opératoires simples de l'*hépatectomie**, ne s'en est pas remise. A sa sortie du service, elle est venue me voir et m'a demandé si son foie était bon. Je lui ai dit qu'il était devenu tout à fait normal.

« Non, me dit-elle, je vous demande: avant l'opération ?

-Mais oui, tout à fait normal.

-Vous en êtes vraiment sûr parce que, me dit-elle, il ne devait pas être aussi bon que cela sinon mon fils aurait survécu ». »

J'ai eu beau la rassurer, rien n'a fait. Elle était persuadée qu'elle n'avait pas pu donner à son fils le foie qu'elle devait lui donner en tant que mère et il en était mort. « C'était de sa faute ».

Elle est venue me voir plusieurs fois, toujours avec le même sentiment de culpabilité. Je sentais que je n'arrivais pas à la convaincre qu'elle avait été une mère généreuse, parfaite, d'un dévouement total pour son fils mais que la maladie avait été trop rapide et en fait on n'avait pas pu la vaincre.

Elle était désespérée. Je suis presque sûr que son couple n'a pas tenu, comme je l'ai observé plusieurs fois par la suite avec des donneurs vivants.

Moi aussi j'ai culpabilisé. Si l'enfant n'avait pas encore des lésions cérébrales irréversibles quand j'ai achevé de mettre le foie, peut être que si j'avais mis une partie plus grande du foie, il aurait retrouvé une fonction hépatique plus rapidement qui aurait stoppé plus tôt l'aggravation de l'œdème cérébral. Et peut-être aurait-il survécu. Évidemment ce n'était qu'une hypothèse. Mais suffisamment forte pour que je décide de changer la technique de transplantation auxiliaire. Dorénavant ce serait la partie droite du foie que l'on prendrait qui était deux fois plus grande que la partie gauche.

Évidemment tout cela avait été discuté avec le staff car tout échec devait faire réfléchir. C'est comme cela qu'il fallait évoluer. L'échec devait enrichir. D'abord en partageant avec tous les autres les échecs que chacun avait vécu, on apprenait davantage. J'insistais sur ce mode de vie de l'équipe qui était une règle dans le service.

Place du foie réduit dans la transplantation hépatique

Cette technique est restée très marginale dans la pratique de la transplantation hépatique. D'abord la transplantation hépatique hétérotopique pour laquelle j'avais initialement décrit la technique ne s'est jamais développée. Nos cas du début ont été des échecs. Surtout avec l'amélioration à partir de 1984 des résultats de la transplantation hépatique, on recevait des malades bien moins graves, comme les cirrhoses biliaires primitives dont le foie était vraiment facile à enlever sur des malades en bonne condition générale. La transplantation hépatique reine était la transplantation hépatique orthotopique : le foie était remplacé par un greffon identique mis à la même place.

Ensuite pour les *hépatites fulminantes**, l'accélération du programme des greffes pour tous les organes s'était bien développée avec des centres de prélèvement actifs dans toute la France et le même jour il pouvait y avoir plusieurs prélèvements. On avait un peu plus de temps même en urgence pour choisir le foie adéquat. Et puis les hépatites fulminantes étaient une indication rare de la transplantation hépatique. Restait la transplantation hépatique pédiatrique. Ici le foie réduit avait sa place. Mais l'enfant avait été placé en receveur prioritaire des greffons des jeunes donneurs adultes et en absence d'urgence, les équipes pédiatriques préféraient attendre un bon donneur. De plus, le nombre de receveurs adultes avait considérablement augmenté, avec des morts en liste d'attente de plus en plus nombreux. Le foie réduit prenait un foie d'adulte devenu rare et précieux.

Un autre progrès était attendu qui lui, allait augmenter le nombre de greffons : le foie partagé, un foie pour deux receveurs.

49. Le foie partagé

Souvent en faisant un foie réduit, je regrettais que l'autre moitié du foie ne soit pas utilisée et aille au laboratoire d'anatomopathologie. Dans mes conférences sur l'anatomie du foie, je disais que le foie était divisé en deux, un foie droit et un foie gauche. J'avais fait les schémas de la division du greffon en 2 hémi-foies, en partageant tous les vaisseaux et la voie biliaire. C'était tout à fait possible. Mais j'hésitais à franchir le pas pour ne pas faire courir de risque aux deux receveurs.

Un jour, c'était le 1er mai 1988, on reçoit en réanimation une jeune femme avec une *hépatite fulminante** à un stade grave. Un appel est fait à France Transplant pour la recherche d'un greffon en urgence : dans le programme de la super urgence, on avait droit au premier greffon disponible. Malheureusement il n'y avait aucun donneur en cours ou même prévu. Le 1er mai n'est pas un bon jour pour les transplantations. La fête du Travail a pour conséquence moins de travailleurs et en particulier, moins de réanimateurs pour s'occuper des accidentés en état de mort cérébrale, qui ne sont pas en situation de priorité face aux autres blessés en urgence vitale.

En raison de la gravité de la situation, on demanda que l'appel soit fait en Europe. Il y avait déjà eu des échanges inter-européens pour les super urgences. En fin de matinée, Eurotransplant signalait qu'il y avait un donneur à Berne en Suisse. La chance était que dans l'hôpital de Berne, nous avions un de nos anciens chefs de clinique, très aguerri en transplantation hépatique, Jan Lerut, qui pourrait commencer le donneur avant que notre équipe n'arrive en avion. Quelques heures plus tard, je recevais un appel du chirurgien de Berne : le donneur était très gros et le foie aussi était très gros, plus de 2 kg. Notre patiente était petite entre 50 et 55 kg On n'avait pas le choix et j'ai donc dit d'accord : on maintenait le prélèvement et on ferait la réduction du greffon.

À ce moment-là, arrivait en réanimation, une deuxième malade avec une hépatite fulminante, elle aussi très grave. Nous étions donc placés dans la situation d'avoir deux malades en grande urgence d'être transplantés avec un seul greffon disponible, trop gros pour chacune des deux malades. Si on faisait un foie réduit, on ne gardait qu'un seul foie à transplanter et on jetait le foie résiduel alors qu'il existait une autre malade en train de mourir. Il fallait choisir : quelle serait la malade à transplanter sachant qu'on condamnait l'autre presque certainement à la mort ?

C'était dans cette situation que je décidais de couper le greffon en deux pour faire deux hémi-foies à greffer.

On fit mettre les deux malades en salle d'opération et il y eut deux équipes chirurgicales. Je commençais rapidement la première malade. Lorsque le greffon est arrivé, il était vraiment très gros : en réalité, il était stéatosique. Mais on n'avait pas le choix. Avec le chirurgien qui m'aidait, (c'était un jeune chirurgien italien, Mario Morino, en formation depuis plusieurs années et que j'appréciais beaucoup) nous avons fait la division du foie et des vaisseaux. Mon opérée était la plus petite. Elle a reçu la partie gauche du foie. La partie droite est allée à l'autre malade.

Les deux interventions se sont bien passées, certes longues en raison des reconstructions vasculaires. On était anxieux des résultats car je rappelle que les malades avaient, du fait de l'*hépatite fulminante**, un risque neurologique cérébral. Toutes deux se sont réveillées. Mais l'une a eu des suites opératoires compliquées avec une défaillance pluri-viscérale et une hémorragie persistante. Il a fallu la réopérer au quatrième jour. La situation s'est dégradée et elle est morte au huitième jour. La deuxième patiente qui était la plus jeune a eu des suites opératoires simples.

La nouvelle de cette première s'était ébruitée. Et au quatorzième jour, nous avons accepté de faire une interview à la presse. L'annonce de cette première chirurgicale a paru dans les journaux. Il y a eu un reportage dans Paris-Match avec de nombreuses photos de l'équipe et de la malade.

La malade devait sortir quatre jours plus tard au 18e jour lorsqu'elle a présenté un syndrome fébrile qui s'est aggravé rapidement et elle est morte au 20e jour post-opératoire d'une pneumopathie suraiguë due à une aspergillose.

Ainsi, les deux patientes étaient mortes. Certes, elles étaient sorties du coma attestant que les deux foies avaient fonctionné. Notre premier cas qui de toute façon était un demi-succès par le décès précoce de la première receveuse devenait un échec complet.

Un chirurgien allemand, le Pr Rudolf Pichlmaier, brillant chirurgien (nous étions très amis, avec une complicité et une admiration réciproques) avait fait deux mois avant nous la même opération d'un foie partagé. C'était une opération programmée sur un adulte et un enfant. C'était à lui que revenait le mérite de la première mondiale.

Il est sûr que notre intervention a été faite sur des malades très graves et en plus deux adultes alors que le choix idéal était que l'un des deux receveurs soit un enfant car le foie gauche est petit et va mieux à un petit receveur. C'est ce qu'avait fait mon collègue allemand. Nous avons cependant publié notre observation car c'était la première partition hépatique pour deux adultes.

Je m'étais permis d'écrire dans les commentaires de l'article : « Si un foie pouvait être partagé en deux pour deux malades, on pourrait imaginer qu'un des deux malades soit un donneur c'est-à-dire une personne en bonne santé qui donne une partie de son foie à un patient». J'annonçais ainsi le donneur vivant. Quelques temps après notre cas, un chirurgien de Sao Paolo, Silvano Raia, faisait la première transplantation hépatique avec donneur vivant chez un enfant qui recevait une partie du foie de sa mère.

Silvano Raia m'a écrit par la suite pour me dire que c'est à partir de notre cas qu'il avait eu l'idée de la transplantation à donneur vivant. Quelques mois plus tard, ce fut à un chirurgien australien, Russell Strong, de faire le deuxième cas.

Ces huit années, de 1981, date du premier foie réduit, à 1988 date du premier donneur vivant, ont vu le développement de cette chirurgie hépatique dans la transplantation. Cette période a été une révolution dans la transplantation hépatique par l'introduction des techniques de résection hépatique. La transplantation hépatique intégrait la chirurgie du foie.

Le domaine de ces innovations

Je voudrais mettre l'accent ici sur un aspect important de ces innovations. Lorsque nous avons fait la première transplantation hétérotopique, nous l'avons décidé dans l'urgence : c'était une nouvelle opération jamais faite auparavant. Avait-on l'autorisation de le faire ? Nous ne l'avons pas demandé. De même quand nous avons commencé à faire le foie réduit et qu'on a transplanté le petit Martial : c'était une nouvelle opération, nous ne l'avons pas déclaré avant de la faire.

Il n'y avait pas eu un avis du comité d'éthique. Et surtout quand nous avons fait un foie partagé entre deux malades, nous avions hésité à le faire en raison du risque et pourtant nous l'avons fait, sans autorisation préalable. Il est sûr que l'on peut parler d'anomalie de la conduite chirurgicale par rapport aux règles éthiques actuelles.

Mais voyons les faits. Pour la transplantation hétérotopique faite en 1978, la décision a été prise en salle d'opération, au moment de l'arrivée du greffon sans que rien auparavant ne soit programmé et je ne vois pas comment j'aurais pu avertir en pleine nuit une autorité. Je rappelle que nous ne disposions que de six heures de conservation du greffon hépatique entre le moment où il était prélevé sur le donneur et le moment où on le revascularisait sur le receveur. C'était une vraie course contre la montre et on ne pouvait pas se permettre une ou deux heures d'attente. Ce fut la même chose pour le foie partagé. Ce fut le hasard qui a fait que l'on reçoive en même temps deux malades nécessitant une transplantation d'urgence et que le greffon se révèle trop gros pour une seule malade. L'intervention n'était pas programmée. Mais quand j'ai utilisé le foie réduit sur le premier enfant, c'était une opération programmée et je l'ai faite sans avoir l'autorisation d'un comité d'éthique. En fait, il n'y en avait pas à cette époque. J'aurais pu demander un avis à une autorité médicale, comme le président de la Commission Médicale d'Établissement de l'Assistance Publique ou le doyen de la Faculté.

En vérité, c'est peut-être difficile à dire mais nous avions les mains libres pour innover. Aujourd'hui, la réglementation est trop pesante. Et je suis sûr, en particulier pour le premier foie partagé, que l'opération n'aurait pas été possible.

D'ailleurs, c'est cette liberté d'agir qui a permis au tout début de l'histoire des transplantations de faire un bond considérable. Je veux parler de la première transplantation rénale faite par Jean Hamburger. L'histoire du petit Marius Renard est bien connue. Le 18 décembre 1952, cet enfant, à la suite d'un traumatisme abdominal, était opéré d'urgence et a eu l'ablation du rein rompu. Le chirurgien ignorait que c'était un rein unique. C'était avant le rein artificiel et quand Jean Hamburger a eu le jeune patient en charge, il a pensé à une transplantation rénale dont le premier cas avait été fait aux États-Unis avec succès sur des vrais jumeaux. La mère du jeune patient s'est proposée et la transplantation a été faite. La presse et l'opinion publique ont suivi toute l'évolution du jeune patient, de la transplantation à sa mort, après quatre semaines. Il y a eu une grande émotion dans le pays. Une quête nationale avait même été faite.

Aujourd'hui Jean Hamburger aurait vraisemblablement été accusé d'un acte non éthique, inexcusable, d'autant qu'elle a entraîné la mort du patient. Il aurait, je pense, été condamné. En réalité, il a ouvert le domaine de la transplantation et a aidé la recherche médicale en France. Car l'argent collecté est allé contribuer au développement du premier organisme de recherche national en France qui allait devenir l'INSERM.

50. Le registre européen des transplantations hépatiques

Comme je l'ai dit, la transplantation hépatique a démarré aux États-Unis avec Tom Starzl en 1963 mais les 10 premières années, les cas ont été très limités. En Europe le premier programme a commencé en 1968 à Cambridge avec Roy Calne qui avait travaillé avec Tom Starzl. Ce programme était bicéphale : le chirurgien Roy Calne à Cambridge et l'hépatologue Roger Williams à Londres, deux forts personnages. En 1972, Rudolf Pichlmaier qui lui aussi s'était entraîné à la transplantation hépatique à Pittsburgh démarrait son programme à Hanovre. La même année à Vienne le professeur Pisa débutait un programme. Ce n'est qu'en 1974 que nous faisons la première transplantation hépatique à Paul Brousse. A partir de 1976, différents centres s'ouvraient en Europe. En France, des chirurgiens commençaient à faire des transplantations hépatiques à Bordeaux avec Jean Saric, à Strasbourg avec Jacques Cinqualbre, à Rennes avec Bernard Launois, à Cochin avec Yves Chapuis, à Saint-Antoine avec Laurent Hannoun.

J'ai pensé qu'il serait intéressant de constituer un groupe de transplanteurs hépatiques qui se réunirait pour échanger leur expérience. Et à partir de 1984 nous commencions à nous réunir principalement à Paul Brousse, également à Saint-Antoine avec Laurent Hannoun et le souvenir que j'ai gardé de ses réunions est qu'elles étaient vraiment instructives. La technique de la transplantation hépatique n'était pas du tout au point. Il y avait encore énormément de problèmes. Surtout notre activité était limitée : ainsi en 1983 Paul Brousse n'avait fait que 17 transplantations hépatiques en 10 ans (on en ferait le même nombre en juillet 1990 en 1 mois), Strasbourg et Rennes 6 chacun, Cochin 1. Nous avions tous beaucoup de complications et c'était la discussion de ces complications qui était intéressante. En 1984 la transplantation hépatique démarrait et nous commencions tous à augmenter notre activité. J'ai alors proposé que l'on fasse un registre dans lequel on mettrait tous nos cas avec des informations limitées ce qui permettrait de les suivre au cours de nos réunions. Tous ont accepté et un formulaire a été fait avec 19 informations, donc vraiment très bref. C'est Denis Castaing qui s'en occupait en l'éditant tous les six mois.

Parallèlement à ce qui se passait en France, en Europe plusieurs centres s'étaient développés. Outre ceux déjà cités : Groningen avec Martin Sloof, Innsbruck avec Raimund Margreiter, Birmingham avec Paul Mc Master, Rome avec Cortesini, Helsinki avec Chris Hockerstedt, Bruxelles avec Jean-Bernard Otte, Milan avec Galmarini et Bern avec Gertsch. Voilà tous les centres actifs jusqu'en 1983.

En dehors de Cambridge et Hanovre qui avaient plus de 100 cas à cette date, quatre centres avaient plus de 10 cas : Groningen, Paul Brousse, Vienne et Innsbruck. Nous étions 20 ans après le premier cas de Starzl en 1963 et cela montre le très long démarrage et la difficulté de la transplantation hépatique.

Ces chirurgiens européens se sont rencontrés vraiment la première fois au premier congrès de l'European Society of Organ Transplantation (ESOT) en 1983 où je crois qu'une ou deux communications sur la transplantation hépatique ont été présentées. Nous nous connaissions à peine et nous rencontrer a été fort stimulant. Et surtout réconfortant car l'avenir de la transplantation hépatique n'était pas tellement assuré. Tom Starzl venait de publier un article paru en 1982 qu'il avait intitulé : « Déclin de la transplantation hépatique. » Nous avions décidé de nous réunir lors du prochain congrès de l'ESOT et pourquoi ne pas organiser une session sur le foie. Rudolf Pichlmaier a été chargé d'organiser cette session.

Le date du congrès était octobre 1985 à Munich.

Quelques semaines avant le congrès, Rudolf Pichlmaier a demandé à quelques-uns d'entre nous de venir à Hanovre pour préparer cette session. Cette réunion a eu lieu le 16 octobre 1985 : y participaient, en dehors de notre hôte, Roy Calne, Carl Groth et Martin Sloof et moi-même. Lors de la réunion, j'ai parlé du registre français que l'on venait de faire et j'ai proposé de l'étendre à l'Europe en y incluant les centres européens. Ce fut accepté par tous.

À Munich on en a parlé aux autres transplanteurs européens qui étaient à la réunion, tous ont accepté. On a constitué un comité scientifique du registre que j'ai invité à Paul Brousse quelques mois après le congrès. Et en janvier 1986, immédiatement après cette réunion, le registre européen a débuté.

Au départ, il y avait uniquement des informations basiques et très limitées dans le questionnaire du registre. Dès le début, le registre a été critiqué en disant qu'il n'avait aucun intérêt scientifique. Il est vrai que les informations obtenues ne pouvaient être suffisantes pour être utilisées pour une publication scientifique. On ne pouvait en tirer que des informations générales : des comparaisons entre les indications de la transplantation ou les mortalités spécifiques. Pourtant le premier travail qui a été fait à partir du registre a eu une importance considérable. C'est celui qu'a fait Didier Samuel sur la prévention de la récidive de l'hépatite B chez les transplantés hépatiques pour cette maladie. En effet, enlever le foie malade, siège principal du virus, ne supprimait pas la maladie virale en totalité. Il y avait des niches virales hors du foie qui allaient attaquer le greffon et entraîner une récidive de la maladie. Cela avait été observé avec une évolution quelquefois rapide vers la cirrhose. Cirrhose d'auto-inoculation qui était justiciable d'une retransplantation. Didier Samuel avait observé et publié sur une petite série de malades de Paul Brousse l'effet bénéfique des immunoglobulines provenant du sang des sujets vaccinés contre l'hépatite B qui avaient développé des anticorps. Il était cependant très souhaitable pour rendre cette découverte forte et non critiquable d'effectuer le travail sur une grande série de malades et sur plusieurs centres.

En considérant le Registre Européen, on pouvait trouver quels étaient les centres qui avaient le plus de malades transplantés pour cirrhose post hépatite B. Didier Samuel a donc écrit à ces centres pour les solliciter de participer à cette étude rétrospective multicentrique, ce qui a permis d'avoir un nombre important de patients. Il a montré sur cette étude que la protection qu'il avait déterminée sur l'étude de Paul Brousse était bien effective. Le travail était publié dans une revue internationale de qualité (le *New England Journal of Medicine*). Ce traitement préventif a été reconnu par la totalité de la communauté des transplanteurs et a changé le pronostic de ces malades après transplantation. Certes, ce n'étaient pas directement les données du Registre qui ont permis d'effectuer le travail. Mais le Registre a permis de repérer les centres ayant le plus de malades transplantés avec cette indication. Par la suite, d'autres travaux de ce type ont été faits.

Également avec le nombre grandissant de malades transplantés inscrits dans le Registre, on avait pour des indications rares un grand nombre de patients permettant de faire une étude.

Aujourd'hui après 35 ans d'existence, le Registre contient des données provenant de plus de 170 centres dans 32 pays avec un nombre total de plus de 180 000 transplantations. Il a été la source de très nombreux travaux et publications.

51. Un nouvel immunosuppresseur : le FK506

En novembre 1989, avait lieu à Barcelone le congrès de l'European Society of Organ Transplantation (ESOT). La journée qui précédait le congrès était entièrement consacrée à un symposium sur un nouveau médicament immunosuppresseur en étude à Pittsburgh : le FK506, ou Tacrolimus. Tous les orateurs étaient des collaborateurs de Tom Starzl. La séance avait commencé à 9h du matin et s'est terminée à 21h.

Tout l'état-major japonais de la marque pharmaceutique Fujisawa qui produisait le médicament était là. À la fin de la réunion, Tom Starzl me prenait par le bras et me disait : « Il y a une réception organisée par Fujisawa, venez avec moi » et nous nous étions trouvés dans une petite salle de réception de l'hôtel en petit comité avec quelques-uns de ses collaborateurs et le groupe japonais. J'ai fait connaissance du représentant européen de la firme qui était à Londres. J'étais très intéressé par le nouveau produit et l'ai invité à venir à Paris.

Deux semaines plus tard, il venait me voir un matin à Paul Brousse. Je lui dis qu'il fallait absolument faire une étude multicentrique pour conforter l'étude unicentrique de Pittsburgh. On pourrait la faire en Europe. Je connaissais à travers le Registre Européen l'activité des Centres. Pour le convaincre, j'appelais à tour de rôle les responsables des centres les plus importants : Roy Calne à Cambridge, Rudolf Pichlmaier à Hanovre, Roger Williams à

Londres, Christophe Broelsch à Essen C'étaient les quatre équipes européennes les plus importantes. Et au téléphone, ils me disaient qu'ils étaient tout à fait d'accord pour participer à cette étude, eux-mêmes aussi intéressés que moi par ce nouveau médicament.

C'est ainsi qu'a commencé l'étude multicentrique sur le FK506 pour la transplantation hépatique.

Tom Starzl a joué encore un rôle important dans cette étude européenne qui a été la première à valider et à lancer le produit. Le groupe des transplanteurs européens s'était déjà réuni plusieurs fois pour cette étude multicentrique avec la société Besselard qui a aidé à monter cette lourde étude. Il y a eu à cette époque un congrès organisé à Paris par la Société Française d'Étude du Foie et j'avais proposé d'inviter Tom Starzl, sachant qu'il avait un voyage en Europe qui avait lieu la veille du congrès de Paris et j'essayerais de le convaincre de venir à Paris : il suffisait d'une escale de quelques heures lors de son vol de retour d'Allemagne aux États-Unis. Je suis allé le prendre à l'aéroport pour l'amener directement au congrès où il a fait sa conférence. C'était sur la transplantation hépatique chez les porteurs du VIH pour lesquels nous avions avec Didier Samuel une certaine expérience : c'étaient des patients ayant une double infection VIH et hépatite C, responsable d'une cirrhose. Je me souviens qu'il a dû partir immédiatement après sa conférence sans qu'on puisse lui poser de questions car il était en retard et je le ramenais directement à l'aéroport.

Durant le voyage en voiture je lui ai parlé de l'étude européenne qu'on lançait, ce qu'il ignorait. Il m'a parlé des difficultés d'utilisation du produit qui entraînaient des complications rénales et surtout encéphaliques. Il m'a dit que c'était sans doute en rapport avec la dose. On ne savait pas encore quel était le bon dosage du médicament.

À la réunion suivante du groupe européen, avec Didier Samuel que j'avais mis dans le groupe, nous avons proposé de faire avant le début de l'étude contrôlée une étude préliminaire étudiant la dose du médicament. Certaines équipes commençaient par le dosage proposé par le laboratoire, qui était celui qu'avait utilisé Starzl, et d'autres, dont la nôtre à Paul Brousse, choisissaient de diminuer de moitié le dosage. Cela a été salutaire car on s'est aperçu en effet qu'il fallait diminuer le dosage pour éviter les complications rénales et neurologiques observées par le dosage habituel. Et l'étude multicentrique a commencé avec ce dosage faible. Les transplanteurs américains qui avaient aussi commencé une étude multicentrique, mais plus tard que nous, avaient utilisé d'emblée le dosage initial.

L'année suivante lors du congrès de l'ESOT, Roger Williams a présenté les résultats à un an. En 1994, au congrès de la Transplantation Society à Kyoto, ce fut à mon tour de présenter les résultats à deux ans et pour la première fois la comparaison entre la ciclosporine et le FK 506 montrait une diminution des complications de rejet aigu de façon significative. Ce fut cette étude qui a lancé le FK506. L'étude américaine, ayant observé plus de complications dans le groupe avec le FK 506, dues au plus fort dosage, n'était pas arrivée à montrer de différence significative.

Grâce à ce médicament, nous disposions maintenant d'un nouvel immunosuppresseur très efficace.

52. Le «commerce d'organes» et l'éthique de la transplantation

Le commerce d'organes ou plus exactement les histoires évoquant un commerce d'organes a été un obstacle indiscutable au développement de la transplantation d'organes.

Bien que cela ne concerne pas le foie, une affaire avait fait grand bruit : celle de l'enfant « dont on avait enlevé les yeux en Colombie ». Cette histoire avait fait l'objet d'un reportage qui avait valu à la journaliste de recevoir un prix prestigieux. Son reportage était basé sur l'histoire d'un enfant qui avait été hospitalisé d'urgence dans un hôpital de Bogotá pour une infection oculaire aiguë. Le lendemain, quand sa mère était venue le voir, on lui avait dit que son fils avait perdu la vision. Elle apprit par la suite que ses cavités oculaires étaient vides. Elle pensa immédiatement qu'on lui avait retiré les yeux. La presse avait relaté cette histoire qui eut un retentissement international. La journaliste qui avait fait le reportage pour secourir la famille fit venir l'enfant à Paris pour consulter les meilleurs spécialistes. On découvrit alors que les deux yeux existaient toujours, rétractés au fond des orbites, séquelles d'une infection.

Voici un exemple d'un emballement médiatique qui a servi à divulguer des fausses informations. Ce qui est grave, c'est que celles-ci ont eu un effet néfaste sur la transplantation d'organes par la diminution du nombre de dons d'organes.

Je me souviens d'une autre affaire. La nouvelle a été publiée dans plusieurs journaux internationaux : il était dit qu'on avait découvert près de Buenos Aires une clinique clandestine, dans laquelle des enfants qui étaient kidnappés étaient sacrifiés pour des prélèvements d'organes. On donnait des noms précis de médecins, de policiers et de juges qui participaient à l'enquête. L'affaire a même été discutée à un congrès international de transplantation. Dans la mesure où ce trafic d'organes était avec les États-Unis, les services judiciaires des États-Unis ont enquêté. On a cherché à contrôler toutes les informations très précises qui étaient données : les noms, les lieux, etc. En réalité tout était faux. Est-ce que l'affaire avait été montée dans un but politique ?

Ce qui est grave, c'est que le retentissement de ces affaires touche le public et décourage les dons d'organes. Un travail anglais a montré que l'évolution des dons d'organes présentait des fluctuations qui étaient conditionnées très précisément par les affaires publiées dans la presse. A un congrès, un transplanteur a raconté qu'une de ses malades, en liste d'attente, avait été horrifiée par ces récits et à l'idée qu'elle pouvait recevoir un organe provenant d'un enfant sacrifié, avait préféré se suicider.

Quelquefois, ces histoires sont tout à fait rocambolesques. Un jour, en Union Soviétique un chirurgien très connu, de Moscou, qui dirigeait le plus grand centre de transplantation rénale du pays était interrogé sur la transplantation hépatique. Il avait dit alors que les transplantations hépatiques n'étaient pas encore faites en Russie mais que le pays participait activement à la transplantation hépatique en donnant des greffons. Il a cité un chiffre énorme, de plus d'un millier de greffons par an.

Paul Brousse étant le centre le plus important en France, des journalistes français étaient venus m'interroger en me demandant si nous bénéficions des greffons russes. J'ai évidemment dit non car c'était totalement faux, mais j'ai senti que certains avaient un doute. J'ai apporté un argument décisif et vérifiable : c'était le Registre Européen de Transplantation Hépatique où les donneurs étaient identifiés par le lieu d'origine du greffon et le centre de prélèvement. Pour chaque malade transplanté, il y avait donc l'origine du greffon hépatique, évidemment vérifiable car les prélèvements étaient organisés par des organismes officiels de transplantation d'organes des différents pays européens.

Autrement dit, il n'y avait aucun malade dont le donneur n'était pas identifié et localisé. Ce qui était valable pour la France l'était également pour l'Europe et à l'époque, avec la solution de Collins et même la solution UW (n'autorisant pas plus de huit à douze heures de conservation du greffon), on ne pouvait pas imaginer une transplantation hépatique avec un greffon venant hors de l'Europe. Seule l'Europe aurait pu «bénéficier» de ces fameux greffons russes. L'Asie commençait à peine à transplanter et avec des donneurs vivants, et l'Afrique ne faisait pas de transplantation hépatique. L'Amérique était trop loin pour accepter des greffons voyageant sur de si longues distances. La déclaration du chirurgien moscovite était donc complètement fausse et tout s'était arrêté là.

53. Les échanges de greffons hépatiques et le cas de la transplantation transatlantique

Au début de la transplantation hépatique, on utilisait uniquement la solution de Collins qui donnait seulement, au maximum, une tolérance ischémique du greffon de huit heures, ce qui autorisait un transport du greffon d'au maximum deux heures. En pratique, les greffons pouvaient venir de toute la France. Plus tard, on a disposé de la solution de Wisconsin, aussi appelée solution UW, qui permettait une extension de ce temps à dix heures. Ces deux heures supplémentaires étaient très précieuses. On pouvait à ce moment-là aller prendre des foies en Europe dans les pays limitrophes : les centres de distribution des greffes étaient connectés pour échanger des greffons pour les situations urgentes. Pour la France, c'était relativement fréquent avec l'Angleterre, l'Espagne, l'Italie, la Belgique, la Suisse, l'Allemagne.

Cependant, une fois nous sommes allés plus loin.

Le 27 mai 1988, on recevait en urgence un homme de 58 ans pour une *hépatite fulminante**. L'appel d'urgence pour un greffon avait été lancé mais il n'y avait pas de donneur en France. On mobilisa les centres européens mais la réponse fut négative. J'avais informé la famille de l'attente et du risque que le patient s'aggrave et qu'on ne puisse plus le transplanter parce qu'on ne trouvait pas de greffon en France, ni même en Europe. La famille m'apprit alors que le patient travaillait à Air France dont il était l'un des directeurs. D'ailleurs, la direction d'Air

France informée par la famille me contacta et me dit : « Nous pouvons mobiliser des avions pour aller chercher un greffon dans le monde entier ». En fait, il ne pouvait y avoir que les États-Unis. J'ai demandé : « S'il y a un greffon aux États-Unis, pensez-vous pouvoir le transporter ? On a 10 heures, au maximum 12 heures : il faut tenir compte des transports terrestres, ce qui laissait un maximum de 8 à 9 heures de vol». Ils m'ont répondu par l'affirmative.

J'ai donc moi-même téléphoné au centre américain d'organisation des greffes, l'UNOS. Il m'a été répondu qu'on n'avait pas le droit d'utiliser un greffon américain pour un malade qui résidait hors des États-Unis mais au Canada c'était possible. Et ils avaient eux-mêmes fait la demande au Canada.

Par chance, on peut dire miraculeusement, il y avait un donneur qui allait être prélevé dans les heures qui suivaient à Toronto. On me donnait l'adresse de l'hôpital de Toronto et le contact téléphonique. J'appelais le centre où l'opération allait se passer : c'était celui d'un chirurgien transplanteur renommé, le Pr Bernie Langer. Il acceptait de nous donner le greffon, initialement destiné à un de ses patients, que son équipe prélèverait. Le prélèvement allait se faire dans trois heures. J'informais tout de suite Air France qui mobilisait son réseau : une demi-heure plus tard, on m'informait qu'un vol d'une compagnie charter avait été trouvé, qui partait de Toronto dans la nuit c'est-à-dire dans quatre heures et qui arriverait au nord de l'Écosse. Air France se chargeait des démarches auprès de la compagnie d'aviation pour le transport du greffon. A l'arrivée de l'avion en Écosse, un avion d'Air France l'apporterait immédiatement à Paris.

Je téléphonais à Toronto qu'Air France organiserait tout pour le voyage, indiquant les horaires. Il y aurait environ une heure entre le prélèvement du greffon et l'embarquement à l'aéroport.

À cette époque, nous n'avions pas encore créé les coordinatrices de transplantation. France Transplant avait refusé ma demande de ces personnels en disant que les coordinatrices ne s'occupaient que des prélèvements et pas des transplantations. J'avais l'habitude de ce type de réponse, toujours négative, s'appuyant sur le passé sans aucune vision.

C'était moi à l'époque qui m'occupais de l'organisation lorsqu'elle était difficile et non habituelle. Je me souviens qu'il était minuit à Paris lorsque je recevais un appel de Toronto me disant qu'il fallait un visa pour l'entrée en France du préleveur en charge du transport du greffon (à cette période c'était une obligation) et que l'aéroport de Toronto ne laisserait pas partir en avion quelqu'un sans le visa. Seul le consulat de France à Toronto pouvait le donner. J'appelais donc le consulat. Il était 18h à Toronto et il était fermé. Je demandais à parler au Consul en disant au standardiste le caractère urgent et dramatique de ma demande. J'obtenais le Consul et lui disais qu'il fallait absolument le visa pour le préleveur canadien. Le Consul entièrement acquis au sentiment d'urgence de la demande me dit alors qu'il allait à l'hôpital au bloc opératoire avec le tampon pour donner le visa d'entrée en France. Je fus informé deux heures plus tard par Air France de l'embarquement du greffon dans le vol quittant Toronto. A 10h du matin heure française, j'appris que le greffon dans sa glacière prenait l'avion spécial qu'Air France avait envoyé dans un aéroport du nord de l'Écosse pour le transport à Paris.

Je mettais le malade en salle d'opération pour commencer l'opération. Un peu plus de deux heures plus tard, le préleveur canadien avec sa glacière entra au bloc opératoire. Le greffon avait été préparé et était prêt à être mis. Le foie du malade était complètement libéré et on n'attendait que l'arrivée du greffon pour l'enlever. L'intervention s'était bien passée. Le temps d'ischémie avait été d'un peu plus de 12 heures à la limite maximum de la préservation.

Quand le malade sortit du coma, on lui expliqua ce qui s'était passé. Comme souvent dans les *hépatites fulminantes**, le malade n'était pas au courant qu'il était opéré car il était rentré rapidement dans le coma. Il reprit conscience en apprenant qu'il avait un nouveau foie, et un foie canadien. Bernie Langer, le chirurgien canadien avait donné à son assistant pour le malade un petit insigne avec le drapeau canadien et le drapeau français que notre patient porta sur sa blouse de l'hôpital.

Quant au préleveur, il était retourné le lendemain matin au Canada. Il reprenait sa glacière, sans savoir que j'avais remplacé le greffon par deux bouteilles de champagne avec le mot suivant « Ce liquide français est sans doute moins bon pour le foie que la solution UW. Mille mercis ».

Air France avait offert au préleveur canadien un voyage de retour par Concorde. Moi il m'avait offert le service Club 2000 que j'ai gardé toute ma vie. Je n'ai appris le nom du préleveur que 30 ans plus tard au moment où il prenait sa retraite : il s'appelait Mohamed Mams.

Cela a été la première et jusqu'à présent unique transplantation transatlantique. J'aurais pu l'appeler opération Lindbergh, nom que mon collègue le Pr Jacques Marescaux, avait eu l'idée de prendre plus tard, lorsqu'il avait opéré d'une cholécystectomie à l'aide d'un robot, en étant à New York, un malade qui était à Strasbourg. Il donnait les ordres par la console qui était à New York au robot opérateur à Strasbourg. En fait, seuls les ordres de la console maniée par le chirurgien avaient traversé l'Atlantique. Pour la transplantation franco-canadienne, c'était le foie. Je n'ai pas publié ce cas et c'est la première fois que j'en donne la narration.

Quatrième Partie

Le Centre Hépato-Biliaire

CHAPITRE 10

La construction du Centre Hépato-Biliaire

54. La décision du Directeur Général

29 juin 1989

En fin d'après-midi, je me trouvais à nouveau dans le bureau du directeur général de l'Assistance Publique, Monsieur Choussat. Il y avait tous les directeurs concernés : le directeur des finances, le directeur des équipements, le directeur des ressources humaines.

La nouvelle lettre précisait les détails de l'opération avec des dates. Il y aurait un appel d'offres pour choisir l'architecte.

-« Quand l'annonce peut-elle paraître au « Moniteurs des Travaux Publics ? », demandait M. Choussat au directeur des équipements, M. Alain Gille.

« Au plus tôt le 10 Juillet, dit celui-ci, et une semaine plus tard, soit le 17 juillet le dépôt des candidatures. Un premier choix sera fait. On pourra faire le concours des projets architecturaux et de l'architecte trois jours plus tard, le 20 juillet. On ne peut pas faire plus vite».

Je demandais à faire partie du jury du concours pour le choix du projet architectural.

Le directeur des équipements : «Il n'est pas souhaitable que le ou les médecins pour lesquels on construit participent au choix car il ne faut pas que le bâtiment soit personnalisé. Ce n'est jamais le cas ».

Je rétorquais : « Je pense justement que ce bâtiment est personnalisé par la moitié du financement qu'on me demande d'apporter. Je suis de ce fait à moitié maître d'ouvrage »

Je regardais M. Choussat.

« Ce n'est pas une opération habituelle. M. Bismuth peut faire partie du jury ».

À la fin de la réunion, les directeurs partis, je me suis trouvé seul avec le Directeur Général. Il me dit alors :

« Pour les 50 millions que vous devez apporter, je voudrais vous dire qu'il y a deux semaines, le maire de Villejuif et le Président du Conseil Général du Val-de-Marne avec le député M. Georges Marchais sont venus me voir. Ils ont eu écho de vos démarches pour quitter l'hôpital Paul Brousse. Ils m'ont dit que le Conseil Général ferait un effort exceptionnel par une donation de 15 millions de Francs pour qu'on vous donne les moyens de rester à l'hôpital Paul Brousse

D'autre part, j'ai parlé au maire de Paris, Monsieur Chirac qui vous connaît et lui ai fait part de l'opération que nous montons. Il m'a dit que la Mairie de Paris était prête à vous donner une aide. Êtes-vous d'accord. ? Si oui, je prends rendez-vous pour vous avec lui ».

Il demandait à sa secrétaire de lui passer la mairie et après un bref entretien me dit : « Vous avez rendez-vous demain à 16h avec le maire de Paris, Monsieur Chirac ».

Les premiers financements

Je montais le lendemain le grand escalier de l'Hôtel-de-Ville pour arriver au premier étage à la porte du bureau du maire. On me fit entrer dans un immense bureau à haut plafond avec de grandes fenêtres donnant sur la place. Jacques Chirac était assis devant son bureau.

« Professeur Bismuth, asseyez-vous » me dit-il.

En même temps il se leva, alla vers l'immense cheminée qui était allumée pour ajouter une bûche. Et penché vers la cheminée, le dos tourné vers moi, il me dit: « Pr Bismuth j'ai décidé de vous donner 10 millions. Dites-moi en détail maintenant de quoi s'agit-il. »

Je me souviendrais toute ma vie de ces paroles. Je n'avais encore rien dit, cherchant les mots qui pourraient le convaincre et d'emblée, il m'offrait ce que j'étais venu lui demander. Était-ce sa façon de séduire ses interlocuteurs en allant tout de suite vers leurs désirs, sans la torture des explications complémentaires, des « je vais voir », des « je vais d'abord en référer à »? J'étais immédiatement à l'aise.

Je lui expliquais que nous étions devenus le centre de transplantation hépatique le plus important de France et l'un des plus importants en Europe, que nous recevions des patients de l'étranger en grand nombre ainsi que des médecins, que le service était dans des murs vétustes, trop étroits pour notre activité.

Et que depuis des années, j'attendais de l'Assistance Publique de nouveaux locaux. Aucun hôpital de Paris ne voulait m'accepter. Le Directeur Général venait de me signifier que l'Assistance Publique avait pris la décision de construire un bâtiment pour la chirurgie hépato-biliaire et la transplantation hépatique à l'hôpital Paul Brousse et m'avait demandé de participer au financement à la hauteur de la moitié. J'avais accepté, lui dis-je, mais je n'avais pas encore eu le temps de penser comment j'allais faire en quatre mois pour trouver les 50 millions demandés.

Jacques Chirac me dit alors :

« Vous savez, quand j'étais jeune, j'avais été très attiré par les études de médecine et même j'aurais pu me destiner à la chirurgie. En fait, je suis entré trop tôt dans la politique.

Bon, vous avez mon accord pour 10 millions et M. Choussat m'a dit que le Conseil Général du Val-de-Marne en donnait 15. Il vous en reste 25 à trouver.

Je vais vous aider, je connais Francis Bouygues et je vais le lui demander ».

Il appela alors Francis Bouygues.

« Francis, je suis dans mon bureau avec le Pr Bismuth, un chirurgien qui fait de la transplantation de foie. On a décidé à l'Assistance Publique de construire un bâtiment pour lui. Cela doit t'intéresser. Tu dois pouvoir l'aider ».

En raccrochant, il me dit :

« M. Bouygues part en vacances demain mais il vous appellera avant ».

Ainsi, en presque 24 heures sur les 50 millions demandés, j'en avais déjà 25. Et la promesse d'en avoir encore plus.

Le lendemain matin, j'attendis l'appel de M. Bouygues. En vain, je dus descendre au bloc opératoire. J'étais en pleine opération quand la panseuse me dit que ma secrétaire me transmettait un appel. En tenue opératoire près du téléphone, la panseuse me tenant l'appareil à l'oreille, j'entendis :

« M. le professeur, vous allez construire un bâtiment de chirurgie pour votre activité. Monsieur Chirac m'a demandé de vous aider. Je peux vous accorder 10 millions ». J'eus à peine le temps de le remercier, il raccrochait.

Je poursuivis l'intervention la tête dans les étoiles.

Dans l'après-midi, je recevais un appel de l'adjoint de M. Bouygues :

« Ah, Monsieur Bouygues a oublié de préciser. Cette somme, c'est évidemment si on construit le bâtiment ». Que dire ? Je balbutiais quelque chose.

Je comptais, j'avais déjà 35 millions, enfin presque car 10 n'étaient pas tout à fait sûrs. Je baignais dans l'optimisme, sans savoir que la suite serait beaucoup plus difficile

Assistance ◐ Publique

Hôpitaux de Paris

PARIS, le 27 JUIN 1989

NOTE à

**MONSIEUR LE DIRECTEUR
DES EQUIPEMENTS**

J'ai décidé la construction d'un bâtiment destiné à abriter l'activité du Professeur BISMUTH à l'hôpital Paul BROUSSE. Je vous demande de prendre les dispositions nécessaires pour que ce bâtiment soit mis en service à PAQUES 1991, sous la double réserve que la promesse formelle de 50 MF de subventions extérieures ait été donnée à l'Assistance Publique le 1er octobre 1989 au plus tard et qu'aucune modification des plans n'intervienne après le 15 Novembre 1989.

Cette opération a les caractéristiques principales suivantes :

coût   : **97 MF valeur JUIN 1989** hors équipement

programme : Ce programme se développe sur 5400 m2 utiles, soit 9200m2 H.O. Dans ces 5400m2 sont inclus des laboratoires, financés par l'ARC, pour 500m2 utiles, ainsi que 1000m2 utiles de locaux d'enseignement. L'Hospitalisation (1700m2 utiles) comprendra 60 lits d'hébergement, et 6 lits d'hôpital de semaine. Le bloc opératoire (1000m2 utiles) comprendra 5 salles et une unité de réveil. Les consultations et l'hôpital de jour s'étendront sur 600m2 utiles. La réanimation (14 lits) occupera 350m2 utiles. Le solde, soit 250m2 environ, correspond à l'accueil.

Il convient que vous adoptiez les procédures d'urgence prévues au code des marchés publics, et que vous ayiez retenu l'architecte maître d'oeuvre avant la fin JUILLET afin que les travaux puissent débuter avant la fin de cette année.

Jean CHOUSSAT.

55. Le choix de l'architecte

L'appel d'offres pour la construction du bâtiment paraissait au « Moniteur des Travaux Publics » du 10 juillet et le comité de sélection recevait onze candidatures. J'apprenais qu'en concertation avec la direction des équipements, il en avait gardé trois. Sur quels critères ?

Je pensais que c'était sur la renommée des candidats, l'importance de leur équipe, leurs réalisations passées. En réalité, me disait-on, c'était parce qu'aucun d'entre eux n'avait travaillé pour l'Assistance Publique. C'est ainsi qu'un architecte talentueux -Paul Chemetov- n'avait pas été retenu parce qu'il avait déjà travaillé pour l'AP.

L'Assistance Publique me demanda de voir les trois candidats. On était à trois jours du dépôt de leur projet. Je les vis le jour même directement sur le terrain dédié au bâtiment, au fond de l'hôpital. Ce terrain très grand de près d'un hectare, je l'avais fait acheter par l'Assistance Publique 10 ans auparavant, à la demande de la Commission Médicale de l'hôpital que je présidais. C'était un terrain inexploité qui appartenait à une société de matériaux qui l'avait utilisé jusqu'à la dernière guerre pour extraire du plâtre, l'entreprise Chausson je crois. C'était donc une ancienne carrière avec certainement des grandes galeries rendant le sol instable.

D'ailleurs, il y avait à côté de ce terrain un bâtiment Inserm qui avait dû être abandonné car il s'effondrait. Comme le prix de vente était peu élevé, j'avais poussé l'Assistance Publique à l'acheter sans savoir à quoi il servirait. Il y a des moments de prédestination. Comment aurais-je pu imaginer à l'époque que ce terrain servirait un jour à bâtir mon propre service ?

Je dis aux trois architectes quel devait être l'esprit général du bâtiment. On traitait des malades graves, dont la vie était en jeu, leur angoisse était amplifiée par les familles qui les accompagnaient et celle-ci nous imprégnait à notre tour. Il fallait par l'architecture exorciser cette angoisse.

Le concours eut lieu, trois jours plus tard, le 20 juillet. Chaque architecte devait passer devant le jury pour présenter son projet, plans à l'appui.

Un projet se détachait nettement. Le bâtiment était en deux parties, séparées par une longue et large zone vitrée. Et l'architecte d'origine italienne disait : « dans mon pays familial pour supprimer l'angoisse, on fait entrer le soleil. Alors j'ai mis une galeria».

Comme le musicien italien exilé le siècle dernier à Odessa avait écrit « O Sole Mio » pour se remémorer dans les brumes du nord le soleil de Naples.

Le plan du bâtiment était clair.

Au rez-de-chaussée, les consultations et explorations fonctionnelles avec devant, une grande zone ambulatoire avec librairie et cafétéria. Le premier étage était l'étage de haute technicité avec bloc opératoire et réanimation. Le deuxième étage était totalement dédié aux médecins avec bureaux, espaces d'enseignement avec une salle de conférences et dans la continuité, l'espace de recherche (c'était dans mon projet et l'AP l'avait laissé passer). Au-dessus, deux étages pour les chambres d'hospitalisation. Le plan était simple, linéaire d'une lecture évidente. D'emblée, il m'apparut que c'était exactement ce qu'il fallait.

Après le retrait des candidats, le jury devait débattre. J'ai compris que si une majorité penchait pour un projet, il me serait difficile de les contredire. Et peut-être y aurait-il des préférences par amitiés, ou liens d'école, comme cela se passait malheureusement dans les concours médicaux. Il fallait à tout prix que j'évite cela.

Je demandais donc la parole en premier

« Messieurs, je sais que vos avis pour juger un projet d'architecture seront plus experts que le mien. Je ne peux donc pas juger comme vous ces projets. Mais je voudrais parler au nom des malades qui vont venir dans ce bâtiment pour y être opérés et souffrir, au nom des médecins et des infirmières qui jour et nuit vont s'occuper d'eux, partager leurs espoirs et leurs douleurs. Dans lequel de ces bâtiments seraient-ils le mieux ? Je fais appel à mon expérience depuis vingt ans que je suis dans cet hôpital, cherchant pour nous tous des conditions meilleures. C'est avec ces sentiments que j'ai jugé ces trois bâtiments exposés devant vous, en y projetant nos besoins et nos désirs. De façon indiscutable, le bâtiment qui satisfait le mieux nos attentes et qui nous permettra le mieux de pratiquer nos activités est celui de Claude Vasconi. Vous allez avec votre expertise d'architecte juger ces projets et je tenais absolument à vous dire ces mots ».

Le Président du jury dit : « Merci, M. le Professeur, ce que vous nous avez dit est important et vous avez eu raison de le faire. »

Il y a eu une discussion sur l'aspect architectural des trois projets qui ont été tous critiqués. Mais quand chacun à tour de rôle a dit quel était son choix, tous ont choisi en premier le projet de Claude Vasconi.

A leur départ, le représentant de l'AP me dit : « Voyez-vous, vous les avez bluffés. Ils ne sont pas habitués à avoir un médecin dans le jury, à plus forte raison celui à qui le bâtiment est destiné. Après ce que vous avez dit, ils ne pouvaient pas faire autrement. Et au fond, c'est mieux ainsi. Un hôpital, ce n'est pas une architecture. »

Il fut surpris de ma réponse :« Mais vous savez, ce bâtiment, c'était le plus beau. »

J'avais raison, le bâtiment était très beau. Claude Vasconi était un grand architecte

En partant, je prenais les grands plans cartonnés qui avaient servis à la présentation de l'architecte.

Je rentrais à l'hôpital. Il était 1h de l'après-midi. Je demandais à tout le monde les médecins, les surveillantes, les infirmières, tous ceux qui étaient disponibles de se réunir dans la salle de staff.

Je mis les plans contre le mur.

« Regardez ce que l'on va avoir. Vous imaginez. On aura de l'espace pour les malades, les consultations. On n'aura plus besoin en réanimation d'enjamber les appareils pour passer d'un lit à l'autre, on aura une vraie salle de réunion et même une salle de conférence et un laboratoire de recherche. Ne rêvez plus. Il est là maintenant. » Je crois bien que j'avais les larmes aux yeux.

Quelques heures plus tard, j'appelais Claude Vasconi : « Vous avez gagné car c'était exactement ce que je voulais. Il ne faut pas perdre de temps. Peut-on se rencontrer demain? »

Allait commencer une période extraordinaire où ensemble, on allait travailler pour donner corps au bâtiment. Il y avait beaucoup de points à régler.

Je pensais à l'architecture, mais c'était ailleurs qu'étaient les problèmes.

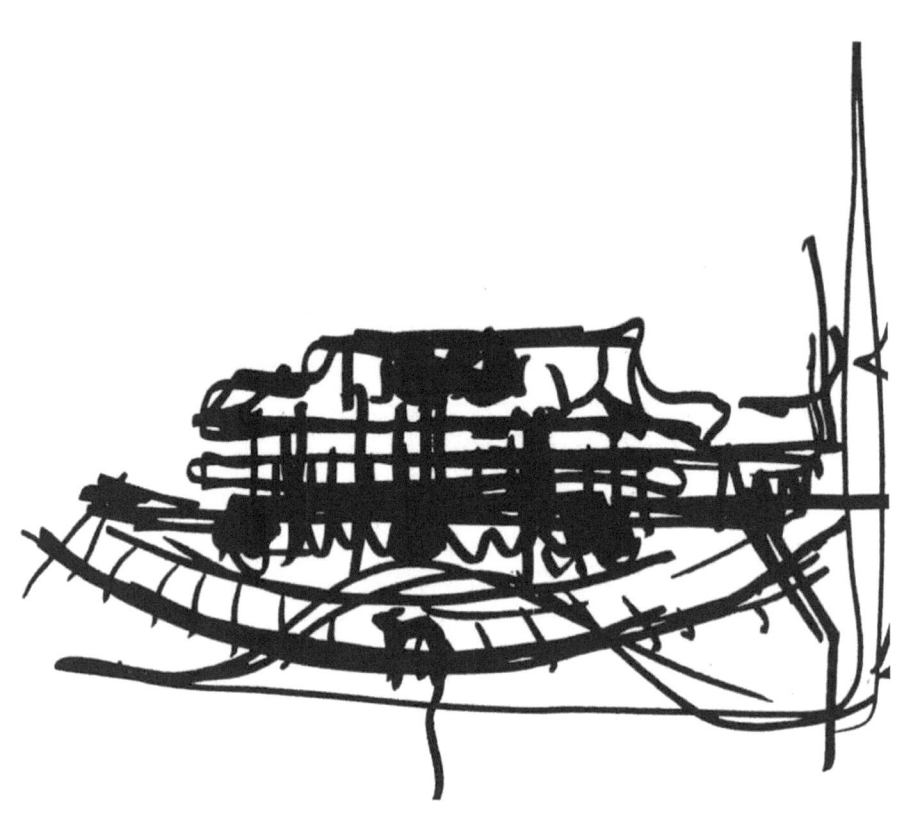

Esquisse du projet de Claude Vasconi

56. L'élaboration du plan définitif

Dès notre première réunion de travail, il est apparu qu'un élément important du bâtiment devait changer. En effet, sur le projet du Centre, Claude Vasconi avait mis les ascenseurs au centre et à chaque étage d'hospitalisation, les zones de travail des infirmières étaient aux extrémités. Je lui ai dit que cette disposition poserait des difficultés pour le service de nuit des infirmières car comme on ne gardait qu'une seule équipe d'infirmières, elle serait forcément à une extrémité du bâtiment et les infirmières devaient donc parcourir près de 90 mètres pour aller d'une extrémité à l'autre. En plus j'avais demandé que le poste d'infirmières soit commun avec celui des internes, des secrétaires, que l'on mettre également la préparation des cuisines : cela faisait donc deux blocs importants à chaque étage. Il était manifestement préférable d'en avoir qu'un seul au centre. À ce moment-là, les blocs d'ascenseur seraient aux deux extrémités. Claude Vasconi avait superposé de grands calques sur ses plans et de grands coups de crayons feutre marquaient les modifications.

J'ai donc revu ainsi en détail avec lui la fonctionnalité de toutes les surfaces. Je n'ai demandé aucune modification architecturale sur le plan de l'esthétique : cela était l'œuvre de l'architecte et il devait conserver l'originalité de l'œuvre. Claude Vasconi avait dessiné un bâtiment courbe : il ne voulait pas qu'il y ait une longue perspective linéaire, comme dans une prison disait-il. Aussi bien à l'intérieur qu'à l'extérieur, cette courbe était très agréable. Le bâtiment en deux parties avec la galerie vitrée au milieu était esthétiquement très beau.

Il fallait vite introduire toutes les modifications car nous n'avions seulement qu'environ 15 jours au début du mois d'août pour terminer le projet. Après, ce serait aux architectes de travailler dans les détails pour terminer les plans. J'avais demandé à Claude Vasconi des grands plans de chaque partie du bâtiment que j'avais affichés partout dans les postes des infirmières, dans la salle de staff, en salle d'opération en demandant à tous les personnels d'y mettre leurs remarques et critiques, pour toutes les équipes de jour comme de garde. J'étudiais ces remarques avec les personnels avant de les transmettre aux architectes. Souvent il s'agissait de petits détails. Ainsi les femmes de ménage ont remarqué que les placards à balais étaient trop petits, on les a donc modifiés. Je savais que des points considérés comme des petits détails pouvaient s'avérer une gêne importante. Il fallait que le Centre soit tout à fait fonctionnel. Les architectes ont tenu compte de toutes les remarques, on a corrigé quelques surfaces, rajouté quelques éléments.

Le 4 octobre, à la date fixée, l'avant-projet architectural du Centre était remis à l'Assistance Publique. Ont commencé alors avec la Direction des Équipements et surtout avec son directeur, M. Gille, des discussions que d'emblée - nous nous en sommes vite aperçus -avaient un objectif de réduction des surfaces. D'une façon générale, le bâtiment était considéré comme trop grand.

On n'avait pas prévu de mettre les anesthésistes dans le Centre. Ils avaient déjà des bureaux dans l'hôpital qu'ils pouvaient conserver. Le chef de département, le Pr Sami avec lequel on était toujours en conflit, est intervenu directement, et en dehors de nous, auprès de l'Assistance Publique pour qu'on mette le département d'anesthésiologie dans le Centre. Il y avait sans doute une certaine logique à cela puisque les anesthésistes de l'hôpital ne travaillaient qu'avec nous. Mais l'espace en question était pour moi destiné à la recherche clinique qu'il fallait développer dans une structure hospitalière moderne. J'ai essayé de m'y opposer mais en vain. L'Assistance Publique a également exigé que l'on installe dans le bâtiment le service d'anatomopathologie qui également travaillait en presque totalité avec nous. Ainsi la partie du sous-sol que je comptais réserver à la recherche clinique changeait d'affectation : une moitié irait aux anesthésistes et l'autre moitié à l'anatomie pathologique. On verrait pour la recherche clinique.

Le directeur des équipements voulait manifestement chercher à mettre sa marque dans le bâtiment et donc le modifier. Ainsi un jour il dit que le deuxième étage purement médical était superflu : on pouvait mettre les bureaux médicaux au rez-de-chaussée dans le hall qui était trop grand. Le laboratoire de recherche que je voulais mettre au deuxième étage ne concernait pas l'Assistance Publique, m'a-t-on fait remarquer. De même, la salle de conférence et la bibliothèque « ce sont des locaux universitaires à prendre en charge par la Faculté ».

Chaque fois, lors de ces réunions à l'Assistance Publique face à l'administration où il n'y avait que l'architecte et moi, les discussions étaient tendues. À plusieurs reprises soit l'architecte, soit moi-même nous disions « si c'est comme cela je m'en vais ». Quand c'était Claude Vasconi qui se levait pour partir, je le retenais et vice versa. C'était quelquefois des demandes futiles.

Par exemple : pourquoi les couloirs avaient une largeur de 2,40 m alors que les normes étaient 1,80 m. Si on les remettait aux normes, on ferait une économie de près de 60 m². Je disais : « Nos malades sont graves. Ils vont en salle d'opération dans leur lit et non pas sur des brancards. Comment voulez-vous que deux lits, avec des appareils de perfusion et quelquefois une assistance respiratoire, puissent se croiser dans un couloir de 1,80m ». On a gardé les 2,40 m.

À la fin, les plans de l'architecte ont été amputés de zones qu'on ne rétablirait que si nous en avions le financement : la partie antérieure du hall a disparu en faisant rentrer la façade vitrée et n'était plus que du gravier. La zone de laboratoire du deuxième étage était en grisé. Même les chambres d'hôtes que je voulais installer à un étage d'hospitalisation à ses deux extrémités ont été amputées : il y avait deux trous dans la façade. Il n'y avait plus de surface de recherche clinique.

On nous rappelait à chaque réunion que nous n'avions pas encore la totalité du financement et que c'était la raison de ces réductions : il fallait faire baisser les coûts pour rentrer le plus sûrement dans l'enveloppe financière.

J'ai compris que la Direction des Équipements voulait avoir gain de cause sur quelque chose d'important. Comme souvent les gens sans envergure qui ont un statut important veulent mettre leurs marques dans un projet. Comme ils ne peuvent pas le magnifier, ils vont le réduire.

Leur seule force est négative. Je demandais alors à l'architecte d'aménager un deuxième sous-sol pour faire un parking souterrain. Cela était techniquement possible. La direction des équipements s'est immédiatement opposée. On a donc commencé à lutter. Une pétition a été faite par tous les personnels de l'hôpital recueillant 500 signatures en faveur de ce parking. J'ai demandé l'appui de la mairie de Paris qui avait demandé que l'on prévoit des parkings dans tous les nouveaux bâtiments publics. Évidemment cela ne s'appliquait pas à notre bâtiment qui n'était pas à Paris. J'ai essayé de l'utiliser comme argument. En réalité, je savais qu'on allait perdre. Mais plus je m'obstinais, plus je donnerais l'impression quand je serai vaincu que ma défaite serait grande et que la Direction des Équipements remporterait une grande victoire. C'est ce qu'il fallait. On a donc abandonné le parking au sous-sol. La Direction des Équipements avait gagné. J'espérais que cette victoire serait suffisante et que leur succès sur ce point calmerait les demandes sur les autres points de discussion. Il n'en fut rien et en permanence il y a eu des tentatives de modification des plans pour faire des économies.

Outre cette menace permanente, j'avais le souci de trouver le reste du financement.

Plan du bâtiment
(profil)

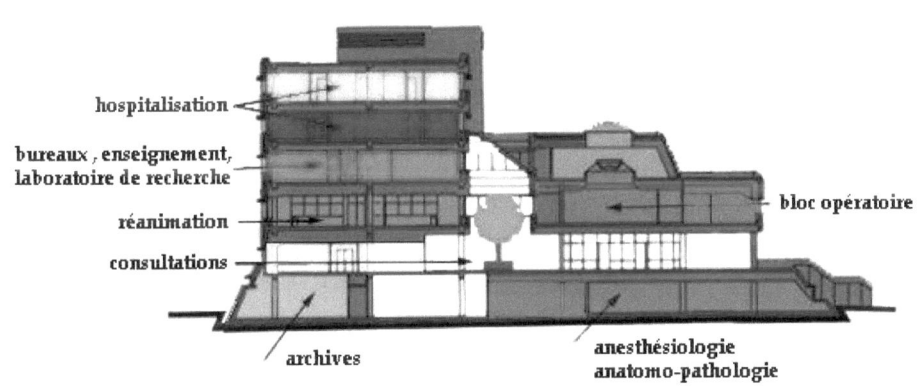

57. La recherche de financement

Ce pari presque insensé de réunir 50 millions de francs en quatre mois, je l'abordais avec optimisme. Les promesses initiales – 15 millions du Conseil Général du Val-de-Marne, 10 millions de la mairie de Paris, et la promesse de Bouygues (**non tout à fait assurée en réalité**) – constituaient un début encourageant, me laissant penser que le reste suivrait rapidement. Après tout, j'avais réuni 35 millions en une semaine. **Trouver les 15 millions restants ne devait pas être un problème.**

Dès le début du mois d'août, je convoquai une réunion stratégique avec deux amis, alliés de confiance : Alain Trébucq, directeur du *Quotidien du Médecin*, et André Thénot, directeur scientifique des laboratoires Servier. Leur conseil fut clair : «Pour attirer des dons, il faut une structure juridique solide et pour les collecter une fondation. » Nous décidâmes de créer au début une association loi 1901, *Association pour la Fondation Hépato-biliaire*, le temps de créer la fondation et de réunir les 5 millions nécessaires pour cela. Il nous fallait un notaire spécialiste des fondations et du mécénat, ce serait Maître Alain Gobin. Cette association serait le socle de notre collecte, avec une gestion des fonds centralisée sous l'égide de la Fondation de France, garantissant des avantages fiscaux aux donateurs. Il fallait maintenant trouver les fonds et c'était à moi de convaincre, de mobiliser, amis, patients et mécènes potentiels.

Mireille Darc, qui a soutenu dès le début le projet, fut l'une des premières à m'épauler. Elle contacta Jacques Attali, conseiller de François **Mitterrand**, pour lui présenter notre opération. J'avais eu affaire à lui récemment. À la fin de l'année 90, il m'appelait « Nous voudrions que vous preniez en charge un jeune patient auquel le Président est particulièrement attaché : c'est le fils d'un de ses camarades de captivité lorsqu'il était emprisonné dans un camp militaire pendant la guerre. Son fils est son filleul. Il vient d'être hospitalisé à l'Hôpital Américain et on lui a trouvé une tumeur du foie pour laquelle ils ne peuvent rien faire ». Quand il arriva chez nous, le bilan révéla une tumeur primitive pour laquelle on ne pouvait faire qu'une transplantation, ce qui fut fait rapidement. Lors de son séjour d'environ trois semaines, M. Mitterrand vint le voir à plusieurs reprises. Je l'ai rencontré chaque fois pour le tenir au courant de l'évolution.

Lorsqu'après Mireille Darc, j'appelais Jacques Attali, celui-ci me dit : « Le Président soutient votre projet, il vous donne 5 millions. » Je demandais à voir M. Stasse, le nouveau directeur général de l'Assistance Publique. Quand je lui annonçais la bonne nouvelle, il me dit : « M. Bismuth, il n'y a pas de fonds monétaire propre de l'Élysée et quand l'Élysée dit qu'il vous donne de l'argent, cela signifie que l'Assistance Publique doit dégager 5 millions pour l'Élysée ». Je lui répondis : « Je ne connais pas les modalités de versement de cette somme à l'Assistance Publique. Pour moi ce qui compte, c'est la parole de l'Élysée : l'Élysée donne 5 millions pour le Centre. Et je le marque ainsi dans mon apport ».

Parmi les soutiens marquants, Jean-Claude D'hestin, dont la fille Emmanuelle avait été transplantée, joua un rôle clé. Il dirigeait une **compagnie privée d'aviation qui transportait des personnalités du monde politique et économique. Il s'engagea avec un grand enthousiasme, évoquant notre projet avec chacun de ses passagers, insistant sur le fait que le projet était soutenu** par la Présidence de la République. Un jour, il m'appela : « J'ai parlé de vous à Jean-Marc Vernes. Il veut vous rencontrer. »

M. Vernes, banquier influent, venait de réaliser un grand succès financier, dont la Presse faisait grand état. Il m'accueillit dans son bureau avec bienveillance. La conversation fut brève mais décisive. « Combien vous manque-t-il ? » demanda-t-il. « Cinq millions, » répondis-je. Et il ajouta « Vous avez bien dit que l'opération est soutenue par le Président de la République ? ».

Je dis oui.

« Très bien dit-il je vous donne cette somme»

Mais toutes les promesses ne se concrétisèrent pas avec autant de simplicité.

L'ARC (Association pour la Recherche sur le Cancer), dirigée par Jean-Marie Crozemarie, accepta de financer le projet à hauteur de 10 millions après que je lui eus présenté nos travaux sur les cancers hépatiques et la transplantation. Mais cette promesse devint rapidement un casse-tête administratif. Jean-Marie Crozemarie conditionnait son soutien à des remboursements impliquant l'Association Claude Bernard, une association de l'Assistance Publique, et des réticences internes ralentirent le processus. Après plus d'un an de négociations et de rebondissements, seuls 4 millions furent finalement versés, bien loin des 10 millions espérés. Quant à la promesse de Francis Bouygues, elle ne se réalisa pas. Il avait conditionné son soutien à l'attribution du marché de construction à son entreprise. Mais l'appel d'offres révéla que Bouygues présentait le devis le plus élevé. L'entreprise fut écartée, et il fallut relancer tout le processus, retardant le projet de six mois pour rédiger un nouvel appel d'offres.

Pendant ce temps, je continuais à chercher des fonds. Je n'oublierai jamais le premier, un chèque de 100 francs envoyé par une patiente âgée hospitalisée en gériatrie. Ce geste de la généreuse Madame Esther figura toujours en tête de nos contributions. D'autres provenaient de familles de patients décédés, qui invitaient leurs proches à faire des dons en leur mémoire.

Des entreprises, comme Péchiney et Gaz de France, mobilisèrent également leurs ressources et nous permirent d'obtenir des subventions parfois importantes leurs conseils d'administration ayant été sollicités par certains de nos malades. Le laboratoire Sandoz, grâce à l'intervention personnelle de son président, M.Basdevant qui s'était engagé intensément pour le soutien de la transplantation d'organes, contribua à hauteur d'un million. Convaincre des entreprises de financer un bâtiment public appartenant à l'AP-HP était un défi. « Quel retour sur investissement pouvons-nous espérer ? » me demandaient-elles. Je leur expliquais que le seul retour serait le bénéfice pour les malades, notre personnel et notre activité. Mais cela ne suffisait pas toujours : les laboratoires pharmaceutiques, à l'exception de Servier et Sandoz, refusèrent, arguant de leurs tensions avec les hôpitaux sur les prix des médicaments. Car il était vrai que c'était l'Assistance Publique qui bénéficiait de ces fonds.

J'avais évidemment revu plusieurs fois M. Choussat avant son départ de l'Assistance Publique. C'était lui qui avait eu l'idée du montage budgétaire. C'était la première fois que l'AP lançait une telle opération. Il y avait eu un précédent : le centre de chirurgie cardiaque du Pr Christian Cabrol. Mais ce dernier s'inscrivait dans une dynamique différente : un centre partiellement privé avec la participation d'investisseurs avec donc un retour sur investissement. Cette association public-privé, très innovante pour les structures hospitalières françaises, se heurtait de ce fait à des difficultés administratives.

À vrai dire, je ne m'étais pas aperçu que la somme qui m'avait été demandée était si importante. Lors d'un de mes entretiens avec M. Choussat, je l'interrogeais sur le montant de mon apport.

N'était-ce pas vraiment beaucoup de me demander autant que la moitié du budget ?

Il me dit :

« Vous comprenez, M. Bismuth, le lendemain du jour où on saura que nous avons décidé de construire pour vous un bâtiment, j'aurais dans mon bureau un (et sans doute plus d'un) de vos collègues qui me demanderont la même chose. Je lui dirai: « Très bien monsieur le professeur, apportez 50 millions ».

En fait, cela ne s'est pas produit. Cette opération est restée unique dans l'histoire de l'Assistance Publique.

J'ai continué pratiquement pendant tout l'année 1990 à chercher des financements. Cela devenait de plus en plus difficile. J'ai eu l'aide inattendue du Press Club. Il était dirigé par un journaliste, Emmanuel de la Taille, qui avait une émission sur TF1 sur des sujets économiques tous les samedis matin dans laquelle il invitait des personnalités., et avait de ce fait un gros carnet d'adresse. C'est Pierre Barret qui me l'a fait rencontrer et il a été tout de suite enthousiaste en me disant qu'il allait organiser des dîners à son club, près du rond-point des Champs-Élysées. Il y a eu quatre dîners avec des personnalités différentes : des hommes d'affaires tels les PDG du groupe Accor, MM Dubrule et Pelisson. Claude Vasconi avait fait une maquette du bâtiment que je plaçais au milieu de la table et en dix minutes, je présentais l'opération. La première question était toujours la même : quel retour pourrait-il y avoir sur l'investissement ? C'était une interrogation évidente de la part de ses hommes d'affaires.

Il y a eu quelques réponses positives : Gaz de France, par l'aide d'un patient nous a donné une subvention importante. Mobilier international qui avait été choisi par Claude Vasconi pour les équipements mobiliers a fait un rabais sur tout l'équipement. J'ai eu un contact personnel avec la famille qui dirigeait l'entreprise. Ils m'ont fait une surprise en faisant faire par un de leurs designers un bureau à partir de la maquette du bâtiment. Et en plus de ce meuble, ils m'ont offert tout le mobilier de mon bureau.

Mon apport de fonds a aussi bénéficié de diminution du prix des travaux effectués par des entreprises en faveur d´un service de soins de malades, Ainsi l'entreprise qui a fait le revêtement métallique du bâtiment, tout en aluminium gris, a offert la moitié du budget :1 million sur les 2 inscrits au devis. Je l'ai marqué dans le compte de mes apports bien que l'Assistance Publique n'ait pas voulu le reconnaître.

En juillet 1990, alors que les appels d'offres approchaient de leur expiration, Alain Gille, directeur des équipements, m'informa que le contrôleur financier refusait de signer sans financement complet.

Il manquait encore 5 millions. Désespéré, je pris une décision radicale : j'offris une garantie personnelle, engageant mon appartement et celui de ma fille comme caution. En juillet 1990, les appels d'offres approchaient de leur expiration.

Le 11 juillet, j'étais dans le bureau de M. Alain Gille qui me dit: « Le contrôleur financier ne signera pas les appels d'offres si le plan financier n'est pas complet. Si vous ne trouvez pas les fonds manquants, toute l'opération tombe »

-«Et si je me porte garant de la somme manquante ? (Il s'agissait de 5 millions)

-Vous voulez vous engager à donner cette somme ? Mais quelle garantie avons-nous de cet engagement?

-Je peux vous donner comme garantie mon appartement à Paris.

-Êtes-vous sûr qu'il vaut 5 millions ?

-Je ne sais pas. Je vous donne également en garantie l'appartement de ma fille à Paris dont je suis propriétaire. »

Il me tendit une feuille de papier sur lequel j'écrivais :

« Je soussigné Pr Henri Bismuth m'engage à apporter à l'Assistance Publique pour le financement de la construction du Centre Hépato-biliaire à l'hôpital Paul Brousse la somme de 5 millions de francs. Je donne en garantie de cet engagement de 5 millions mon appartement du boulevard Kellermann à Paris et l'appartement dans le premier arrondissement de Paris où est logée ma fille ».

Je remis ce document à M. Gille qui après l'avoir examiné me dit :

«Je le soumets au contrôleur financier et s'il accepte ce sera bon. L'apport financier sur lequel vous vous êtes engagé pour la construction de votre Centre sera alors complet».

Je me rappelle que le soir, en entrant chez moi, j'en parlais à ma femme qui me dit :

« Mais tu es complètement fou d'avoir fait cela. Tu nous mets en péril. On risque d'être obligé de vendre notre domicile, c'est totalement déraisonnable ».. Le lendemain, je téléphonais à Alain Trébucq et André Thénot pour les informer «Cet engagement personnel, nous allons le transformer en engagement de la Fondation.» me dirent-ils.

Le 25 juillet (une semaine avant le début de la guerre du Golfe), M. Stasse m'informait que le contrôleur financier venait de signer les appels d'offres. La construction du bâtiment pouvait commencer. On ne peut pas imaginer comment, dans le bonheur de la réussite, tous les ennuis, tout le poids des efforts disparaissent subitement.

remis en mains propres
à M. Blum gilles.
Directeur des equipement de l'AP.HP

le 11 juillet 1990

Je soussigné, Professeur Henri Bismuth,
m'engage sur l'honneur à apporter la
Somme de 5 millions de francs (cinq millions)
pour la construction du centre hepato Biliaire de
l'Hôpital Paul Brousse. Cet engagement
est gagé sur mon appartement personnel
à Paris, 22 bd Kellermann 13e arrdt et
l'appartement (occupé par ma fille) du 9 rue
du Cygne, Paris 1er arrdt.

Pr Henri Bismuth

341

58. La construction du Centre Hépato-Biliaire

À partir de ce moment-là, tout est devenu facile : le projet est passé entre les mains des architectes et des entreprises. L'architecte responsable en direct de l'opération, Etienne Leconte, était en permanence sur place et les travaux ont commencé. J'allais voir au fond de l'hôpital les engins de chantier s'activer. C'était un gros chantier : un bâtiment de 90 m de long sur six niveaux dont un sous-sol en tout 16 000m2. On avait obtenu une dérogation de la mairie-qui était évidemment très favorable à l'opération- pour le quatrième étage qui dépassait la hauteur autorisée dans la commune,
Cette surface paraissait toujours trop grande à l'Assistance Publique et en cours de construction on nous avertissait qu'on allait retirer la majeure partie du hall d'entrée. La façade était reculée au niveau du rez-de-chaussée et tout l'espace du hall était remplacé par une surface de gravier. C'était inacceptable et défigurait l'architecture du bâtiment. Dans l'urgence, il n'y avait qu'une seule solution : faire un apport supplémentaire de notre association. Alain Trébucq et André Thénot ont été d'accord et l'association a fait un engagement supplémentaire de 1 200 000 FF qu'il a fallu compléter ultérieurement, car la somme n'était pas suffisante, par 300 000 FF. En plus des différentes donations qui ont été faites directement à l'Assistance Publique, ce sont 6,5 millions de francs que l'association s'engageait à apporter à l'Assistance Publique pour la construction du bâtiment. Dès la fin de la construction, cette somme nous sera réclamée avec insistance.

Le laboratoire de recherche était localisé au deuxième étage, occupant la moitié sud. Mais alors que le bâtiment était presque fini, cette partie restait vide : il n'y avait que le plancher, sans aucun mur ni aucun revêtement. Or les plans de l'architecte prévoyaient les différentes salles du laboratoire, les équipements, les placards. Mais l'Assistance Publique considérait que cette partie concernait la recherche qui n'était pas dans son domaine. Il me restait donc à trouver le financement pour finir la construction du laboratoire. Je pus juste à temps trouver une subvention de la Ligue contre le Cancer grâce a l'appui de son directeur scientifique, Jean-Francois Bach, qui était un ami de longue date. Évidemment il n'y avait aucun matériel pour l'équiper. C'est un de mes assistants, Olivier Farges, qui avait déjà une très bonne formation de chercheur et que je voulais garder dans mon équipe qui a obtenu tout l'équipement du laboratoire, offert par différentes sociétés qu'il avait convaincues de nous aider. Ainsi, j'arrivais à avoir au centre d'un bâtiment de l'Assistance Publique un laboratoire de recherche moderne.

Pendant la construction du bâtiment, nous continuions à travailler et même à augmenter notre activité. J'avais constitué une équipe de grande qualité avec d'excellents chirurgiens, Denis Castaing et René Adam, l'hépatologue Didier Samuel, en réanimation Faouzi Saliba et Philippe Ichai, entourés de plus jeunes. Tous travaillaient avec enthousiasme, soutenus par l'idée des meilleures conditions de travail à venir. Je ne les mettais pas à contribution pour l'élaboration du centre. Leur rôle était de continuer à progresser. Je pouvais grâce à eux m'y investir entièrement.

Claude Vasconi était très exigeant, vérifiant les moindres détails. Son équipe dont Etienne Leconte était très active. Le vaste hall du bâtiment était à son centre occupé par de longs bacs dans lesquels seraient mis des arbres. Claude Vasconi m'avait dit : « dans tous les hôpitaux que j'ai visités, les zones d'accueil se sont dégradées très rapidement et cela donne un mauvais effet. Pour le Centre, j'ai voulu éviter cela. ».

Pour le hall, il avait utilisé uniquement des matériaux pérennes : aluminium, verre et granit.

Seul au fond, on avait réservé une zone nue sur laquelle mon idée était de mettre une fresque. Nous n'avions aucun budget pour cela.. Je me suis adressé à des laboratoires pharmaceutiques et un a été sensible à mes arguments et m'a accordé un petit budget. Nous avons donc sollicité plusieurs artistes pour cette fresque qui ferait environ 40 m de long sur 2 m de hauteur. Une artiste, que je connaissais déjà bien, a accepté, Lydie Arickx. Elle a remis un très beau projet : de part et d'autre du centre de la fresque, il y avait d'un côté une rangée de chirurgiens en bleu et de l'autre côté une rangée d'infirmières en danseuses de différentes couleurs. Avec Claude Vasconi, nous avons donné notre accord. Lors de la réalisation, l'artiste a changé d'idée ayant une inspiration différente :la fresque comprenait, de part et d'autre d'un grand personnage les bras ouverts évoquant un Christ, des groupes de corps qui semblaient torturés. Mais au fur et à mesure qu'on approchait des extrémités de la fresque, les personnages s'éclaircissaient et les deux dernières figures étaient des personnages flottants indiquant de la main les portes d'accès aux consultations. La symbolique était : vous qui entrez dans ce bâtiment dans la souffrance, c'est l'espoir du soulagement qui vous attend. C'était dans l'idée de l'artiste un message d'espoir mais en réalité, l'œuvre était dominée plutôt par la peine et la souffrance, le message du bonheur attendu n'était pas très visible

L'œuvre fut terminée en quatre jours de travail intense. Avec le directeur et l'architecte nous avons trouvé que la fresque était belle, apportant de la couleur dans ce bâtiment tout gris. En fait par la suite, les malades et le public ont jugé différemment trouvant que cette grande peinture ajoutait encore plus de tristesse à ce bâtiment d'aluminium gris qu'on disait même noir. Beaucoup de malades et de famille m'ont accusé d'avoir mis une danse macabre dans un bâtiment funèbre. « Rajoutez des grandes tentures noires et cela fera une morgue ».

Il y avait de la place pour d'autres œuvres. Mais il n'y avait plus de crédit. J'ai donc acquis auprès d'autres artistes que je connaissais bien des grandes œuvres. Sheila Hicks a fait une grande tapisserie de cordages magnifiques de près de 8 m de haut et Gérard Koch a construit des colonnes de bois et de verre placées à l'entrée.

On disposait en face du bâtiment du reste du terrain et le projet était de faire un grand jardin et un parking. Il n'y avait aucun budget pour le jardin. J'avais la chance de connaître un spécialiste des jardins réputé, Louis Benech. Il a immédiatement accepté de le faire gratuitement: de part et d'autre de l'allée centrale, deux espaces asymétriques, arboré d'un côté, avec des zones de gazon éclatées, faisant contraste avec la symétrie du bâtiment.

59. L'introduction de l'informatique dans le Centre

En 1990, trois ans avant l'ouverture du centre, presque tous les médecins du service avaient un ordinateur. Ils nous servaient principalement de machine à écrire améliorée avec un peu de mémoire. Il n'y avait pas Internet. C'était vraiment le tout début de l'informatique en milieu médical.

Mais pour le Centre, il était évident qu'il fallait utiliser au maximum l'informatique. J'en ressentais le besoin mais ne savais absolument pas ce que concrètement, on pouvait obtenir. Je m'adressais à l'Assistance Publique où il y avait une Direction de l'Informatique, faisant partie de la Direction des Équipements. Le directeur de ce service, Réginald Allouche que je ne connaissais pas, fut séduit par notre projet et décida de nous aider. Il me dit :

«Il faut que quelqu'un connaissant bien l'informatique médicale travaille directement avec vous. Il doit être un de vos collaborateurs tout à fait averti de vos besoins et en même temps ayant une compétence informatique. Je connais un médecin qui a ces compétences mais il n'est pas du tout de votre spécialité : c'est un gynécologue obstétricien. Il est praticien hospitalier dans un hôpital de l'Assistance Publique. Êtes-vous d'accord pour le prendre dans votre service ? ».

Je fis donc une demande d'un poste de praticien hospitalier dans le service de chirurgie hépato-biliaire qui fût accordé à un obstétricien. Je ne sais pas comment les instances médicales de l'Assistance Publique ont accepté cette anomalie, toujours est-il que Philippe Bustany a été affecté à mon service avec la mission de développer l'informatique dans le nouveau centre. L'Assistance Publique était directement intéressée car elle voulait développer l'informatique dans ses hôpitaux et ce serait pour elle une opération pilote.

Philippe Bustany était une personnalité étrange. Il connaissait très bien l'informatique médicale qui le passionnait mais ses relations avec les gens étaient exécrables. Il était très clivant, n'écoutait personne et n'en faisait qu'à sa tête. Je n'avais encore jamais vu quelqu'un d'aussi désordonné : son bureau était recouvert d'une masse de documents d'une dizaine de centimètres d'épaisseur dans laquelle il était le seul à savoir où étaient les différents dossiers.

Mais je m'entendais très bien avec lui et au fond je l'appréciais car il avançait dans son projet de façon étrange, non prévisible mais très efficace. Et je voyais petit à petit un plan cohérent se développer.

D'abord pour le matériel. Il a eu une idée géniale : s'adresser au plus haut niveau au directeur général d'Apple pour l'Europe (il était absolument fanatique d'Apple) et le convaincre qu'il fallait développer un centre pilote Apple d'informatique médicale qui serait un modèle pour toutes les institutions hospitalières d'Europe. Et il a fait un plan d'équipement de l'ensemble des unités du Centre comportant plus de 100 appareils. C'était insensé car les services les mieux équipés de l'Assistance Publique n'avaient qu'une dizaine d'appareils. Il a convaincu Monsieur Grimaldi, le directeur général d'Apple Europe, qui est venu visiter notre centre et qui m'a confirmé la dotation qu'il comptait faire. Et tout ce matériel nous serait offert. Cela a été particulièrement réjouissant pour l'Assistance Publique qui d'ailleurs n'avait pas l'intention d'acheter tant d'équipement.

Dès le début de l'année 1992, donc un peu plus d'un an avant l'ouverture du Centre, nous recevions une vingtaine d'ordinateurs et avec Philippe Bustany nous installions un réseau très limité entre les médecins, quelques surveillantes et secrétaires pour commencer à élaborer le système informatique nécessaire à notre activité future. En particulier j'établissais une fiche de consultation/ hospitalisation de malade qui serait la base de notre système patient et qui curieusement 30 ans après fonctionne toujours. Et Apple nous fournissait 120 ordinateurs. L'Assistance Publique avait accepté de faire le câblage.

C'était ainsi que lors de l'inauguration en mars 1993, nous pouvions lors de la visite du Centre montrer dans chaque étage d'hospitalisation, dans le bureau des internes et des secrétaires un ordinateur par personne, et des ordinateurs équipant chaque chariot de visite.

Dans le bloc opératoire, chaque salle était équipée d'ordinateurs. De même, dans chaque box de consultation et d'une façon générale dans tous les bureaux de médecins, de secrétaires et de surveillantes.

Apple France-Europe était présent à la visite de l'inauguration et par la suite des visiteurs de nombreux centres hospitaliers sont venus voir notre installation. Je pense que cela a été une opération donnant-donnant.

Curieusement l'Assistance Publique était restée muette sur notre installation informatique très évoluée et unique dans ses établissements. La raison était, m'a-t-elle discrètement expliqué, leur crainte de voir d'autres hôpitaux réclamer le même équipement. De même, la construction du Centre a été cachée et était officiellement appelée par l'Assistance Publique " rénovation des locaux du Pr Bismuth ».

Pose de la première pierre, avec le Président
François Mitterrand et Claude Vasconi - 1989

Lors de l'inauguration, le 3 mars 1993

avec Jean Choussat

60. 3 mars 1993
L'inauguration
du Centre

L'ouverture du Centre Hépato-Biliaire a été fixée au 10 mars. Nous décidions de faire l'inauguration le 3 mars.

En relation avec le service de communication de l'hôpital et de l'AP, qui se chargeait des invitations, nous organisions le déroulement de la cérémonie qui commencerait à 11h. D'abord la partie officielle, les discours puis la visite du centre puis une collation.

L'inauguration serait faite par le ministre de la Santé, M. Kouchner avec les directeurs généraux de l'Assistance Publique qui avaient dirigé l'opération : après M. Jean Choussat, M. François Stasse et M. Alain Cordier.

Seraient présents le député du Val-de-Marne, Georges Marchais, et les autres officiels de l'administration, le maire, le président du Conseil Général. On avait invité le Directeur général de l'Inserm, le Président de l'Université et le Doyen de la Faculté, les chefs de service de l'hôpital, mes collègues chirurgiens des autres hôpitaux de l'Assistance Publique, d'anciens assistants et élèves du service, les donateurs. J'avais invité aussi les ambassadeurs de pays avec lesquels nous avions beaucoup d'échanges : les ambassadeurs d'Italie, d'Israël, du Koweït, de Grèce.

Le jour de l'inauguration arriva. A 10h du matin, on m'apportait un mot du ministre de la Santé, Bernard Kouchner : il ne pouvait pas venir, s'excusait et se faisait remplacer par son conseiller. J'apprenais la raison : des syndicalistes de Sud Santé et de la CGT de l'Institut Gustave Roussy pour un problème interne à leur hôpital allaient venir manifester et faire de l'obstruction. J'aurais aimé que leurs collègues des mêmes syndicats de l'hôpital Paul Brousse les persuadent de ne pas intervenir car ce Centre c'étaient aussi leurs emplois.

Au centre du hall, des rangées de sièges pour les officiels. Au fond le personnel en tenue de travail : le personnel du bloc opératoire en bleu, le personnel de réanimation en vert, les infirmières et les aides-soignantes de salle en blanc. Au milieu d'eux, le pupitre.

La cérémonie commença par le discours du directeur de l'hôpital puis du directeur général de l'Assistance Publique : Alain Cordier. Ensuite ce fut mon tour et en dernier, le représentant du ministre.

Je ne me souviens pas de ce qu'ils ont dit. En ce qui me concerne, je centrais mon discours sur trois points. Premièrement, l'hôpital est d'abord un hôtel, devant être aussi accueillant qu'un hôtel, avec la qualité des services hôteliers, hôtel où des soins infirmiers étaient donnés. Deuxièmement, ce bâtiment ne doit pas être une exception, c'est ce que devraient être tous les hôpitaux publics. Troisièmement, je parlais de la conception multidisciplinaire du centre où tout était concentré autour du malade.

Puis a commencé la visite de toutes les parties du Centre, par groupe guidé par un assistant. J'avais pris avec moi les officiels, les directeurs généraux et les ambassadeurs. On a débuté par le rez-de-chaussée avec les consultations, l'espace central des explorations fonctionnelles puis l'hôpital de jour, ensuite on est monté au premier étage. Dans chaque salle d'opération, les chirurgiens habillés expliquaient les différentes interventions : on avait déjà mis des vidéos sur les appareils de télévision pour expliquer les opérations. Puis passant en réanimation, les réanimateurs expliquaient les techniques de réanimation. Au deuxième étage dans la salle de conférence, des films étaient projetés en permanence et enfin au 3e étage, visite des chambres de malades. Tout le personnel était mobilisé chacun à sa place.

La presse a relaté l'événement de l'ouverture du Centre Hépato-Biliaire. Dans certains journaux, pour expliquer ce qui a été appelé le « palais du Pr Bismuth», on a sous-entendu mon appartenance à la franc-maçonnerie, ce qui évidemment n'a jamais été le cas. Il fallait bien expliquer une telle anomalie d'un centre spécialisé construit pour un chirurgien en un temps record. Évidemment, on n'évoquait pas le besoin pour une activité médicale importante et en expansion, ni les qualités du Service dans les domaines de la chirurgie du foie et la transplantation qui en faisait un des plus importants centres mondiaux, ni des anciens locaux à l'évidence inadaptés. Non, il fallait trouver des raisons cachées : si ce n'était pas la franc-maçonnerie, c'étaient des appuis occultes. Certains collègues s'étaient prêtés à ce jeu en suggérant telle ou telle explication. Je n'en avais cure.

On a eu une semaine très chargée pour équiper le centre et le mettre réellement en état de fonctionnement.

Le 10 mars à 8h du matin, a commencé le transfert du contenu du vieux bâtiment dans le nouveau. On a arrêté l'activité opératoire sans arrêter le programme de transplantation car j'avais dit qu'on serait prêt à opérer à midi. Tout le personnel, infirmières et médecins, était venu tôt le matin : à partir de 8h, les malades étaient transférés et distribués dans les étages, les postes d'infirmières équipés. Les médecins et le personnel infirmier transportaient leurs affaires dans leur voiture personnelle. En salle d'opération, tout le matériel qui restait dans l'ancien bloc était transféré et à midi, comme prévu, le Centre était totalement fonctionnel : on avait arrêté l'activité opératoire pendant quatre heures.

Entre la décision du Directeur général dans son bureau, sans financement, sans architecte et l'entrée en fonction du Centre, il y a eu 44 mois, soit un peu plus de trois ans et demi, un record pour la construction d'un bâtiment public.

J'ai seulement pris de mon ancien bureau mon agenda en disant que j'irai prendre plus tard ce qui me manquait. En réalité, mon ancien bureau est resté en l'état dans les anciens locaux et ce n'est que quand il a fallu les détruire, 5 ans plus tard que j'ai pris ce qu'il y avait dedans.

C'était le passé que j'avais laissé sur place.

Le Centre Hépato-Biliaire

Le Centre Hépato-Biliaire

61. Les débuts du Centre Hépato-Biliaire

On nous prédisait un avenir sombre.

« C'est un bâtiment trop grand ».

« Bismuth est un mégalomane. Il se cassera la figure »

En fait, nous étions tous dans l'euphorie de trouver des locaux modernes : un service de réanimation ultra-moderne, une vraie salle de conférence, une bibliothèque, un réseau informatique très avancé. On avait fait un bond d'un siècle.

J'étais prudent. Je disais en comparant le bâtiment à un bateau dont il avait l'aspect de profil.

« On vogue mais on reste dans la rade, les voiles pas encore totalement dépliées ». Et petit à petit, je disais au staff : « La semaine prochaine, on ouvre encore une voile et bientôt on voguera en haute mer ». On avait maintenant un « outil » qui nous permettrait de développer encore plus notre activité.

On avait tout : des équipes performantes et rodées, un outil adapté fait sur mesure et hyper moderne. Je voulais encore plus. Et là, cela n'a pas marché.

Dès le premier jour, dans l'après-midi après l'inauguration, j'avais prévu d'organiser dans mon nouveau et vaste bureau une réunion du conseil de la Fondation, Alain Trébucq et André Thénot qui étaient aussi heureux que moi. J'avais invité quelqu'un qui depuis peu me soutenait: Jimmy Goldsmith, qui avait assisté à l'inauguration et à la visite du bâtiment. À cette réunion, j'avais dit que mon rêve serait de faire de ce centre un établissement comme ceux que j'avais visités aux États-Unis : la Mayo Clinic ou le Mass General Hospital à Boston.

Le fonctionnement y était différent évidemment de celui de

l'Assistance Publique avec ses règles administratives à la française. Jimmy Goldsmith a suggéré qu'il faudrait un administrateur et un gestionnaire qui agirait comme un vrai directeur d'hôtel. « Comment les trouver ? » dis-je. Pas de problème, il faut s'adresser à une agence de recrutement pour demander un administrateur et un directeur d'hôtel de qualité. Et Jimmy Goldsmith de dire :

« Je paierai pour l'agence et pour les salaires de ces deux personnes ». Évidemment, on a dit oui.

L'agence McKinsey a publié les annonces et nous avons recruté deux personnes : pour l'administrateur, le candidat retenu était l'ancien directeur de l'Opéra de Paris, Xavier Jardon, qui acceptait ce rôle tout nouveau pour lui d'administrer une structure hospitalière moderne et d'autre part un directeur d'hôtel qui avait dirigé un Novotel, François Taupin. On leur a alloué des bureaux. Évidemment, ils avaient des salaires élevés mais ce n'est pas nous qui les payions.

Quelques temps plus tard, Jean Choussat que j'avais invité est venu me voir. Je suis sûr qu'il était très heureux mais ce n'était pas une personne expansive. Il ne faisait pas paraître son plaisir d'avoir œuvré à cette création originale de structure hospitalière. Je lui ai parlé des nouveaux développements que je comptais donner en créant une organisation et une gestion modernes du bâtiment « à l'américaine ». Il m'a dit : « Vous vous lancez là dans une opération qui sera beaucoup plus difficile que la construction du centre ». Il connaissait bien évidemment l'administration de l'Assistance Publique et il savait de quoi il parlait. Il ne s'était pas trompé.

Xavier Jardon s'est occupé de la recherche de fonds avec de nouveaux contacts. Surtout il a travaillé à transformer l'Association pour la Fondation en une vraie Fondation, ce qui demandait beaucoup de démarches. François Taupin lui a d'abord étudié toutes les modalités de fonctionnement du Centre : de l'appel téléphonique à la distribution des chambres en voyant également les modalités de gestion du personnel. Il devait faire une étude détaillée sur l'état des lieux et les modifications que le modèle d'une réelle structure hôtelière moderne pouvait apporter. Il avait insisté sur l'appel téléphonique : dans un hôtel, il doit toujours y avoir une réponse à un appel. Ce n'était pas le cas pour nous : des appels interminables sans réponse ou des réponses avec des attentes infructueuses ou des réponses qui étaient dirigées vers de mauvais interlocuteurs. Il avait vu toutes les surveillantes, travaillé avec elles. A un moment, il m'a dit qu'il fallait maintenant voir les relations du service avec les services centraux de l'hôpital. Il a donc rencontré le directeur et cela n'a pas tardé. Le lendemain, une note de service était adressée à toutes les surveillantes pour leur dire de n'avoir aucun contact avec cette « personne » qui était étrangère à l'Assistance Publique et qui à ce titre n'avait aucun droit, même à avoir accès à tout document administratif. François Taupin quittait ses fonctions à la fin du mois, me disant qu'il ne pouvait strictement rien faire et que c'était inutile qu'il soit là. Xavier Jardon trouvait les mêmes difficultés pour créer la fondation, se heurtant à toute l'administration et partait le mois suivant.

Les freins à tout changement de l'administration française avaient fonctionné. Le directeur de l'hôpital n'avait même pas voulu savoir les propositions qui pouvaient être faites pour changer le mode de fonctionnement d'un service par un professionnel privé.

Je devais connaître les limites à mon désir d'innovation.

CHAPITRE 11

Le temps d'après

62. La succession

Arrivait le moment de ma retraite. Le 1er septembre 2002, je quittais la chefferie de service. Je m'étais fait une idée positive de cet événement. Je disais: je ne pars pas , j'arrive à la retraite. Et je précisais que c'était seulement une retraite administrative. Comment penser que du jour au lendemain, on allait changer ? Cette date était fixée par une loi, mais en quoi correspondait-elle à la réalité de la vie qui est un continuum ? Je gardais tout mon potentiel. J'étais optimiste pour l'avenir. Certes, je n'étais plus chef de service mais je restais moi en tant qu'individu. Ma fonction changeait mais pas moi.

C'est du moins ce que je pensais. Mais était-ce partagé par tout le monde ?

Dès le lendemain, mon successeur venait me voir « Vous n'êtes plus le chef de service ici, c'est moi maintenant qui dirige et je vous demande de ne pas interférer avec mes nouvelles fonctions ». Je lui répondais que je savais bien cela et même que je l'avais voulu. Il était évident qu'il était le chef de service et, lui disais-je, je l'aiderais dans sa nouvelle fonction.

En fait, je me suis aperçu rapidement que non seulement il ne désirait pas mon aide mais ce qu'il sous-entendait par « vous n'êtes plus le chef de service» était que je devais maintenant m'éclipser, en fait disparaître.

S'il me l'avait demandé ainsi, je lui aurais dit que ce serait difficile que je disparaisse. J'avais depuis 30 ans forgé l'identité du service, formé les hommes (dont lui) et construit le Centre selon mon projet. Je faisais partie des murs en quelque sorte.

Je pense que les semaines et les mois suivants, il s'en est aperçu. Et cela n'a pas facilité les choses.

Pendant un an, j'ai été consultant-avec l'accord de

l'administration et des autorités médicales de l'Assistance Publique à qui j'avais adressé la demande- c'est-à-dire que j'ai continué à avoir une activité clinique comme tous les autres membres du service avec des consultations et une activité opératoire. L'année suivante, j'avais le droit de demander à faire une deuxième année de consultanat. Cela m'a été refusé. Le chef de service devait évidemment donner son avis à la commission et on m'a dit que son avis avait été négatif.

J'avais créé cette même année l'Institut Hépato-Biliaire qui prenait la suite de la Fondation pour le Centre Hepato-Biliaire qui n'avait plus de raison d'être (comment continuer à chercher des fonds pour une structure où je n'existais plus ?). Et le Conseil qui l'animait, Alain Trébucq et André Thénot, fidèles amis et fermes soutiens depuis le début du projet du centre, ont voulu que cet Institut porte mon nom pour bien montrer que le lien de cet institut avec moi serait indélébile.

L'Institut Hépato-Biliaire Henri Bismuth (IHB, avec deux fois HB) avait l'objectif de former des chirurgiens étrangers, de pays où il n'y avait aucune pratique de chirurgie du foie, pendant des stages d'un à deux ans dans différents services spécialisés du monde entier. Les chirurgiens que je sollicitais pour recevoir ces stagiaires étaient des spécialistes renommés parmi les meilleurs du monde. Certains de mes collègues organisaient des missions à l'étranger pour opérer des malades qui ne pouvaient pas être opérés sur place. C'était une belle œuvre. Mon idée était autre : former les chirurgiens pour qu'ils exercent cette spécialité chez eux. Mao n'avait-il pas dit : "Il vaut mieux apprendre à pêcher à quelqu'un que lui donner cent poissons".

L'Institut me permettait de continuer à agir non plus localement mais sur le plan national et international. Je restais dans mon bureau.

En réalité, ce bureau et ses annexes, trois pièces servant de secrétariat, appartenaient dès le début à la Fondation qui les avait obtenus de l'Assistance Publique en échange de son apport direct des 6,5 millions de francs.

Ainsi après deux années où j'avais perdu mes marques à l'hôpital, années pénibles (tout changement est pénible, de la naissance à la mort, donc celui-ci aussi), j'arrivais à une situation satisfaisante et même fort agréable. J'avais une activité internationale d'une part par l'Institut formant des jeunes chirurgiens étrangers que j'envoyais se former dans le monde entier et d'autre part, par les congrès internationaux que j'organisais ou auxquels j'étais invité. J'avais de plus, pour ne pas me détacher de la chirurgie clinique, une activité de clientèle hors de l'hôpital, en fait peu importante et de plus en plus restreinte, faite surtout de mes anciens malades.

Surtout, je n'avais aucune contrainte. Je ne faisais que ce qui me plaisait. C'était cela que j'appelais : arriver à la retraite. Certes, je n'opérais plus. J'avais cru que j'allais en ressentir le manque. En fait, j'y ai vu l'aspect positif de ne plus être retenu par la prise en charge continue du malade et la surveillance post-opératoire qui me fixaient à Paris auprès des opérés, situation contraignante pour mon emploi du temps. C'était l'un des attraits de cette liberté retrouvée dont je jouissais pleinement. Je passais plus de temps avec ma famille, mes enfants. J'avais plus de voyages non professionnels, en famille et sans obligation.

Après plusieurs années d'absence au bloc opératoire, ma chère surveillante, Eliette Jacomme, qui avait avec Françoise, constitué une équipe de panseuses dévouées et motivées, venait me remettre ma selle (celle héritée de M. Hepp) que personne, me dit-elle, n'osait utiliser.

Françoise n'était plus mon assistante opératoire, elle était devenue mon assistante personnelle, s'occupant fort bien de l'Institut. Devenue présidente de la section des infirmières de la plus grande association internationale de la spécialité (*International Hepato Pancreato Biliary Association -IHPBA*), elle organisait ses propres congrès internationaux. J'étais particulièrement fier de son succès et de voir avec elle mes anciennes infirmières aller dans les congrès internationaux parler à leurs propres sessions.

Il est certain que les actions à mon encontre de mon successeur m'ont été fort désagréables. Mais petit à petit, elles me sont devenues indifférentes.

Je me souviens de ce qu'on m'avait dit un jour, lors de mon épopée africaine, alors que je parlais de l'éléphant disant que cet animal énorme qui n'avait aucun ennemi (aucun autre animal ne cherchait à l'agresser sauf malheureusement l'homme) était vraiment le roi des animaux.

On m'avait alors dit « non le roi des animaux, c'est le lion car lui il s'en fout ». Faisant allusion au fait que l'éléphant à la vue de l'homme fuyait alors que le lion, quelquefois couché sur la piste devant vous, vous regardait à peine sans bouger. Le roi, c'était celui qui manifestait l'indifférence.

Alors moi aussi, j'étais devenu indifférent.

En fait, je pensais que le temps serait juge et que le moment de son départ venu, mon successeur qui n'avait eu de gloire que par ce titre, quand il le perdrait, disparaîtrait dans l'oubli.

63. Les Compagnons Hépato-Biliaires et les Journées Hépato-Biliaires internationales

Très tôt à Paul Brousse, de jeunes chirurgiens étrangers sont venus se former à la chirurgie du foie. Après leur passage dans le service, retournés dans leur propre pays et développant aussi le même type de chirurgie, je les revoyais régulièrement principalement lors des Journées Hépato-Biliaires, ces réunions annuelles où nous échangions sur ce qui était nouveau dans ce domaine de la chirurgie.

En 1986, trois d'entre eux qui étaient depuis quelque temps dans le service (Jan Lerut de Louvain, Gilles Mentha de Genève et Francisco Meriggi de Pavie) me proposaient de faire un groupe réunissant tous ces chirurgiens étrangers stagiaires.

On les appellerait « les Compagnons Hépato Biliaires », compagnons comme ces apprentis allant d'un endroit à l'autre pour se former à leur métier. Pour leur sélection à ce nouveau titre, il y avait quelques conditions : avoir été au minimum un an avec moi dans le service de Paul Brousse, continuer à faire la chirurgie hépato-biliaire et avoir gardé des relations d'échange et de proximité avec le service et moi-même. Quand je demandais à Francesco Meriggi « Comment allait-on choisir les compagnons ?», il m'a répondu :

« C'est vous qui les choisissez *in pectore* .

-Qu'est-ce que cela signifie ? lui demandai-je.

-C'est de cette façon que le Pape nomme les cardinaux, dans son cœur, et en secret Et sa décision est *inappelabile* ».

Ainsi naquit le groupe des Compagnons Hépato-Biliaires, qui dès l'année suivante, était une dizaine et qui allait se réunir tous les ans en s'accroissant régulièrement. Lors des Journées Hépato-Biliaires de Paul Brousse, une journée du congrès était consacrée à la présentation de cas cliniques reproduisant le staff de discussions cliniques qui avait été la partie spécifique et la plus importante de leur formation. Mais les cas cliniques présentés étaient les leurs, ceux qu'ils avaient observés eux-mêmes dans leur propre service, des cas difficiles qu'ils venaient présenter aux autres compagnons et obtenir nos conseils de diagnostic et de thérapeutique. C'était très enrichissant pour tous.

À partir de 2003, je n'étais plus à même d'organiser ces Journées à Paul-Brousse.

L'année suivante, un de mes plus anciens assistants étrangers, Gennaro Nuzzo, avait organisé à Rome, à l'Université Catholique du Sacré Coeur (une des universités les plus prestigieuses d'Italie) un congrès en mon honneur. Près de 400 chirurgiens italiens, dont beaucoup de mes élèves, y assistaient ainsi que des Compagnons venus du monde entier.

Ce congrès m'a donné l'idée d'organiser hors de Villejuif les Journées Hépato-biliaires bien connues sous le nom de JHB que je n'organisais plus à Paul Brousse. Le sigle JHB m'appartenait. Ce sigle avait une double signification. Les trois lettres J H B signifiaient certes Journées Hépato-Biliaires mais également, et cela me plaisait beaucoup car bien cachées, les initiales des deux noms associés Jacques Hepp et Henri Bismuth.

J'ai donc organisé les Journées Hépato-Biliaires hors de France. Celles qui ont continué à Paul Brousse se sont appelées différemment : «Journées du Centre Hépato-Biliaire», congrès national, alors que j'organisais avec mes Compagnons des congrès internationaux.

En 2006, le premier congrès des JHB était organisé à Londres par Nagy Habib à l'Imperial College, puis régulièrement tous les ans, les JHB allaient se dérouler d'un pays à l'autre, de Sao Paulo à Pékin, en fonction du Compagnon qui l'organisait.

J'étais particulièrement heureux de voir les jeunes chirurgiens stagiaires, venus découvrir dans mon service une chirurgie qui pour certains n'existait pas dans leur propre pays, devenus des chefs de service expérimentés.

Que d'innovations ont été débattues entre nous. Gilles Mentha de Genève en nous rapportant ses premiers cas de traitement inversé dans les métastases hépatiques colorectales, traitant en premier la métastase plutôt que la tumeur primitive. Et Laurence Chiche de Bordeaux, ses premiers cas d'adénome hépatique donnant lieu au lancement d'un registre de cette pathologie et faisant d'elle la plus grande experte dans ce domaine des tumeurs bénignes du foie. Et Eduardo de Santibanes de Buenos Aires débattant avec nous des premiers cas des hypertrophies rapides induites par la section parenchymateuse et l'*embolisation portale** (ALPPS). Et Pierre-Alain Clavien de Zurich nous informant de ses progrès sur la conservation de longue durée du greffon hépatique qui révolutionnerait la pratique de la transplantation d'organes. Et tant d'autres...

La géographie et les cultures intervenaient dans les discussions et on voyait dans les choix face à une situation pathologique la différence entre les Nord-Américains et les Latins du Sud de l'Europe. La franchise, qui était de mise, et tout à fait normale en raison de la proximité du groupe, ne venait pas masquer les divergences.

J'étais heureux de l'évolution de mon école dont les membres étaient liés par la même nourriture originelle.

Chaque année, le groupe s'agrandissait des nouveaux compagnons lors d'une cérémonie dont le protocole invariable avait été fixé par celui qui faisait fonction de secrétaire général, Francesco Meriggi, chirurgien de Pavie. Vivant dans un couvent, proche de l'Église, il avait instauré un cérémonial presque ecclésiastique. L'habit pourpre avait été remplacé par l'habit de soirée. Le nouveau membre était présenté à l'assemblée par un ancien et après échange de discours, l'admission officielle était consacrée par une remise de diplôme- en latin- et une cravate (qui a failli être numérotée). Le lieu de ce dîner de gala était toujours un endroit prestigieux: salle de palais ou de musée, salon de grand restaurant. Le groupe des Compagnons avec épouses et époux devenait une grande famille heureuse de se retrouver.

Après Rome, ce fut Londres, puis -dans le désordre- Dublin, New-York, Izmir, Mumbai, Lisbonne, Pékin, Coimbra, Genève, Buenos Aires, Jérusalem, Porto Alegre, São Paulo, Varsovie, Milan ...

Les nouveaux Compagnons étaient aussi les élèves des Compagnons, formés dans les centres étrangers dirigés par un Compagnon. C'était la même école. On retrouvait également de plus anciens qui avaient été à Paul Brousse au début de leur formation et qui venaient nous rejoindre. C'était le cas en particulier de Daniel Cherqui qui, après sa médaille d'or à Paul Brousse, a fait sa carrière dans un autre hôpital parisien où il est devenu chef de service. Puis parti à New York, il est revenu à Paul Brousse et y a développé son expertise dans la laparoscopie, donnant une nouvelle dimension au Centre Hépato-Biliaire.

64. Le centre hépato-biliaire de Wuhan

En janvier 2006, je me trouvais au Palais de l'Élysée pour la cérémonie annuelle des stagiaires du « Pont Neuf », un organisme créé par Madame Bernadette Chirac pour offrir des bourses à des stagiaires étrangers venant se former en France. Les maîtres de stage, dont je faisais partie, étaient également conviés à cette cérémonie. Après la cérémonie, je rencontrais Madame Chirac, à qui je proposai :

« En plus des échanges d'étudiants, nous pourrions développer un programme de partenariat entre la France et certains pays pour créer des institutions médicales dans ces pays. Plusieurs de mes élèves en ont fait la demande. » Elle trouva l'idée intéressante et me conseilla de m'adresser au ministre des Affaires étrangères, Philippe Douste-Blazy.

« Je vais lui envoyer un mot », ajouta-t-elle.

J'étais ainsi, une semaine plus tard, dans le bureau du ministre au Quai d'Orsay. Je lui expliquai : « Des chirurgiens étrangers qui ont passé du temps dans mon centre souhaitent créer des structures similaires dans leur pays, et les autorités locales sont souvent d'accord. On me demande mon aide, et je pense que ce serait un beau projet pour la France de participer à ces initiatives. » M. Douste-Blazy me demanda si cela pourrait concerner la Chine. Comme j'acquiesçais, il ajouta : « L'ambassadeur de France en Chine est justement dans la salle d'attente, je dois le recevoir après vous. Je vais lui en parler, attendez ici et vous pourrez discuter avec lui. » Avant de conclure, il insista : « Surtout, ne nous demandez pas d'argent, ni au ministère, ni aux ambassades. Si votre projet rencontre un accueil favorable, débrouillez-vous pour que la France n'ait rien à payer. » En clair : ils étaient prêts à soutenir l'initiative, tant que cela ne leur coûterait rien.

Une demi-heure plus tard, je me trouvais dans l'antichambre avec l'ambassadeur de France en Chine, M. Philippe de Guelluy. Il accepta de soutenir mon projet et d'adresser un message aux différents consulats de France en Chine, pour entrer en contact avec les autorités universitaires et médicales des provinces.

Quelques semaines plus tard, M. de Guelluy, ayant reçu plusieurs réponses positives de la part d'universités chinoises, exprimant leur intérêt pour accueillir un tel institut médical, m'invitait à Pékin,. Dix jours plus tard, je me trouvais à Pékin, où je rencontrai le conseiller scientifique de l'ambassade, Bernard Belloc. Ancien président de l'université de Toulouse, il connaissait bien les milieux universitaires et était en poste en Chine depuis près d'un an. Il avait fortement développé le centre culturel français de Pékin. Avec lui et l'ambassadeur, nous examinâmes les propositions. Deux ressortaient particulièrement : l'une à Shanghai, l'autre à Wuhan, avec une préférence marquée pour Wuhan.

L'ambassadeur m'invita à loger à sa résidence, où il mit une chambre d'amis à ma disposition. J'étais accompagné de Françoise, qui devait se charger d'évaluer la partie infirmière du projet. Celui-ci comprenait en effet la conception architecturale d'un centre hospitalier ainsi que la formation en France du personnel médical et infirmier.

Le jour suivant, nous partîmes pour Wuhan. Nous arrivâmes le matin et rencontrâmes le Pr Zhou Yun Feng, président de l'hôpital Zhongnan de l'université franco-chinoise. Avec lui se trouvait un jeune médecin réanimateur français, le Dr Zhao. Il avait quitté la Pitié-Salpêtrière pour rejoindre l'hôpital de Wuhan, où on lui avait fait une offre avantageuse.

Le Pr Zhou était très francophile et désirait vivement développer son hôpital avec la collaboration de la France. Lors d'une réunion en présence de l'ambassadeur et du consul de Wuhan, je présentai les grandes lignes du projet. Après cette présentation, nous visitâmes l'hôpital, et rencontrâmes les chirurgiens et réanimateurs. La journée devait se conclure par un dîner à 17 heures, avant de repartir pour Pékin. Pendant le repas, le Pr Zhou annonça que les plus hautes autorités avaient déjà donné leur accord pour la construction de l'Institut franco-chinois des maladies du foie à Wuhan. J'étais étonné de cette réponse si rapide. Plus tard, dans l'avion du retour, l'ambassadeur m'expliqua que le Pr Zhou avait probablement téléphoné au secrétaire général du Parti communiste de la province, qui, à son tour, avait contacté une autorité supérieure de Pékin. « Cela se passe souvent ainsi ici », conclut-il.

De retour à Pékin, Bernard Belloc m'affirma que ce projet pourrait renforcer les actions culturelles de la France en Chine dans le domaine médical. Il était enthousiaste et médita tout haut : « Si cette opération réussit, je vous promets, j'en ferai un livre ». Je pense qu'il devinait les difficultés qui nous attendaient. Nous nous mîmes d'accord pour inviter l'équipe médicale de Wuhan à Paris afin qu'elle voie de près le Centre Hépato-Biliaire de Villejuif.

Moins d'un mois plus tard, le Pr Zhou et le Dr Zhao, accompagnés de deux autres membres de l'hôpital étaient à Villejuif pour une visite d'une journée. En fin de journée, nous passâmes quelques heures dans mon bureau pour discuter des plans. Ils proposèrent un accord de partenariat entre l'Institut et l'hôpital universitaire de Wuhan. Lorsque je suggérai d'y associer l'Assistance publique et l'université Paris-Sud, ils préférèrent éviter les complications administratives et choisir une voie plus directe. Un document en français avait été préparé, très simple : il prévoyait que je m'engage à construire un centre de chirurgie hépato-biliaire à Wuhan, selon le modèle de Paul-Brousse, et à former les équipes chinoises. Leur engagement, de leur côté, concernait le financement de cette entreprise, bien que les montants ne soient pas précisés.

En tête à tête, le Pr Zhou me demanda un engagement personnel, indépendant de celui de l'Institut. Cela me parut étrange, mais il me rassura en disant que c'était habituel en Chine. Cet engagement resta toutefois sans suite. Pour célébrer le début de cette collaboration, je les invitais à un dîner sur un bateau-mouche.

Quelques semaines plus tard, Françoise et moi retournâmes à Wuhan, cette fois avec des plans plus détaillés du Centre Hépato-Biliaire. Françoise devait également travailler avec les infirmières de l'hôpital. Nous étions également préparés à rencontrer les candidats médicaux présélectionnés pour une formation en France. L'accueil fut très enthousiaste, et l'ambassade de France continuait de soutenir le projet.

En novembre 2006, un événement considérable allait marquer l'avancement du projet : la venue du président Jacques Chirac en Chine, dans le cadre d'une visite d'État. J'avais écrit à Bernadette Chirac pour suggérer que le président vienne à Wuhan pour poser la première pierre du centre. Ma demande avait été acceptée. C'est ainsi que je fis partie de la délégation présidentielle. Le 6 novembre, je me trouvais donc dans l'avion transportant les principaux chefs d'entreprise français et les invités officiels. La visite à Wuhan inclut une inauguration de l'extension de l'usine Peugeot-Dafeng, puis une cérémonie à l'hôpital Zhongnan, où Jacques Chirac posa symboliquement la première pierre du futur centre.

La cérémonie était grandiose, avec une maquette du bâtiment et une immense affiche proclamant en français et en chinois :

« Inauguration de l'Institut Hépato-Biliaire Franco-Chinois ». Pour la première fois, je rencontrai la plus haute autorité chinoise responsable de la santé, une femme qui siégeait au comité central de la République chinoise. C'était probablement elle qui avait donné son accord initial à ce projet.

De retour à Paris, il était temps de concrétiser l'accueil des futurs médecins chinois et de constituer un comité français pour encadrer le projet sur les plans de la sécurité, de la recherche et de l'éthique. Toutefois, les réponses positives que j'attendais des entreprises françaises ayant assisté à la cérémonie n'arrivèrent jamais.

Un mois plus tard, je retournai à Wuhan pour le centenaire de l'Université. J'étais placé parmi les invités d'honneur sur la scène, avec la présidente de l'Université Paris-Sud. Malheureusement, je repartis déçu : je n'avais eu aucun entretien sur le centre hépato-biliaire. « On était trop occupé par la cérémonie», m'avait-on dit.

Ce fut ma dernière visite à Wuhan. Par la suite, je n'ai plus jamais reçu de nouvelles du Pr Zhou ni du Dr Zhao, pourtant si engagés lors des premières étapes. J'avais perdu mes principaux contacts à l'ambassade, M. de Guelluy ayant pris sa retraite et Bernard Belloc étant devenu conseiller à la présidence de la République. Je m'inquiétais particulièrement du devenir du programme de transplantation hépatique, car j'avais exclu le recours aux donneurs cadavériques, étant donné que, à l'époque, la majorité provenait de condamnés à mort, une pratique qui soulevait une forte réprobation internationale.

J'avais écrit au Président de la République et aux autorités concernées pour les avertir de l'importance de maintenir une éthique stricte dans ce programme de partenariat.

En fait, je n'ai plus entendu parler du centre de Wuhan.

Pendant mes voyages ultérieurs en Chine, je n'ai plus été invité à Wuhan. J'ai appris que le bâtiment était bien érigé, mais qu'il ne semblait pas spécifiquement consacré à la chirurgie du foie. En fin de compte, tout s'est passé comme si ce partenariat entre la France et la Chine n'avait abouti qu'à la construction d'un bâtiment hospitalier sans attribution précise. Aucun médecin n'était venu se former à Paul-Brousse, et le centre avait perdu sa dénomination franco-chinoise. Je me demandais si tout cela n'était finalement qu'un prétexte pour obtenir une extension de l'hôpital.

Quinze ans plus tard, lors de la pandémie de COVID-19, le souvenir de ce projet inabouti me revint en tête. J'appris que la France avait également été impliquée dans la création du laboratoire P4 de Wuhan, mais que les chercheurs français censés collaborer au projet n'y avaient jamais été envoyés. Une étrange similitude avec le destin de notre projet de Centre Hépato-Biliaire...

65. La présidence de l'Académie de Chirurgie

Le 26 janvier 2011, je prenais mes fonctions de Président de l'Académie de Chirurgie. J'avais été nommé vice-président l'année précédente et j'avais eu une année pour observer la marche de l'Académie -. Le président avait une place assez effacée et son rôle essentiel était de présider les séances. L'essentiel du travail de l'Académie était assuré par le secrétaire général qui était nommé pour 3 ans. Il faisait le programme des séances, organisait tous les actes administratifs. Pour cette tâche, il était secondé par une secrétaire.

Les séances quasiment hebdomadaires le mercredi commençaient à 14h00 et se terminaient à 16h30. Les intervenants étaient des orateurs de grande qualité : chirurgiens de toute la France, de toute spécialité. L'assistance était surtout composée de chirurgiens retraités, surtout parisiens, et les discussions étaient généralement basées sur leur expérience passée.

Mon prédécesseur, le Pr Iradj Gandjbakhch, chirurgien cardiaque reconnu, avait introduit des changements tels que l'invitation d'intervenants non-chirurgiens, créant une section de techniques cardio-vasculaires incluant des radiologues, élargissant le domaine de la chirurgie aux manœuvres endovasculaires. A côté des « Mémoires de l'Académie » qui publiaient les communications présentées lors des séances, il avait fondé une revue fort bien présentée : le Magazine de l'Académie de Chirurgie. Je voulais aller plus loin dans ces réformes et mon idée était d'élargir l'audience de l'Académie en publiant sur Internet les vidéos des communications et des discussions. J'en avais parlé à la société qui publiait la nouveau Magazine et Bruno Cohen, son directeur en avait étudié la faisabilité et le coût.

Mon discours inaugural eut lieu le 29 janvier au cours d'une Assemblée Générale. Je déclarais : « Quels sont les objectifs que je voudrais développer ? Ils n'ont rien de nouveau, ils sont clairement exposés dans l'acte fondateur de notre compagnie, l'Académie Royale de Chirurgie en 1748 par le roi, Louis XV qui déclarait "Il faut recueillir les nouvelles méthodes opératoires, les discuter, et les diffuser" Et je disais : « De ce passé, faisons le futur. Je propose au cours de mon année de présidence d'augmenter l'attractivité de notre académie et faire en sorte que nos communications de qualité qui sont faites ici soient vues par plus de chirurgiens que ne peut accueillir notre petite salle. Je propose donc de diffuser nos séances, en les enregistrant en vidéo, communications et discussions, ce qui permettrait à tous ceux qui le désirent et qui n'ont pas pu assister à la séance de la voir sur leur écran quand ils en auront la possibilité ».

La proposition suscita un mélange d'enthousiasme et de scepticisme. Certains membres, attachés à la confidentialité des échanges, craignaient que ces enregistrements ne soient utilisés hors contexte ou mal interprétés surtout par des patients. D'autres s'inquiétaient des coûts ou de la faisabilité technique. Je répondis à ces préoccupations avec pragmatisme: les vidéos seraient protégées par un mot de passe, accessibles uniquement aux membres, et les intervenants auraient le droit de demander à retirer leurs contributions avant leur mise en ligne. Ces garanties suffirent à calmer les inquiétudes, et le projet fut voté en juin.

Au mois d'octobre, on commençait la diffusion de nos séances hebdomadaires. Elles ont été au début en différé mais les années suivantes, la diffusion des séances se fit en direct. Nous avons été la seule académie et société savante médicale à établir cette diffusion de nos séances. Rapidement, elles ont été suivies par de nombreux chirurgiens (on avait supprimé le code d'accès), directement visibles sur le site de l'Académie de Chirurgie et suivies par des milliers de chirurgiens dans le monde.

Le programme des séances des premiers mois de ma présidence était déjà achevé. Pour les séances suivantes, j'invitais des chirurgiens non-membres de l'Académie à présenter leurs travaux. Surtout j'introduisais la notion de «discutant», dérivé de l'anglais «discussant», afin qu'après chaque communication, un chirurgien invité commente la présentation. Je choisissais des chirurgiens experts, de préférence en activité, qui pour certains découvraient l'Académie de Chirurgie. Pour les cinq orateurs d'une séance, il y avait donc cinq chirurgiens experts invités à commenter, ce qui de façon indiscutable enrichissait la discussion.

Commencer une discussion d'emblée à un haut niveau permettait d'éviter par la suite qu'elle retombe à des remarques personnelles sans réel intérêt. La discussion était le point fort de nos séances et en élever le niveau était pour moi un élément important On en avait tenu compte, pour la retransmission, en plaçant des caméras dirigées vers la salle permettant de voir successivement l'orateur et l'intervenant dans la salle. Enfin, il m'a paru nécessaire qu'à chaque séance, il y ait un modérateur qui en fait était celui qui organisait la séance, choisissait les orateurs et décidait avec eux du titre de leur communication. C'est lui qui modérait la séance à côté du président.

Je désirais que les innovations soient communiquées en premier à l'Académie. J'avais été frappé les années précédentes par le fait que ces dernières, en particulier les plus spectaculaires étaient rapportées dans la presse et que les discussions allant jusqu'à la controverse, se faisaient dans la presse entre des chirurgiens d'opinions opposées. Je me rappelais en particulier le débat sur le premier cas de la greffe de la face, qui avait été rapporté dans les journaux, avec les soutiens et les oppositions également dans la presse. Le débat qui devait être entre chirurgiens se faisait dans le grand public. J'aurais aimé que cela se fasse au sein de l'Académie. La journaliste médicale du Figaro, Martine Perez, que je connaissais bien et qui avait ouvert une rubrique pour les chirurgiens de l'Académie dans le Figaro m'avait dit que les médias n'attendraient pas : "Nous voulons que l'innovation soit immédiatement publiée et on n'attendra pas des semaines qu'elle soit inscrite au programme de l'Académie". Je proposais donc que si un chirurgien voulait immédiatement divulguer son innovation, celle-ci serait inscrite en priorité et en supplément, dans la première séance de l'Académie de Chirurgie donc dans la semaine. En tête du programme de chaque séance, il était écrit : "si un chirurgien veut communiquer une innovation, celle-ci sera inscrite immédiatement en tête du programme". J'espérais ainsi que les innovations soient immédiatement rapportées à l'Académie pour y être présentées et surtout discutées. La presse en était informée les jours précédents et invitée à participer à la séance.

Pour faire venir les jeunes chirurgiens à l'Académie de Chirurgie, j'ai pensé qu'il fallait organiser des "Journées de la Recherche" où jeunes chirurgiens, internes et chefs de clinique, pouvaient venir présenter leurs travaux. Ces premières Journées de la Recherche ont eu lieu durant le congrès de l'Association Française de Chirurgie, du 5 au 7 octobre. Pendant les trois jours du congrès, une salle a été réservée à la recherche. Les présentations avaient été sélectionnées après une annonce les mois précédents à tous les membres de l'académie pour qu'ils sollicitent leurs jeunes collaborateurs à présenter leurs travaux. Plus d'une vingtaine de présentations ont été faites. J'avais également invité des chirurgiens américains à y participer. Ces Journées de la Recherche de l'Académie de Chirurgie ont été maintenues les années suivantes et se sont développées après la présidence de Dominique Franco qui les a valorisées par l'attribution de prix et de médailles.

Tous les ans, l'Académie de Chirurgie avait comme habitude d'inviter une société de chirurgie étrangère. Ma décision a été d'inviter l'American Surgical Association, la plus prestigieuse des sociétés de chirurgie américaines. Il fallait d'abord établir un programme se déroulant sur plusieurs jours car on ne pouvait pas se contenter d'inviter les chirurgiens américains seulement pour une session de l'Académie de Chirurgie.

En dehors de Paris, le projet était d'aller dans deux autres villes. Jacques Baulieux qui était le vice- président était d'accord pour les recevoir à Lyon. Et comme la date s'y prêtait, ils pourraient être reçus à Nice par Jean Gugenheim car c'était dans la semaine de son congrès annuel. Surtout, je voulais terminer en beauté par un banquet avec les Chevaliers du Tastevin à Beaune. Je connaissais Mr Chevillard qui était l'organisateur des banquets de la Confrérie. Non seulement, il accepta qu'un membre invite une vingtaine de personnes mais en plus qu'on leur donne le titre de Chevalier du Tastevin. Bien qu'il soit d'accord sur le principe, il y avait une difficulté car des sections de la Confrérie existaient dans les principaux états américains d'où venaient les chirurgiens invités et que l'habitude était que le nouveau membre soit nommé par leur propre section. Il a fallu demander des dérogations aux sections américaines pour que les chirurgiens américains invités puissent être honorés en France.

Le programme détaillé de cette visite était donc le suivant:

On commençait le mardi soir à Paris avec un dîner organisé dans un restaurant typique (j'avais choisi celui où le président Obama était venu lors de sa visite à Paris, ce qui n'avait pas plu en réalité à tous nos invités). Le lendemain, mercredi était la séance de l'Académie de Chirurgie avec un dîner dans un grand restaurant parisien au Pavillon Ledoyen. Le lendemain jeudi, départ pour Lyon pour une séance avec des chirurgiens lyonnais et un dîner dans un restaurant typique, un «Bouchon». Le vendredi, départ en train pour Nice avec présentation dans l'après-midi au congrès de chirurgie de Jean Gugenheim au Negresco, un palace de Nice, et dans la soirée dîner dans un grand restaurant gastronomique. Le samedi matin, départ en train pour Beaune pour la soirée à la Confrérie des Chevaliers du Tastevin avec cérémonie de nomination et Banquet au Clos Vougeot. Le voyage se terminait le dimanche par un retour à Paris. Un programme complet sur cinq jours avec dans chacune des trois villes une séance de communications où plusieurs chirurgiens américains présenteraient leurs travaux.

Dix chirurgiens américains dont les présidents de l'American Surgical Association et de l'American College of Surgeons et des anciens présidents ont répondu à l'invitation de l'Académie et arrivèrent à Paris le 13 novembre, la plupart avec leur épouse, pour le premier dîner informel que j'avais organisé.

Le lendemain, lors du dîner à Paris, après la séance de l'Académie, il a été décidé de resserrer les liens entre les deux Sociétés par un échange de membres parmi les plus jeunes qui seraient invités à un programme de plusieurs jours dans nos pays respectifs, ce qui fut fait dès l'année suivante.

Cette année, j'eus l'impression que l'assistance était plus fournie et surtout plus réactive avec des discussions pertinentes. Il est sûr que les "intervenants invités" enrichissaient la discussion. J'avais essayé d'augmenter l'audience de l'Académie auprès des pouvoirs administratifs en diffusant le programme à la Direction Générale de l'Offre des Soins, dont j'avais invité à une de nos séances la directrice, et il arrivait que quelques membres de cette administration viennent assister à nos séances. Je n'arrivais pas cependant à intéresser les médias. Il nous fallait certainement un agent de communication, ce qui fut fait l'année suivante. J'ai aussi introduit une modification du Bureau avec l'inclusion du vice- président, ce qui lui permettrait, contrairement à mon cas, de participer avant sa présidence aux discussions du Bureau et surtout à l'établissement de son programme pour l'année suivante

Le 20 janvier 2012, lors de l'Assemblée Générale où je terminais ma présidence et laissais ma place à Jacques Baulieux, mon allocution faisait le bilan de l'année écoulée. Il est sûr que l'année n'avait pas été habituelle avec bien des changements qui ont été facilement acceptés, tant le désir était grand surtout parmi les plus jeunes d'entre nous de voir évoluer l'Académie.

Je me souviens que lors de mon discours inaugural, l'année précédente, un membre de l'Académie parmi les plus anciens m'avait apostrophé. "Vois-tu, m'avait-il dit, moi le mercredi je déjeune dans le quartier. Ensuite je viens à 2 heures, dans l'ambiance calme de notre salle, entendre des exposés qui mettent à jour mes connaissances. C'est agréable. On discute entre nous en rappelant nos souvenirs. Pourquoi veux-tu changer cela ?"

66. Le temps présent

Cela fait près d'une vingtaine d'années que je ne dirige plus le Centre Hépato-Biliaire, ce Centre que j'ai façonné pendant de longues années et que j'ai construit. On a toujours peur de ce que va devenir ce qu'on laisse. Comment ceux qui nous suivent vont-ils continuer ce qu'on a fait? Je suis persuadé que poursuivre une œuvre n'est pas continuer à faire la même chose. Il faut maintenir le même objectif mais en adaptant les moyens à l'évolution des technologies et des idées. Et il est vrai que durant ce laps de temps, beaucoup de choses ont changé.

Aujourd'hui, je ne peux que constater et me réjouir de l'évolution du Centre de Paul Brousse. Il est toujours celui qui fait le plus de transplantations hépatiques en France. La laparoscopie, qui avait de la peine à se développer dans la chirurgie hépatique dans les années 2000, peut actuellement, sous l'impulsion de Daniel Cherqui, faire toutes les opérations, même majeures, de chirurgie hépatique et biliaire. Dans le domaine de l'enseignement et de la formation, plusieurs diplômes universitaires sont pris en charge par le CHB, certains européens. La recherche s'est considérablement développée avec en particulier deux unités Inserm et un institut, l'Institut de Bio-Fabrication qui travaille sur le futur de la transplantation hépatique. En permanence, une dizaine d'assistants étrangers sont en stage de formation et repartent dans leur pays développer la chirurgie qu'ils ont vue à Paris.

Je regarde ce Centre de façon plus distanciée, moins critique des défauts que je voyais lorsque j'en avais la responsabilité. Et j'en suis plus fier maintenant.

J'ai retrouvé du temps pour profiter de ma famille et de mes amis. Mérite-t-on sa famille ? Je ne sais pas. Mais je sens que j'ai de la chance d'avoir la famille que j'ai. Ma femme, Françoise, en vie fusionnelle et mes quatre enfants, en deux générations à plus de vingt ans d'intervalle. Ma première fille Anne qui m'en a donné la première joie, et les trois autres qui m'ont fait découvrir le bonheur d'une paternité tardive, en plus grande disponibilité. Et mes trois petits-enfants, Jonathan, Jessica et Chloé et mes arrières petites-filles Yaelle et Elie.

C'est en pensant à eux que je me rends compte du temps que me prenaient mon acharnement au travail et mes exigences professionnelles. Ce temps, que j'exigeais également de ceux qui m'entouraient, n'est plus acceptable maintenant. Sans doute, le métier de chirurgien a-t-il changé. Peut-être quelques individus continuent-ils à faire ce que j'ai fait et ce que j'ai demandé aux autres et aussi à moi-même ? Aujourd'hui, je me demande si, dans l'impossibilité de faire le même métier de la même façon, je serais chirurgien. Ce métier a des exigences irréductibles. Sans doute, est-ce la raison pour laquelle il est devenu moins attractif.

Comme tout père, on espère qu'au moins un de ses enfants s'engage dans la même voie. Aucun de mes enfants, en fait, ne s'y est engagé. Seule ma deuxième fille, Camille, a choisi un métier qui s'en approche : devenue chirurgien vétérinaire, elle se spécialise dans la chirurgie hépatique du chien. Quant aux deux derniers, mon fils, David, est dans le monde digital et ma fille, la dernière, Lea, dans les médias.

Je pense, avec un certain regret, qu'ils ont fait le bon choix. C'est bien triste à dire en conclusion de ces écrits sur la passion d'un métier, sans doute intransmissible. Ou alors, ce qui est important à transmettre, c'est davantage la passion que le métier.

C'est cette passion qui m'a permis de vivre intensément un métier que j'ai tant aimé.

Épilogue

J'ai très tôt considéré que l'on a plusieurs vies.

La première est la vie physique, la vie de tout individu de sa naissance à sa mort, mort qui est l'aboutissant naturel auquel on ne peut échapper et qu'il faut donc se résigner à admettre.

La deuxième vie est la vie du phylum, de la transmission génétique par ses enfants et à travers eux, ses petits-enfants etc. C'est la plus sûre mais elle finit par être anonyme : qui se souvient en dehors d'un nom dans un arbre généalogique de ce que l'on a été ?

La troisième vie est la vie qui sera retenue par les autres : c'est le souvenir que l'on laisse dans le cercle restreint de la famille ou dans le cercle plus large de son lieu de travail, de sa ville, de son pays, du monde selon l'importance de la marque que l'on laisse. On peut ainsi rester vivant par son nom dans une salle de mairie, par son nom donné au théâtre de la ville, par son nom donné à une rue. C'est la reconnaissance d'une action ou d'une œuvre: œuvre littéraire, politique, scientifique, artistique. On continuera ainsi à vivre dans la mémoire des autres à une échelle plus ou moins grande pour une durée plus ou moins grande. Mais il faut être modeste. Rares sont les César, les Mozart, les Michel-Ange, les Napoléon. Eux resteront longtemps.

Pour la grande majorité, la survie est de quelques générations. Certes, j'ai sans doute apporté quelque chose à la chirurgie et à ma spécialité. Dans les chapitres de ce livre, j'ai parlé des quelques innovations que j'ai faites. Elles ne portent pas mon nom mais lui sont rattachées. J'en suis conscient, on oubliera. Mon nom petit à petit s'estompera et s'effacera. Je pense au sel. Au début, mis dans une petite quantité d'eau, il a un goût très fort mais au fur et à mesure qu'il se dilue, son goût diminue et devient imperceptible. Mais même à l'échelon moléculaire, il persiste, aussi grande est la dilution. Il est toujours là mais on ne le reconnaît plus.

Postface

par Gennaro Nuzzo

Professeur de chaire chirurgicale,
Université du Sacré-Cœur, Rome

J'ai rencontré Henri Bismuth au printemps 1977, lors d'un congrès à Modène. Il était venu parler de l'oddite, un sujet alors « à la mode » et j'étais intéressé de rencontrer ce jeune chirurgien, qui, à contre-courant, affirmait que l'*oddite** était plus un mythe qu'une réalité. Il m'a tellement impressionné que je lui ai immédiatement demandé d'y aller pour un stage.

Je suis arrivé à Paris dans un « doux » septembre 1977 et j'ai choisi un hôtel à Saint-Germain des Prés, persuadé que je ferais aussi un peu de tourisme. J'ai dû changer d'avis tout de suite. Je n'aurais pas eu le temps d'être un touriste. Pour devenir un étudiant de Bismuth, il fallait « oublier Paris ». A la porte d'entrée de l'hôpital Paul Brousse, il y avait un panneau où je lisais, entre autres «Service de Chirurgie Hépato-Biliaire» indépendante de la chirurgie digestive. Le service de chirurgie était assez vieux. Il y avait encore le professeur Monsaingeon, proche de la « retraite » mais le chef était Bismuth, alors jeune professeur Agrégé. Il avait un assistant, Dominique Franco.

Les patients présentaient tous une pathologie hépatobiliaire, principalement une *hypertension portale**, une lithiase biliaire souvent complexe, un traumatisme chirurgical de la voie biliaire principale ; dans les années 70, la pathologie néoplasique était encore relativement peu présente. La première nouveauté qui m'a frappé et qui allait marquer une grande partie de ma formation chirurgicale, c'est que l'unité de soins intensifs chirurgicaux faisait partie du service de chirurgie et que les chirurgiens eux-mêmes en étaient responsables. Je comprendrais alors ce choix à partir d'une phrase que Bismuth répétait souvent « *Avant d'être un bon chirurgien, il faut être un bon médecin* ». Des phrases comme celle-ci, que j'aurais entendues à maintes reprises dans les années suivantes, étaient les « aphorismes » de Bismuth, toujours stimulants et capables de se transformer en "messages" à imprimer dans la mémoire. Ils représentaient les fondements de ma formation médicale et chirurgicale, et j'ai essayé à mon tour de les transmettre à mes étudiants.

J'ai ensuite été impressionné par la complexité des cas cliniques hospitalisés, ainsi que par le très haut niveau de la chirurgie. Dans le bloc opératoire, Bismuth ne parlait pas beaucoup. Dans le silence de la salle, on était fasciné par la précision et la sécurité de ses gestes.

Je viens d'une école qui aimait la vitesse sur la table d'opération et au début, j'ai été un peu surpris de voir qu'une cholécystectomie prenait beaucoup plus de temps qu'à l'accoutumée. Il a fallu peu de temps pour comprendre la philosophie de Bismuth *"Le chirurgien rapide est celui qui a les suites opératoires courtes"*. Quelques mots pour un message inoubliable.

En 1974, Bismuth a effectué la première greffe de foie en France et avait transformé le petit et inconnu Paul Brousse en l'un des plus importants centres cliniques d'Europe. Dans ces années-là, au tournant des années 70 et 80, nous avons été témoins de ses intuitions extraordinaires : il a été le premier à introduire "le principe du foie réduit" chez l'adulte et l'enfant (Martial, le premier enfant resté dans la mémoire de tous) et "le principe d'un seul foie pour greffer deux malades ».

Mais je veux revenir à mon premier jour à Paul Brousse. Le

professeur m'a reçu dans son petit bureau dont je me souviens qu'il était plein de papiers, de livres, d'examens radiologiques éparpillés même sur le sol, bureau auquel on accédait par une double porte qui le protégeait du bruit. Il était gentil, il m'a décrit en quelques mots l'organisation du service et a notamment recommandé d'être présent au « staff » : j'ai vite appris que c'est ainsi qu'il appelait les réunions pluridisciplinaires périodiques. Dans ce "staff", j'ai tout appris et j'ai construit ma formation médico-chirurgicale spécialisée, que, de retour à Rome, j'ai pu transférer dans mon hôpital et dans le premier service de "Chirurgie hépato-biliaire" en Italie.

J'arrivais à Paul Brousse avant 7h30, la Mini Austin de Bismuth était déjà sur le parking et était encore là quand je quittais l'hôpital après 20h. C'étaient des journées "complètes" qui commençaient par de "courtes" réunions le matin, après+% lesquelles nous nous répartissions entre la salle d'opération, le service, la réanimation et le laboratoire de chirurgie expérimentale

Les rendez-vous les plus importants, que le professeur ne manquait jamais, étaient les "staff" du mardi et du vendredi soir. Ils commençaient ponctuellement à 18 heures, et se terminaient en principe à 20 heures mais souvent plus tard. Tous étaient là : les chirurgiens, les anesthésistes, les réanimateurs, les radiologues, les oncologues, et, selon le cas à traiter, d'autres spécialistes et, enfin, les nombreux stagiaires étrangers.

Lorsque le "staff" était terminé, le professeur se rendait dans les salles pour visiter les patients, dont beaucoup étaient italiens et on m'appelait souvent comme "interprète".

Aujourd'hui, après plus de quarante ans, je peux avouer que je craignais ces convocations car elles se terminaient souvent très tard et quand je sortais de l'hôpital, je risquais de rater le dernier bus pour la Place d'Italie où le métro s'arrêtait ! Mais qui avait le courage de le dire au professeur ?

Je me souviens de l'atmosphère qui régnait lors de ces réunions. La ponctualité était de rigueur, chacun était à sa place lorsqu'à 18 heures, dans le silence de la salle, Bismuth entrait dans la salle, serré dans sa blouse blanche avec son col relevé et sous le bras le carnet noir avec un crayon. Dans les quelques pas pour arriver à sa place, il remarquait tout, les absents ne lui échappaient pas, et les récidivistes, il leur demandait parfois nonchalamment de se présenter... comme s'il les voyait pour la première fois ! Une fois, j'étais également absent, car j'avais été attiré cet après-midi-là par une conférence sur l'exclusion vasculaire du foie dans un autre hôpital. Je n'avais jamais manqué une réunion, donc au "staff" suivant, en quittant la salle, Bismuth m'a demandé pourquoi j'étais absent. Quand je lui ai dit, il a simplement commenté *"Bon, mais je n'aime pas partager mes élèves"*. C'était un reproche voilé, mais il a eu un effet extraordinaire sur moi, il m'avait dit que j'étais un de ses étudiants, et pour moi c'était la plus grande reconnaissance que je pouvais espérer.

Dans les réunions du "staff", la présentation des cas cliniques devait être claire, concise, aucune approximation ou oubli n'était permis, des questions et réponses précises étaient souhaitées. La discussion devait être soutenue par de solides références bibliographiques, de façon tout à fait appropriée, on apprenait la "méthode" de raisonnement clinique, la capacité de synthèse, la valeur de la compétence, l'importance de la culture médicale comme base de la chirurgie. Bismuth a souvent répété *"Le chirurgien n'est rien d'autre qu'un médecin qui utilise des procédures chirurgicales"*.

Au cours de ces réunions, j'ai appris, en avance pour l'époque, quelques principes généraux qui ont toujours guidé mes choix. Aujourd'hui, cela peut sembler évident, mais nous étions entre les années 70 et 80 et je veux rappeler deux exemples de la façon dont Bismuth a anticipé l'avenir.

On avait pris la mauvaise habitude de demander beaucoup, trop d'examens radiologiques. Bismuth nous recommandait de faire très clairement dans le choix de chaque examen radiologique la différence entre "attitude diagnostique et attitude décisionnelle" de l'examen lui-même. C'est un choix dicté par le respect du patient et la volonté d'éviter des examens inutiles et parfois douloureux. Le même respect qui était requis dans le choix de la meilleure thérapie palliative, qui devrait viser non pas la "quantité" mais la "qualité de la vie" résiduelle.

Dans les réunions du "staff", nous avons appris à réfléchir sur les dossiers, à interpréter les images radiologiques sur la base de l'analyse clinique du patient : combien de fois nous a-t-il dit "*On n'opère pas le cliché*" ? Ensuite, l'intervention était planifiée dans les moindres détails car Bismuth disait «*Je préfère le chirurgien qui pense vite et opère lentement au chirurgien qui pense lentement et opère vite"*.

Cette habitude de prévoir toutes les surprises possibles à la table d'opération faisait partie de l'enseignement, c'était avant l'opération qu'il fallait penser à tout car : "*Quand j'opère ; je n'ai pas le temps de réfléchir"*. Ce qui peut sembler le plus paradoxal de ses aphorismes est au contraire extraordinairement profond. Jusqu'à l'invitation à la prudence sage dans certaines circonstances "*Il faut savoir s'arrêter"* et l'appel à la modestie et à la conscience de ses propres limites.

"*N'allez pas au-delà de ce que vous savez faire"*. Ce sont tous des appels forts à ne pas oublier le caractère humain de la chirurgie.

« En chirurgie hépatique, nous avons appris à distinguer la tactique de la stratégie. La tactique, le geste technique, a été décidé en fonction de la maladie, mais pour décider de la stratégie, nous devons prendre en considération non seulement la maladie mais aussi le patient ».

C'était la philosophie de Bismuth, et ce type d'approche a contribué de manière décisive à l'approche chirurgicale correcte que nous, ses élèves, avions de la pathologie néoplasique du foie cirrhotique.

La réunion de fin de semaine sur la morbidité et la mortalité était la dernière étape de cette formation. Chaque décès, chaque échec, devenait l'objet de graves discussions et devait conduire à un changement de comportement du chirurgien.

Ces réunions ont été la partie la plus importante de ma formation à Paul Brousse, plus encore que la salle d'opération et la visite des salles. Ce que j'ai appris lors de ces réunions, je l'ai ensuite entièrement appliqué dans mon travail et j'ai essayé de le transmettre à mes étudiants, ainsi qu'aux radiologues, anesthésistes, oncologues, hépatologues et spécialistes qui, comme je l'avais appris, ont toujours voulu faire partie de mon "équipe".

Il est difficile de retracer en quelques lignes le chemin parcouru avec Bismuth, je me suis aidé de ses "aphorismes" car en plus de résister au temps, ils ont été les pierres angulaires de ma formation chirurgicale, tantôt paradoxaux, tantôt difficiles, toujours ingénieux, parfois même plaisants comme quand, il aimait vous laisser "désorienté" et devant un problème que vous ne saviez pas résoudre, il répondait en souriant *"S'il n'y a pas de solutions, il n'y a pas de problèmes »*

Cela fait de nombreuses années, presque 43 ans, depuis ma première expérience à Paul Brousse. Avec le temps, les réunions ont diminué, mais il a toujours été à mes côtés. J'ai fait avec lui ce qu'il avait dit qu'il faisait, quand il était dans des moments difficiles, avec son maître Monsieur Hepp : il se demandait ce qu'il ferait. J'ai fait la même chose. Chaque fois que j'ai été confronté à un choix difficile, je me suis demandé ce que M. Bismuth allait faire, puis j'ai pris la décision avec calme. J'ai toujours pensé que c'est la plus belle reconnaissance que l'on puisse donner à son Maître.

J'ai rassemblé beaucoup de souvenirs, mais en conclusion, je voudrais souligner deux autres qualités d'Henri Bismuth :

-La première est sa capacité à créer chez les élèves un fort sentiment d'appartenance à l'École, à travers une chaîne qu'il a d'abord nourrie dans la mémoire de son Maître et qu'il a ensuite maintenue vivante, en créant en 1987 « Les Compagnons Hépato-Biliaires », tous unis dans une sorte de fraternité, à laquelle s'est ajouté au fil du temps l'admiration pour le Maître et le privilège de son amitié.

-La seconde est sa capacité à transmettre le plaisir d'apprendre.

Si vous savez l'écouter, il ne vous quitte plus, l'admiration pour lui est un sentiment qui dure dans le temps, comme un poème envoyé de mémoire. Il n'y a pas de distance de temps ou de lieu qui puisse relâcher ce sentiment. Les gens comme lui continuent à faire partie de notre vie, par la mémoire, par la continuité des pensées et des émotions. Et c'est ce qui fait que je me sens pleinement comme son élève. Inutile de se demander pourquoi tout cela.

Bismuth, souriant, vous dirait avec une de ses citations préférées (pas de lui celle-ci)

"Le cœur a ses raisons que la raison ne connait point"

Remerciements

Je remercie pour avoir permis la publication de ce livre Laura Zuili, mon agent littéraire devenue ensuite mon éditrice, qui m'a aidé à reformuler, préciser, et améliorer ces écrits. Je la remercie profondément de son expérience, son efficacité et de sa disponibilité.

Je remercie ceux de mes amis qui m'ont encouragé à publier ce livre et particulièrement Monique Lévi-Strauss qui la première, m'a convaincu que son intérêt pouvait dépasser le cercle purement professionnel.

Petit lexique des termes chirurgicaux

termes identifiés par un astérisque* dans le texte

Anastomose bilio-digestive : lorsque la bile, qui est formée dans le foie, est bloquée par une obstruction de la voie biliaire, on suture une partie de la voie biliaire a une partie du tube digestif pour court-circuiter l'obstruction. Ainsi si on anastomose le cholédoque, partie inférieure de la voie biliaire, au duodénum, on fait une anastomose cholédoco-duodénale.

Anastomose porto-cave : abouchement de la veine porte dans la veine cave inférieure afin de baisser la pression dans la veine porte, pression qui crée une circulation collatérale dont la partie la plus importante constitue les varices dans l'œsophage dont la rupture et l'hémorragie sont la complication la plus importante de l'hypertension portale.

Anastomose spléno-rénale : type de dérivation portale utilisant la veine splénique qui est abouchée dans la veine rénale, qui se jette dans la veine cave inférieure, afin d'abaisser la pression portale.

Anastomose mésentérico-cave : type de dérivation portale utilisant la veine mésentérique supérieure qui est suturée à la veine cave inférieure.

Angiome hépatique : tumeur bénigne du foie réalisant une sorte d'éponge remplie de sang.

Ascite : épanchement de liquide dans la cavité péritonéale.

Carcinome hépatocellulaire : tumeur maligne du foie développée à partir des cellules hépatiques. On l'appelle aussi tumeur pour maligne primitive du foie. C'est le plus fréquent des cancers du foie avec les métastases hépatiques.

Cavernome portal : lorsque le tronc de la veine porte est obstrué, généralement par un caillot sanguin ou son reliquat, il se développe une circulation collatérale pour ramener le sang au foie. Le lacis de de cette circulation collatérale est appelée cavernome portal.

Cholécystite : inflammation de la vésicule biliaire qui peut être aiguë ou chronique.

Cul-de-sac de Douglas : c'est la partie la plus basse de la cavité péritonéale qui se développe comme une poche entre le rectum en arrière et le vagin en avant.

Dérivation portale : ce terme désigne l'ensemble des dérivations chirurgicales du sang portal faites à partir du tronc porte ou d'une de ses branches dans la veine cave inférieure ou dans une de ses branches.

Diverticule de Meckel : c'est un diverticule développé sur l'intestin grêle au niveau de la terminaison de l'artère mésentérique supérieure.

Eviscération : c'est une complication de la laparotomie c'est-à-dire l'incision de l'abdomen qui consiste en la désunion de la fermeture de la paroi abdominale, complication qui survient précocement après l'opération.

Embolisation portale : c'est l'injection de produits coagulants par un cathéter introduit dans le système porte jusque dans le foie afin de créer une obstruction d'une branche de la veine porte dans le foie : cette embolisation crée une atrophie du parenchyme hépatique du territoire de cette branche.

Grossesse extra-utérine : c'est la localisation de la grossesse en dehors de l'utérus, le plus fréquemment dans une trompe. Cet organe est trop petit pour le développement de la grossesse et précocement il y a une rupture entraînant une hémorragie grave, parfois mortelle, et qui nécessite l'opération d'urgence

Hépatite : atteinte du foie par un virus ou par l'alcool, qui sont les deux causes les plus fréquentes. Il en existe deux formes la forme aiguë qui est le début de l'attaque par le virus et la forme chronique qui évolue de la fibrose à la cirrhose.

Hépatite fulminante : c'est une forme rare d'hépatite aiguë qui entraîne une destruction très importante du parenchyme hépatique aboutissant à l'arrêt des fonctions hépatiques et dans un grand pourcentage de cas à la mort par insuffisance hépatique totale.

Hépatectomie : ablation d'une partie du foie.

Hémostase : Le terme hémostase signifie arrêt du saignement. C'est le contrôle du vaisseau qui saigne par ligature ou coagulation pour fermer le vaisseau qui arrête l'hémorragie. On peut également faire l'hémostase d'une tranche de section par coagulation ou colle.

Hypertension portale : la veine porte transporte le sang provenant du tube digestif (estomac, duodénum, intestin grêle, côlon). Lorsqu'il y a une élévation de la résistance dans le foie, la pression portale augmente : c'est l'hypertension portale. Elle entraîne le développement de veines de suppléance ramenant le sang non pas au foie mais au système cave et au cœur Ces veines forment une circulation collatérale qui n'est pas suffisante pour baisser l'hypertension portale. La conséquence de l'hypertension portale est le risque d'hémorragie par rupture de varices oesophagiennes qui sont la forme la plus fréquente de la circulation collatérale par des veines qui se développent à l'intérieur de l'œsophage.

Ictère : jaunisse.

Oddite : trouble du fonctionnement du sphincter d'Oddi, muscle qui se trouve à la terminaison de la voie biliaire principale au niveau de son abouchement dans le duodénum

Spléno-portographie : injection de liquide de contraste dans la rate pour opacifier par la veine splénique le tronc porte et ses branches dans le foie.

Thrombose portale : l'obstruction de la veine porte par un caillot sanguin entraîne le développement d'une circulation veineuse collatérale qui ramène le sang au foie si celui-ci est normal ou si le foie est malade, par une cirrhose par exemple, directement dans la veine cave inférieure par la circulation collatérale.

Varices œsophagiennes : varices développées à l'intérieur de l'œsophage, du fait de l'hypertension portale, dont la rupture entraîne une hémorragie digestive.

Veine sus hépatique (ou veine hépatique) : les veines sus hépatiques naissent à l'intérieur du foie et ramènent le sang apporté par la veine porte à la veine cave inférieure.

Xénogreffe : transplantation d'un organe prélevé sur un animal à un homme.

Achevé le 28 mars 2025

Dépôt légal : Avril 2025